Glanzlichter der Wissenschaft

Ein Almanach

herausgegeben
vom Deutschen Hochschulverband

LUCIUS
LUCIUS

Bibliografische Information der Deutschen Nationalbibliothek
Die Deutsche Nationalbibliothek verzeichnet diese Publikation in der Deutschen Nationalbibliografie; detaillierte bibliografische Daten sind im Internet über http://dnb.d-nb.de abrufbar.

ISBN 978-3-8282-0390-7
Redaktion: Felix Grigat, M.A. (verantwortl.)
Dr. Michael Hartmer
Friederike Invernizzi, M.A.
Ina Lohaus
Vera Müller, M.A.
Druck: Saarländische Druckerei und Verlag GmbH, 66793 Saarwellingen

Inhaltsverzeichnis

„Willkommen an der Universität Chicago"
Andrew Abbott 5

Privatisierung öffentlicher Aufgaben – Gefahr für das Gemeinwohl?
Siegfried Broß 25

Was ist konservativ?
Udo Di Fabio 35

Amerika – unser Vorbild?
Vom Verstehen und Missverstehen zweier Wissenschaftskulturen
Gerald D. Feldman 41

Drohendes Glück
Was die Medizin jenseits der Therapie verspricht
Linus S. Geisler 53

To google or to think – this is the question
Über die gefesselte Phantasie in Wissenschaft und Universität
Rüdiger Görner 63

Der Mittagsdämon zu Besuch im Vorabendprogramm
Langweilen als Kulturtechnik
Sven Grampp 67

Die Philosophie in der Sprache
Dieter Henrich 73

Zweckverband oder Wertegemeinschaft
Josef Isensee 85

Der Wert des Menschen
An den Grenzen des Humanen
Konrad Paul Liessmann 91

Strukturwandel im wissenschaftlichen Verlag
Eine Analyse aus Verlegersicht
Wulf D. v. Lucius 99

Gleichheit macht frei
Hermann Lübbe 107

Wollen wir so den „War for Talents" gewinnen?
Zum Staatsversagen in der Bildungspolitik
Dietrich von der Oelsnitz 111

Koryphäen der Lehre
Die Einheit von Forschung und Lehre in der Antike
Ein Rückblick mit aktuellem Bezug
Gyburg Radke 121

Macht Forschen glücklich?
Wissenschaft, Endorphine und die Priorität
Josef H. Reichholf 125

Der Mehrwert des Wissens
Merkur und andere enzyklopädische Götter
Ulrich Johannes Schneider 129

Über das Gewissen
Richard Schröder 139

Ausgeträumt
Dieter Schwab 151

Glück, Freiheit, Wohlstand
Widersprüche der Moderne
Dieter Thomä 157

Die Autoren 161

Quellennachweis 163

Andrew Abbott

„Willkommen an der Universität Chicago"

„Willkommen an der University of Chicago." Von den Dutzenden Menschen, die Sie während dieser Orientierungswoche begrüßen, bin ich der einzige, der danach noch 60 Minuten lang weiter sprechen wird. Ich kann mir vorstellen, dass Sie bisher nur wenige solcher Reden gehört haben und auch nur wenige weitere hören werden. Eine ausführliche formale Rede zu einem vorgegebenen Thema gehört eher ins 19. Jahrhundert. Selbst an der University of Chicago ist das die einzige Ansprache dieser Art, der Sie beiwohnen werden. Sie werden sich freuen zu erfahren, dass zum Abschluss Ihres Studiums in vier Jahren der Redner nur genau 13,5 Minuten zur Verfügung hat.

Für mich ist es nicht leichter. Es ist erst die dritte oder vierte derartige Rede, die ich in meinem Leben halte. Und Sie sind kein leichtes Publikum. Sie sind mit Ihren neuen Mitbewohnern, Einstufungstests und den Einführungsveranstaltungen „Leben in Chicago" eins bis fünf beschäftigt. Ihr Geist ist müde von dem endlosen Kram, den wir Ihnen zu lesen geben. Ihre Körper glühen vor Adrenalin, Serotonin und diversen Endorphinen, ganz zu schweigen von den dringlicheren Erregungen durch Östrogen und Testosteron. Und Sie sind ganz unterschiedlicher Stimmung. Einige von Ihnen brennen darauf zu hören, was ich zu sagen habe. Wieder andere freuen sich darauf, wenn es vorbei ist. Einige beobachten den geräuschvollen Typen, der zwei Reihen vor Ihnen laut flüstert. Ein paar lassen das Bestreben und die Erhabenheit des gotischen Gebäudes auf sich einwirken. Und einige denken darüber nach, dass der Redner, also ich, eine sehr große Nase hat. Kurz gesagt: Sie sind ein ungleicher Haufen, ich bin ein angehender Redner, und wir haben gemeinsam eine Stunde Zeit, um über die Ziele von Bildung nachzudenken. Los geht's.

Es ist wichtig, dass Sie selbst einige persönliche Bildungsziele entwickeln. Denn vieles spricht dafür, in Anbetracht dessen, wer Sie sind und wo Sie sich befinden, dass es keine besondere Notwendigkeit gibt, während der nächsten vier Jahre überhaupt irgendetwas zu studieren. Hierfür gibt es drei wesentliche Gründe. Es sind Gründe, über die eine wachsende Anzahl von Studenten an amerikanischen Elite-Universitäten nachdenkt – zumindest nach dem, was ich in meinem eigenen Seminarraum wahrnehme. Lassen Sie uns also offen darüber sprechen.

Was weltlichen Erfolg betrifft – den haben Sie schon erreicht. Dass Ihr zukünftiges Einkommen sehr hoch sein wird, Ihre zukünftige Arbeit prestigereich und angesehen, ist aus der einfachen Tatsache, dass Sie an einer Elite-Universität studieren, leicht vorauszusagen. Etwa 2,8 Millionen Schüler machen jedes Jahr einen Highschool Abschluss, 1,8 Mio. von ihnen gehen ans College, 40 – 60 000 von ihnen gelingt der Sprung an ein Elite-College und an Universitäten wie diese. Im Grunde genommen repräsentieren Sie und andere Studierende an gleichwertigen Universitäten die oberen zwei Prozent Ihres Jahrgangs. Es ist also offensichtlich, dass Sie sehr gut abschneiden werden.

Nun ist natürlich Ihr vorausgesagter zukünftiger Erfolg nicht bereits durch das Prestige des Colleges garantiert, sondern erst durch andere Faktoren – in erster Linie Dinge, aufgrund derer Sie Einlass in diese selektive Institution erhalten haben: persönliche Begabungen, bereits erbrachte Leistung und die sozialen sowie intellektuellen Ressourcen, die Ihnen Ihre Eltern mitgegeben haben. Die Einschätzung Ihres zukünftigen weltlichen Erfolgs, die wir auf der Grundlage dieser bereits vorhandenen Kenntnisse machen können, wird durch das Wissen um das, was Sie hier eigentlich machen, nicht besonders verbessert. Darüber hinaus ist die Zulassung zum Studium eine „self-fulfilling prophecy", denn da Sie hier angenommen wurden, wird man auch in Zukunft annehmen, dass Sie gut sind, egal, was Sie hier machen und wie Sie abschneiden. Und wir wissen natürlich mit ziemlicher Sicherheit, dass Sie, da Sie nun einmal hier sind, auch Ihren Abschluss machen werden. Die Abschlussquote spielt eine große Rolle im Wettbewerb der Elite-Colleges. Es liegt also unbedingt im Interesse des Colleges, Ihren Abschluss sicherzustellen, egal ob Sie lernen oder nicht.

All dies sagt mir, dass nahezu jeder in diesem Raum in 20 Jahren im Spitzenquartal der amerikanischen Einkommensverteilung landen wird. Ich habe diejenigen befragt, die an dieser Universität 1975 ihren Abschluss gemacht haben – eine Gruppe, die beträchtlich weniger durch Abstammung privilegiert war als Sie – und ich kann Ihnen sagen, dass das mittlere persönliche Einkommen dieser Gruppe etwa fünfmal über dem nationalen mittleren Einkommen liegt und dass deren mittleres Haushaltseinkommen ungefähr in den Bereich der obersten sieben Prozent der nationalen Einkommensverteilung fällt. Dort werden Sie auch landen. Und lassen Sie mich Ihnen sagen, dass diese Aussicht in den Augen der Studenten, die diesen Herbst ihr Studium an der Chicago State University fünf Meilen südlich von hier aufnehmen oder in den Augen der Erwachsenen, die nicht enden wollende Abendkurse an der De Paul University in der Stadt besuchen, eine Aussicht auf überwältigenden Erfolg bedeutet. Was den in der ganzen Nation stattfindenden Wettkampf um Erfolg angeht, gibt es für Sie keinen Grund, hier hart zu arbeiten. Das Spiel ist bereits vorbei. Sie haben schon gewonnen.

Viele von Ihnen scheren sich natürlich den Teufel um diese anderen Studenten – junge Leute und Erwachsene, die darum kämpfen, innerhalb der Mittelklasse ein paar Stufen die soziale Leiter hochzuklettern. Sie wollen lieber in Winnetka als in Downers Grove leben. Sie wollen Ihren Sommer vielleicht lieber in den Hamptons als auf Fire Island verbringen. Ihre Vorstellung von einem guten Urlaub ist wahrscheinlich eher ein Hotel in Paris und ein Besuch des Musée d'Orsay als eine Clubanlage in Orlando und ein Besuch in Disney World. „Sicher" sagen Sie mir, „mein Studium an der Universität Chicago wird großen Einfluss auf solche Dinge haben. Es wird mit Sicherheit ausschlaggebend dafür sein, ob ich nur unter den Top sechs Prozent der Einkommensverteilung lande oder zu den absoluten Spitzenverdienern zähle. Eine gute Hochschulbildung beeinflusst vielleicht nicht meine groben weltlichen Erfolgschancen, aber sicherlich die feinen."

Im Gegenteil. Ich muss Ihnen sagen, dass es für diesen zweiten Grund, Bildung zu erlangen, keine wirklichen Belege gibt, aber ziemlich viele, die dagegen sprechen. Zunächst zeigen alle ernsthaften Studien, dass Faktoren auf College-Ebene wie Prestige und Selektivität zwar einen gewissen unabhängigen Einfluss auf das spätere Einkommen haben, sich aber dennoch die größten Einkommensschwankungen innerhalb einer Institution finden – das heißt also innerhalb der Absolventen eines betreffenden Colleges. Diese internen Schwankungen entstehen eher durch individuelle Faktoren wie Talent, Ressourcen, Leistung und Hauptfach als durch Faktoren auf College-Ebene wie Prestige und Selektivität. Doch selbst solche individuellen Faktoren legen hinsichtlich ihres zukünftigen Einkommens nicht besonders viel fest. Zum Beispiel legen die besten allgemeinen Zahlen, die ich gesehen habe, nahe, dass eine Verbesserung der College-Durchschnittsnote von einem ganzen Punkt, z.B. von 2,8 auf 3,8, etwa zusätzliche neun Prozent an Einkommen vier Jahre nach College Abschluss wert ist. Für eine Menge Arbeit ist das nicht besonders viel.

Es tut mir leid, wenn ich Sie mit dieser Einkommensgeschichte langweile, aber ich möchte mit der Vorstellung aufräumen, dass harte Arbeit als Student weltlichen Erfolg zeitigt. Die einzige College-Variable, die tatsächlich eine gewisse Verbindung zu späterem weltlichen Erfolg aufweist, ist das Hauptfach. In den großen USA-weiten Studien jedoch erklärt sich ein Großteil dieses Effekts durch eine Verbindung von Hauptfach und Beruf. Denn die Variable, die weltlichen Erfolg vorantreibt, die das Einkommen mehr beeinflusst als alle anderen Faktoren, ist, wie Sie alle bestens wissen, der Beruf. Beruf und Hauptfach sind in den breiten Kategorien der allgemeinen Daten eng miteinander verknüpft. An der University of Chicago gibt es allerdings nur eine relativ eingegrenzte Spannbreite an Berufen und erbrachter Leistung, deswegen zeigen unsere Daten keinen besonders deutlichen Zusammenhang zwischen dem, was Sie studieren, und Ihrem Beruf im späteren Leben.

Hier einige Daten einer Stichprobenerhebung von 10 Prozent der Chicagoer Alumni der letzten 20 Jahre. Nehmen Sie die Studierenden mit Schwerpunkt Mathematik: 20 Prozent Softwareentwicklung und -support, 14 Prozent Hochschulprofessuren, 10 Prozent Bank- und Finanzwesen, 7 Prozent Lehrer der Sekundar- oder Primarstufe und 7 Prozent im nichtakademischen Forschungsbereich. Der Rest ist gestreut. Beim Schwerpunkt Physik ist es ähnlich. Dort gibt es jedoch mehr Ingenieure und weniger Banker. Die Biologie produziert 40 Prozent Ärzte, 60 Prozent Professoren, 11 Prozent nichtakademische Forscher, das andere Drittel ist gestreut. Offensichtlich gibt es hier einige scheinbare Zusammenhänge. Alle Schwerpunktwahlen im Bereich Naturwissenschaften führen zu Professorenstellen und nichtakademischer Forschung. Und Biologie und Chemie führen oft zu Medizin. Aber es gibt auch viele Abweichungen von solchen Pfaden. Wir haben einen Absolventen des Schwerpunkts Biologie, der nun Schriftsteller ist, ein weiterer ist Musiker. Wir haben zwei Mathematiker, die jetzt Rechtsanwälte sind, und einen Absolventen des Schwerpunkts Physik, der jetzt Psychotherapeut ist.

Nehmen Sie die Sozialwissenschaften. Absolventen des wirtschaftswissenschaftlichen Schwerpunkts – und dieser wird heute mit überwältigender Mehrheit als Karrierehauptfach gesehen – sind zu 24 Prozent im Banken und Finanzwesen, zu 15 Prozent im Business-Consulting, zu 14 Prozent Rechtsanwälte, zu 10 Prozent in Geschäftsverwaltung und Verkauf, zu 7 Prozent im

Computerbereich, die anderen 30 Prozent sind gestreut. Historiker sind häufig Rechtsanwälte (24 Prozent) und Sekundarstufenlehrer (15 Prozent). Die anderen 60 Prozent jedoch sind kreuz und quer über die Karte verteilt. Politikwissenschaftler sind zu 24 Prozent Rechtsanwälte, zu jeweils 7 Prozent Professoren und Verwaltungsangestellte und wahrscheinlich zu 20 Prozent in unterschiedlichen Sparten in der Wirtschaft beschäftigt. Der Rest ist gestreut. Psychologen sind interessanterweise ebenfalls zu etwa 20 Prozent in verschiedenen Wirtschaftssparten beschäftigt, zu 11 Prozent Rechtsanwälte und zu 10 Prozent Professoren. Der Rest ist gestreut. In den Sozialwissenschaften besteht die Neuigkeit also darin, dass es viele Wege gibt, an eine juristische Fakultät zu gehen und in die Wirtschaft zu kommen. Und es gibt die üblichen Unüblichen: Soziologie-Hauptfach, jetzt Versicherungsfachmann, zwei Psychologen in der Regierungsverwaltung und ein Politikwissenschaftler im Computerbereich.

Was die Geisteswissenschaften betrifft, so sind die Absolventen des Hauptfachs Englisch in alle vier Winde verweht: 11 Prozent von ihnen an Primar- und Sekundarstufe, 10 Prozent in unterschiedlichen Wirtschaftsbeschäftigungen, 9 Prozent Kommunikation, 9 Prozent Rechtsanwälte, 5 Prozent Werbung, der Rest gestreut. Von den Philosophen sind 30 Prozent Rechtsanwälte, 18 Prozent Softwaremenschen. Ich biete jedem die Stirn, der in dieser Verteilung irgendein sinnvolles Muster erkennen kann. Die Zusammenhänge beinhalten wieder einige offensichtliche und einige nicht offensichtliche Dinge. Wir haben zwei Absolventen des Hauptfachs Englisch, die jetzt Künstler sind, und einen, der Architekt ist. Wir haben einen Absolventen des Hauptfachs Philosophie, der nun Landwirt ist, zwei sind Ärzte. Insgesamt gesehen gibt es also Belege dafür, dass bestimmte Schwerpunkte zu bestimmten Berufen führen. Tatsächlich aber ist die Neuigkeit eine ganz andere: Das Glas ist nicht ein Drittel voll, sondern vielmehr zwei Drittel leer. Erinnern Sie sich bitte daran, dass nur 40 Prozent der Studenten des Hauptfachs Biologie Ärzte geworden sind, und – was noch wichtiger ist – erinnern Sie sich daran, dass die Erfahrung unserer Absolventen sehr klar zeigt, dass keine Verbindung zwischen Hauptfach und Beruf ausgeschlossen ist.

Die lose Verbindung zwischen Lehrplan und Laufbahn wird noch offensichtlicher, wenn wir die Angelegenheit vom Standpunkt der Berufe aus betrachten. Unsere größte Gruppe sind die Rechtsanwälte, 12 Prozent meiner Befragten. Von den Rechtsanwälten kommen 16 Prozent von den Wirtschaftswissenschaften, 15 Prozent aus den Politikwissenschaften, 12 Prozent aus der Geschichte, jeweils 7 Prozent aus Philosophie, Englisch und Psychologie und 5 Prozent aus dem Bereich Public Policy. Folgende Fächer stellten mindestens einen Rechtsanwalt: Anthropologie, Kunst und Gestaltung, Kunstgeschichte, Biologie, Chemie, Ostasiatische Sprachen und Zivilisationen, Grundlagen und Allgemeine Studien in den Geisteswissenschaften, Geographie, Geophysik, Germanistik, Mathematik, Physik, Religion und Geisteswissenschaften, Romanistik, Russisch, Slawistik und Soziologie. Sie sehen, worauf ich hinaus will: Es gibt absolut keinen Schwerpunkt, mit dem Sie nicht Rechtsanwalt werden können.

Was ist mit Ärzten, 9 Prozent der Stichprobe? Diese sind aufgrund der Anforderungen der medizinischen Fakultäten konzentrierter. 60 Prozent der Ärzte kommen aus dem Schwerpunkt Biologie, 17 Prozent aus dem Schwerpunkt Chemie. Es gab jedoch jeweils mindestens einen Arzt aus den Bereichen Anthropologie, Klassische Philologie, Englisch (hier tatsächlich vier), Geschichte, Wissenschaftsphilosophie, Ideen und Methoden, Mathematik, Musik, Philosophie, Psychologie, Public Policy und Romanistik. Während der meist beschrittene Weg über die Naturwissenschaften zur Medizin offensichtlich ist, so ist er doch bei weitem nicht der einzige.

Die andere große Gruppe der Absolventen ist nun im Bank- und Finanzwesen (ebenfalls ungefähr 10 Prozent). Von diesen kamen 40 Prozent aus den Wirtschaftswissenschaften, 8 Prozent aus der Psychologie, 7 Prozent aus den Politikwissenschaften, 7 Prozent aus dem Bereich Englisch, 6 Prozent aus der Mathematik, 5 Prozent aus Public Policy und 4 Prozent aus Geschichte. Wieder gilt: Es gibt eine dominierende Richtung, aber neben der dominierenden auch viele andere Richtungen.

Es tut mir leid, Ihnen alle diese Dinge aufzulisten, aber ich möchte Sie von der Vorstellung befreien, dass eine bedeutende Verbindung zwischen Ihrem College-Lehrplan und Ihrer späteren Laufbahn besteht. Es gibt, um das klarzustellen, das, was Sozialwissenschaftler gern Wahlaffinität nennen. Schwerpunkte, bei denen die Absolventen mit leicht größerer Wahrscheinlichkeit in bestimmten Laufbahnen landen als in anderen. Allerdings gibt es keine Variante der Karriereschwerpunktwahl, die ausgeschlossen ist. Und es gibt keinerlei wie auch immer gestaltete Pflichtschwerpunkte, die man wählen muss.

Der zweite Grund dafür, in einem bestimmten Studienschwerpunkt besonders hart zu arbeiten, ist also ebenfalls falsch, zumindest an diesem College. Mit der Ausnahme derjenigen, die eine Professur in den Naturwissenschaften anstreben, gibt es absolut keine Laufbahn, die für irgendeinen Hauptfachstudenten an der Universität Chicago ausgeschlossen ist. Was Sie hier machen, legt Ihre spätere Berufswahl in keiner Weise fest. Sie haben, sobald Sie dieses College verlassen, die Freiheit, jedwede Beschäftigungswahl in dieser oder der nächsten Welt zu treffen, die Sie wollen und Sie opfern keinerlei Chancen, weil Sie Ihren Abschluss in etwas gemacht haben, das zu dieser Wahl keinen Bezug zu haben scheint.

Was also das Abschneiden am College angeht, gibt es, wie gesagt, keinen allgemeinen Beleg dafür, dass es mehr als untergeordnete Auswirkung auf spätere Dinge wie Einkommen hat. Und in meinen Absolventen-Daten gibt es absolut keine Korrelation zwischen der Abschlussnote an der University of Chicago und dem gegenwärtigen Einkommen. Seien Sie sich darüber im Klaren: Ob Sie auf Fire Island oder in den Hamptons landen, hängt zu einem Großteil von Dingen ab, die mit dem, was Sie als Undergraduate in Chicago tun, nichts zu tun haben.

Ich hoffe also, Sie von der Vorstellung befreit zu haben, dass das, was Sie hier tun oder wie gut Sie es tun, in irgendeiner allgemeinen oder speziellen Verbindung zu Ihrem weltlichen Erfolg steht. Das allgemeine Niveau dieses weltlichen Erfolgs ist durch Ihre Zulassung und durch die Faktoren, die diese ermöglicht haben, bereits garantiert. Die Feinheiten Ihres weltlichen Erfolgs hängen zu einem Großteil von Berufsentscheidungen ab, die keinen Bezug zu Ihrer Kurswahl oder Ihrer Abschlussnote haben.

Der dritte Grund aufs College zu gehen ist, dass Sie sich grundlegende kognitive Fähigkeiten für Ihr späteres Leben aneignen können. Da ich diese Behauptung selber in der Vergangenheit vehement aufgestellt habe, werde ich sie besonders sorgfältig auseinander nehmen.

Es wird behauptet, dass Ihnen im College weniger spezielle Themen beigebracht werden als allgemeine Fähigkeiten, die Sie während Ihres zukünftigen Lebens nutzen können – auf der Graduate School, bei der Arbeit, während der Freizeit. Dass das tatsächlich im College gelernte Material keine große Rolle spielt, ist wohlbekannt. Jeder über dreißig weiß, dass man inhaltlich den Großteil dessen, was man im College gelernt hat, innerhalb von ungefähr fünf Jahren vergisst. Doch, so lautet die Behauptung, die Fähigkeiten bleiben erhalten. Sie sind vielleicht schwierig zu messen, und ihre Wirkungen sind schwer nachzuweisen, doch sie sind der Kern dessen, was Sie aus dem College mitnehmen.

Hiermit sind an erster Stelle einfache verbale und mathematisch-analytische Fähigkeiten gemeint: Dinge wie fortgeschrittene Lese- und Sprachfähigkeiten, die im Umgang mit Wissensökonomie hilfreich sind, und mathematisch-analytisches Training, das Sie in die Lage versetzt, vernünftige finanzielle Entscheidungen zu treffen und das sich in jedem Bereich Ihres professionellen Bestrebens als nützlich erweisen wird. Dahinter verbergen sich anspruchsvollere Fähigkeiten: die Fähigkeit, kritisch zu lesen, um die Lügen der Zeitungen und Aktienbroschüren zu durchschauen, die analytische Fähigkeit, komplexe Handlungsprogramme bei der Arbeit zu formulieren, die Fähigkeit, Ihre Ideen schriftlich zu formulieren und Ihrem Umfeld vermitteln zu können, die Unabhängigkeit des Geistes, um sich von den Ansichten anderer zu befreien, und die Kapazität lebenslangen Lernens, um Sie in die Lage zu versetzen, während der nächsten Jahre mit den sich wandelnden Anforderungen von Arbeit und Freude umzugehen.

Es gibt viele Belege dafür, dass unsere eigenen Absolventen, Absolventen ähnlicher Schulen sowie Stichproben anderer Absolventen auf nationaler Ebene alle tief davon überzeugt sind, dass solche allgemeinen Fähigkeiten die Essenz ihrer Collegeerfahrung ausmacht. Absolventen stellen immer den Verlust von Einzelkenntnissen fest, während sie immer die Beibehaltung allgemeiner Fähigkeiten, die sie in allen Lebensbereichen einsetzen, betonen.

Der Beleg jedoch, dass das Lernen am College per se diese Fähigkeiten tatsächlich produziert, ist ziemlich dürftig. Während wir tatsächlich wissen, dass man diese Fähigkeiten während des vierjährigen Aufenthalts im College erwirbt, ist es überhaupt nicht klar, dass der Unterricht am College diese Fähigkeiten produziert. Zunächst sind junge Menschen, die ein College besuchen, – und sicherlich diejenigen, die Elite-Colleges besuchen – ziemlich anders als die, die das nicht tun. Es ist unmöglich, alle diese Differenzen in unseren statistischen Analyse zu kontrollieren. Von daher könnte es sein, dass die angeblich positiven Auswirkungen der Collegeausbildung in Wirklichkeit mehr etwas damit zu tun haben, wer aufs College geht und wer nicht.

Zum so genannten Selektionseffekt kommt auch das Problem der unbeobachteten Variablen. Eine Veränderung, die sich nach unseren Daten auf die Collegeausbildung zurückführen lässt, kann ganz andere Ursachen haben. Collegestudenten haben wahrscheinlich anspruchsvollere Berufe als z.B. Schüler, die nicht aufs College gegangen sind. Sie verbringen mehr Zeit mit schlauen Leuten. Das Umfeld, in dem sie sich bewegen, schätzt kognitive Fähigkeiten explizit. Die unterschiedlichen Fähigkeiten könnten eher dadurch zustande kommen als durch die tatsächliche Bildungserfahrung im Seminarraum. Darüber hinaus könnte die Verbesserung der Qualifikationen auch auf einen allgemeinen Reifeprozess zurückzuführen sein. Zumal die Divergenz der kognitiven Fähigkeiten zwischen denjenigen mit und ohne Collegeerfahrungen marginal ist. Dieser Unterschied könnte schlicht und einfach durch längere Lebenszeit zustande kommen.

Unsere Vorstellung, dass eine Universitätsausbildung von kognitiver Wichtigkeit ist, basiert weitgehend auf der Annahme, wir könnten die Probleme des Selektionseffekts und der unbeobachteten Variablen statistisch lösen, denn abgesehen von der statistischen Analyse bleibt nur das Experiment. Und niemand hat jemals 1 000 kluge, ehrgeizige, junge Menschen wie Sie statt ins College in ein anderes vergleichbar herausforderndes intellektuelles Umfeld gesteckt, in dem es keine Vorlesungen, keine Kurse, keine Lehrpläne usw. gab. Nehmen Sie einmal an, Sie könnten die nächsten vier Jahre in einem strukturierten Turnus Praktika in Unternehmen, Non-Profit Organisationen und Regierungsbehörden durchlaufen, in dem Sie nicht in Seminaren unterrichtet würden, sondern es einfach Ihnen überlassen wäre, Fähigkeiten aufzunehmen, wie jeder andere dies tut: Freunde und Kollegen fragen, was man machen soll, hier und da ein Handbuch zu

Rate ziehen oder an firmeninternen Fortbildungen teilnehmen, die Sie an bestimmte Arbeitsmethoden heranführen. Vielleicht würden Sie immer noch in irgendeiner Form von Studentenwohnheim leben. Sie hätten noch ein Leben jenseits des Curriculums. Es gäbe jedoch keine Lehrveranstaltungen. Und ich lege Ihnen nun nahe, dass Sie, abgesehen von wenigen Gebieten wie den Naturwissenschaften und vielleicht Ingenieurwissenschaften, genau so qualifiziert für die Law School oder Business School oder Managementberatung oder Sozialarbeit wären, wie Sie es nach vier Jahren bei uns sind. Dass dies aller Wahrscheinlichkeit nach zutrifft, wird aus den zur Verfügung stehenden statistischen Belegen bezüglich der sogenannten Netto-Effekte des Collegestudiums ziemlich deutlich. Lassen Sie mich wie folgt zusammenfassen: Zunächst gibt es keine übereinstimmenden Belege für substantielle Netto-Effekte (sagen wir 20 Prozent oder mehr positiven Effekts) des Collegeunterrichts auf mündliche Kommunikationsfähigkeiten, schriftliche Kommunikationsfähigkeiten, allgemeines Urteilsvermögen oder intellektuelle Flexibilität, obwohl es in all diesen Bereichen bescheidene Belege für geringe Auswirkungen gibt. Zweitens scheint es widerspruchsfreie Belege dafür zu geben, dass Collegeunterricht einen moderaten Einfluss (ein Unterschied von etwa 10 bis 15 Prozentpunkten) auf die allgemeinen Ausdrucksfähigkeiten und die allgemeinen mathematisch-analytischen Fähigkeiten hat. Dies scheint jedoch eher eine Frage der kontinuierlichen Anwendung als eine des Erlernens neuer Fähigkeiten zu sein. Das College bringt Sie lediglich dazu, die in der Highschool gelernten Fähigkeiten weiter zu nutzen, wohingegen dies in vielen anderen Berufen nicht der Fall ist. Wer also aufs College geht, kultiviert diese Fähigkeiten, während sich andere, die das nicht tun, zurückentwickeln. Schließlich scheint das College einen substanziellen Netto-Effekt im Bereich des kritischen Denkens zu haben. Die Forschung zu diesem Thema berücksichtigt jedoch meistens nicht das Alter, wodurch es schwierig wird, den Collegeeffekt vom bloßen Reifungseffekt auseinanderzuhalten.

Diese Ergebnisse stammen nun nicht alle von Elite-Colleges, sondern wurden aus unterschiedlichen Stichproben unterschiedlicher Ebenen der Hochschulbildung generiert. Wir können dennoch zu dem Schluss kommen, dass es für einen starken Netto-Effekt des Colleges auf kognitive Funktionen nicht viele Belege gibt. Es läuft also alles darauf hinaus: Sie waren schlau, als Sie zum Studium zugelassen wurden, und Sie werden schlau sein, wenn Sie Ihr Studium abgeschlossen haben, insofern Sie diese Intelligenz in der Zwischenzeit anwenden – wofür ist nicht wirklich wichtig.

Sämtliche dieser statistisch beobachteten Effekte lassen sich unter dem Gegensatz „Universitätsausbildung-keine Universitätsausbildung" subsumieren. Das heißt also, die Auswirkungen eines Collegestudiums im Vergleich zu den Effekten niedrig qualifizierter Arbeit oder sogar Arbeitslosigkeit. Wie ich bereits angesprochen habe, gibt es keinen expliziten Vergleich zwischen College und einer anders gearteten, intellektuell herausfordernden Aktivität. Natürlich gibt es ständig Experimente, die sich implizit mit diesem Thema befassen. Daten der ungefähr 40 Elite-Colleges in den Vereinigten Staaten (den so genannten COFHE-Colleges und -Universitäten) legen dar, dass es einen großen Unterschied zwischen den Colleges bezüglich des Zeitaufwandes gibt, der üblicherweise aufs Studium verwendet wird. An der Brown University kann man während des gesamten Collegestudiums als Vollzeitjournalist arbeiten und seine Kurse als mehr oder weniger irrelevante Nebensache betrachten. An der University of Chicago ist das dagegen nicht möglich. Und universitätsintern arbeiten einige natürlich sehr hart an ihrem Studium, während andere gleichsam intellektuelle Energie in Dinge wie Orchester oder kreatives Schreiben oder Comedy oder was auch immer stecken. Niemand hat jedoch bisher diese alternativen intellektuellen Anstrengungen so gemessen, dass man deren Netto-Effekt auf die kognitive Entwicklung mit der klassischen, universitären Ausbildung vergleichen könnte. Zudem hat niemand bisher die wahrscheinlich falsche Prognose überprüft, dass Studenten, die an einem College mit anspruchsvollem Unterricht und Hausaufgaben immatrikuliert sind, auf irgendeine weltliche Weise oder in ihren kognitiven Leistungen besser sind. Die ersten Teilbelege gegen die Behauptung „Collegebildung bringt Ihnen allgemeine Fähigkeiten bei, die in Ihrem späteren Leben von zentraler Bedeutung sind" lauten:

1. Es ist nicht wirklich nachweisbar, dass diese Fähigkeiten unabhängig vom natürlichen Reifungsprozess entstehen.
2. Wenn dem so ist, können wir nicht davon ausgehen, dass sie per se durch eine Ausbildung am College entstehen.
3. Es gibt keinerlei Belege dafür, dass andere intellektuelle Herausforderungen nicht die gleichen Fähigkeiten hervorbringen würden.

Die zweite große Beweiskategorie dieser „Kognitive Fähigkeiten"-Behauptung hängt mit der Frage zusammen, ob diese Fähigkeiten tatsächlich im späteren Leben von zentraler Bedeutung sind. Sie vermuten wahrscheinlich schon, dass Sie einen großen Teil des Wissens, das Sie zum Rechtsanwalt, Arzt oder Geschäftsmann qualifiziert, an den entsprechenden Professional Schools für Jura, Medizin und Wirtschaftslehre finden und nicht im College. Diejenigen von Ihnen, die Ärzte werden, finden schnell genug heraus, dass Biochemie und andere anspruchsvolle wissenschaftliche Anforderungen für den praktizierenden Arzt nur von sehr geringem Interesse oder Nutzen sind. Tatsächlich begannen die medizinischen Fakultäten erst im 20. Jahrhundert, naturwissenschaftliche Bachelor-Abschlüsse von ihren Studenten zu verlangen. Darüber hinaus sind Medizin, Jura und Wirtschaftswissenschaften gewöhnlicherweise grundlegende Studiengänge und keine Aufbaustudiengänge. Es gibt somit ein ziemliches breites Spektrum an Belegen, die darauf hindeuten, dass im College erworbene Fähigkeiten für das spätere berufliche Leben nicht essentiell sind, ungeachtet der Meinung der Absolventen.

Aber lassen Sie uns das Gedankenspiel noch etwas weiter treiben. Nehmen Sie die Standardliste der im Grundstudium erworbenen Fähigkeiten und stellen Sie diese Liste den Berufen gegenüber, die die meisten von Ihnen anstreben. Und nun wollen wir nachvollziehen, ob diese Berufe tatsächlich diese Kompetenzen erfordern. Erinnern Sie sich daran, dass die betreffenden Qualifikationen kritisches Denken, analytisches Argumentieren, lebenslanges Lernen, unabhängiges Denken und Schreibfähigkeiten lauten. Dies sind die fünf wichtigsten, die in meinen Absolventendaten genannt werden, die auch in den entsprechenden COFHE-Daten vorherrschend waren und die auch von den USA-weiten Studien betont werden, ganz zu schweigen von den Vorlesungsverzeichnissen. Sind diese Dinge in Jura, Medizin, Wirtschaft und – lassen Sie uns Nägel mit Köpfen machen – in allen wissenschaftlichen Fächern wirklich notwendig?

Rechtsanwälte. Die tatsächliche Aufgabe von Elite-Rechtsanwälten besteht darin, Geschäfte zu machen, Kontakte herzustellen, Rechtsanwaltsteams zu führen und sich um junge Teilhaber zu kümmern. Die jungen Teilhaber müssen wissen, wie man schreibt, und über analytische Fähigkeiten verfügen. Zu viel kritisches Denken wird sie jedoch in Schwierigkeiten bringen und Unabhängigkeit ist gleichermaßen problematisch. Was die durschnittlichen Rechtsanwälte angeht, so beschäftigt sich die große Mehrzahl mit Eigentumsüberschreibungen, Scheidungen, Testamenten, Unternehmen und gelegentlich mit einem Körperschadensfall, mit Dingen also, die man nach dem Jurastudium durch Berufserfahrung erlernt und an die man in der Regel durch Kollegen herangeführt wird. Dass die Taktiken bedeutender Ankläger nicht im Seminarraum erlernt werden, kann Ihnen jeder bedeutende Ankläger erzählen. Eine Ausbildung an der Schauspielschule ist nützlicher als ein Jurastudium. Und weitreichende, kritische Gesetzeskenntnisse nutzen niemandem außer einigen Juraprofessoren und vielleicht ein paar Richtern. Es ist also schwierig, die Behauptung aufrechtzuerhalten, dass die oben genannten fünf wichtigsten kognitiven Fähigkeiten für Rechtsanwälte so bedeutsam sind wie Geschick im Umgang mit Menschen, Teamfähigkeit und klares Ausdrucksvermögen und die Vermittlung vereinfachter Sachverhalte an unterschiedlichste Zielgruppen.

In der Wirtschaft ist es mehr oder weniger das Gleiche. Diejenigen von Ihnen, die in die Wirtschaft gehen, müssen niemals in dem Sinne gut schreiben können, wie ich oder andere Professoren guten Schreibstil definieren. Sie werden Sachverhalte auf Schlagwörter reduzieren. Und auch Sie werden im Simplifizierungs- und Verdeutlichungsgeschäft tätig sein. Und Sie werden in der Lage sein müssen, gut mit anderen zusammenzuarbeiten und einen Großteil Ihrer Unabhängigkeit ad acta legen. Sie werden Ihr kritisches Denken streng kontrollieren müssen, wie es Bob Jackall auf so brillante Weise dargelegt hat. Allgemeine analytische Fähigkeiten werden für Sie sehr wichtig sein, aber wie Jackall und andere Managementstudenten erwiesen haben, bestehen die essentiellen analytischen Fähigkeiten von Wirtschaftsmanagern in erster Linie in Menschenkenntnis und Entzifferung von kaleidoskopisch verzerrten Information, die in großen Organisationen ausgetauscht werden. Diese Dinge bringen wir Ihnen im College verdammt nochmal überhaupt nicht bei. Unsere Texte werden nicht geschrieben, um Sie hinters Licht zu führen und Sie dazu zu bringen, so zu handeln, wie es sich die Verfasser vorstellen.

Was ist mit Medizin? Der Großteil medizinischer Arbeit ist, genau wie die juristische, tatsächlich Routinearbeit – die tägliche Anwendung eines standardisierten Repertoires. Ärzte müssen jedoch mehr als Geschäftsleute und Rechtsanwälte lebenslang lernen. Hochrangige Rechtsanwälte können es jungen Teilhabern überlassen, sich mit neuen Rechtsprechungen auseinanderzusetzen, Ärzte jedoch müssen sich auf dem Laufenden halten. Wie Geschäftsleute müssen sie jedoch nicht schreiben, es sei denn, sie sind an der Universität. Auch komplexes analytisches Denken ist häufig nicht notwendig. Die Arbeitsteilung in der Medizin sorgt dafür, dass spezielle Fähigkeiten an bestimmten Stellen konzentriert sind, zu denen dann die verdatterten Patienten geschickt werden.

Dagegen ist es essentiell, kritisch zuhören zu können. Die Fähigkeit zu verstehen, was ein anderer Mensch versucht Ihnen mitzuteilen, ist grundlegend für einen praktizierenden Arzt. Wir bieten Ihnen hierfür jedoch keinen formalen Unterricht an (und tatsächlich gibt es kaum ausreichend formalen Unterricht während des Medizinstudiums).

Und was ist schließlich mit Professoren? Brauchen sie diese Fähigkeiten? Also wahrscheinlich haben Sie mittlerweile festgestellt, was für ein Spiel hier gespielt wird. Die Liste der wichtigsten kognitiven Fähigkeiten, die in aller Munde ist, ist tatsächlich eine Liste dessen, was Elite-Akademiker als ihr wichtigstes Kapital ansehen – ich sollte in diesem Zusammenhang wohl wir sagen. Kritik wird belohnt, analytische Fähigkeiten werden prämiert, Schreiben ist notwendig, Unabhängigkeit und eigenständiges Lernen sind essentiell. Es trifft in einem erheblichen Ausmaß tatsächlich zu, dass diese berühmte Auflistung der Schlüsselqualifikationen tatsächlich eine Liste der Akademiker ist. Ich könnte jetzt natürlich gegen eine einheitliche Wertevorstellung unter

Akademikern argumentieren, denn die meisten Collegeprofessoren, die nicht an Eliteuniversitäten unterrichten, haben eine große Kurslast zu tragen, müssen sich mit unmotivierten Studenten auseinandersetzen und finden für die oben genannten Fähigkeiten nur wenig Verwendung. Doch auch ohne diesen Einwand bleibt es unumstritten, dass die meisten von Ihnen im späteren beruflichen Leben die kognitiven Fähigkeiten, die in der Hochschulbildung betont werden, nicht mehr benötigen. Das offensichtlichste Beispiel ist das Schreiben. Wir an der Universität Chicago legen besonders viel Wert auf einen exzellenten Schreibstil. Aber die schlichte Wahrheit lautet, dass die meisten von Ihnen für den Rest Ihres Lebens sehr wenig schreiben werden. Die Geschäftsberichte und Rechtsgutachten und Unternehmensbroschüren usw., mit denen Sie sich befassen, werden in Ausschüssen mit dem Ziel erstellt, der Zielgruppe das mitzuteilen, was sie hören will, oder das, was sie überzeugen wird, und nicht das, was analytisch korrekt ist.

Wir haben also guten Grund, nicht nur den ersten Teil der Aussage „Collegebildung bringt Ihnen allgemeine Fähigkeiten bei, die in Ihrem späteren Leben von zentraler Bedeutung sind" anzuzweifeln, sondern auch den zweiten. Es kann nicht nachgewiesen werden, dass Collegeunterricht wichtige Qualifikationen vermittelt, vielmehr sind diese Qualifikationen wahrscheinlich gar nicht so bedeutend.

Lassen Sie mich schließlich mit einer weiteren Variante des „Kognitive Fähigkeiten Arguments" für Collegebildung aufräumen – nämlich der Vorstellung, dass es einen bestimmten kulturellen Bildungskanon gibt und dass es die Pflicht freiheitlicher Bildung ist, Ihnen einen großen Anteil dieses Kanons beizubringen. Ich nenne dies die Lingua-franca-Argumentation, denn der auf diese Art vermittelte Kanon soll eine Art Lingua Franca zwischen „gebildeten" Menschen sein, egal, was diese gerade tun. Das Lingua-franca-Argument geht auf die bedeutenden Eliteinstitutionen Europas zurück – Oxford und Cambridge im 19. Jahrhundert, die Ecole Normal Superieur in Paris und ähnliche auf dem ganzen Kontinent verteilte Institutionen. Während die sozialen Eliten diese Orte durchliefen, haben sie große Mengen griechischer und lateinischer Prosa und Lyrik auswendig gelernt. Später zitierten sie diese Sätze – in Parlamentsreden, bei lockeren Klub-Unterhaltungen usw. Diese Zitate fungierten als eine Art Geheimcode der Elite, der darüber hinaus ein nützliches gemeinsames kulturelles Lexikon bildete. Man musste nicht auf abstrakte Weise seinen Ärger aufarbeiten, man konnte stattdessen vielmehr über Achilles reden, der in seinem Zelt vor sich hin schmollte. Ich kann mich in der Tat an einige Menschen erinnern, die sich den Vietnamkrieg als Amerikas Pendant zur Sizilischen Expedition Athens ausmalten, wo, um mit Thukydides' unsterblichen Worten zu sprechen,

[Zitat in altgriechischer Sprache, Thukydides 7,87,6]

Genau. Es bedeutet nichts, wenn Sie kein Griechisch verstehen. Ein Kanon funktioniert nur dann, wenn jeder, der ihn kennen soll, sich darauf verständigt hat, woraus er besteht. Vor 100 Jahren hätte die Hälfte von Ihnen verstanden, was ich gesagt habe (vielleicht ich auch). Doch in unserem gegenwärtigen Bildungssystem sieht es so aus, dass niemand – nicht einmal im weitesten Sinne – sich darauf einigen kann, woraus dieser Kanon besteht, es per Definition keinen Kanon gibt. Dabei gibt es auch heute in Amerika eine Kultur der Beispiele und rhetorischer Figuren, auf die man sich einigen kann. Aber diese bestehen in erster Linie aus Sport, Unterhaltung und aktuellen Ereignissen. Kurz gesagt: Es gibt keinen akademischen oder Hochkulturkanon, und was einen anders gearteten Kanon angeht, da sind Professoren keine besonderen Experten.

Das einzige, was wir vielleicht noch aus diesem Wrack bergen können, ist das, was ich die Gymnastikargumentation nenne. Diese Argumentation ist indirekt angelegt in meinen Ausführungen über den Ersatz des Colleges durch einen groß angelegten Praktika Turnus, und in meiner Aussage, dass ein Vollzeit-Journalisten-Job intellektuell so herausfordernd sein kann wie ein Studium. Folgt man dem Gymnastikargument, dann ist es nicht wichtig, was Sie in den nächsten vier Jahren intellektuell tun, solange es Sie intellektuell herausfordert. Jede Art anstrengender intellektueller Aufgabe entwickelt Ihre intellektuellen Fähigkeiten – oder erhält sie zumindest aufrecht. Da es nun mal der Fall ist, dass Collegeunterricht die Methode ist, die Ihnen unmittelbar zur Verfügung steht, könnten Sie das zu Ihrem Vorteil nutzen und sich Ihr Training hier holen. Das ist so, als ob Sie zum intellektuellen Fitnessclub an der nächsten Ecke gehen, anstatt sich die Mühe zu machen, zum Intellektuellen Athletik-Verein Chicago ins Stadtzentrum zu fahren.

Die Gymnastikargumentation ist tatsächlich der Kern der Reformen in Oxford und Cambridge im 19. Jahrhundert. Niemand nahm an, dass das Erlernen der griechischen Sprache unmittelbar von Nutzen sein würde, um Indien zu regieren. Doch jemandem, so dachte man, der Griechisch oder Vektorrechnung wirklich beherrscht, konnte ohne weiteres zugetraut werden, das zu erlernen, was notwendig war, um Indien zu regieren. Mit der Erfahrung eines ausführlichen und schwierigen Studiums im Rücken konnte dieser jemand alles beherrschen. Im Extremfall führte diese Argumentation zu absoluter Unkenntnis der wirklichen Probleme: Oftmals kannte sich ein britischer Kolonialverwalter besser mit dem Aorist-Konjunktiv als mit der ihm untergebenen Bevölkerung aus. Aus rein intellektueller Sicht war es jedoch eine sehr gute Idee. Unglücklicherweise verdeutlichen dieses Beispiel und meine vorherige Abhandlung zum Thema Berufe, dass die späteren Anforderungen wahrscheinlich nicht in erster Linie etwas mit intellektuellen Dingen zu tun haben, so dass die intellektuellen Gymnastikübungen wahrlich irrelevant sind.

Lassen Sie mich noch einmal zusammenfassen, was nicht zu den Zielen der Bildung gehört, bevor ich mich in der verbleibenden Zeit der Frage zuwende, was nun Ziele der Bildung sind. Ich habe erstens aufgezeigt, dass Ihr weltlicher Erfolg nicht von Ihrem Studium abhängt – tatsächlich ist dieser Erfolg schon ziemlich garantiert. Ich habe zweitens dargelegt, dass das Ausmaß Ihres weltlichen Erfolgs im Einzelnen ein Ergebnis Ihrer Berufswahl ist, die Sie nach Ihrer Zeit hier treffen und die zu Ihrer Studienzeit kaum Bezug hat. Ich habe drittens dargelegt, dass es kaum Belege dafür gibt, dass der Unterricht am College Ihnen kognitive Fähigkeiten vermittelt, die Ihnen nicht auch anderswo vermittelt werden könnten. Und viertens, dass die viel gerühmten grundlegenden intellektuellen Fähigkeiten auf einer Professional School oder im Berufsleben vielleicht gar nicht die wichtigsten sind. Schließlich gibt es auch keinen Grund, an einen Kanon zu glauben, da besagter Kanon im amerikanischen Alltag offenkundig nicht existiert. Dass der Unterricht am College vielleicht als mentale Gymnastik zu rechtfertigen ist, ist das einzige, was ich nach dieser Abhandlung noch einzuräumen bereit bin. Doch viele andere Dinge könnten diesen Zweck genauso erfüllen.

Lange Rede, kurzer Sinn: Es gibt also keinen instrumentellen Grund für Bildung, für Ihre Kurse zu lernen, einen Schwerpunkt zu wählen und sich in der Masse des Materials zu verlieren. Es bringt Ihnen nichts, und es bringt Sie weder hierhin noch dorthin. Vergessen Sie also alles, was Sie bisher über diese instrumentellen Gründe sich zu bilden gedacht haben.

Der Grund für Bildung hier oder andernorts liegt darin, dass es besser ist gebildet zu sein als nicht. Es ist an sich und in sich besser. Nicht, weil es Ihnen etwas bringt. Nicht, weil es irgendwie zweckdienlich ist. Es ist besser, weil es besser ist. Beachten Sie bitte, dass diese Aussage impliziert, dass der Ausdruck „Ziele der Bildung" unsinnig ist. Bildung ist nichts, worauf Ziele gründen können. Sie hat kein anderes Ziel als sich selbst.

Die Aberkennung der Ziele der Bildung besteht aus zwei Teilen. Der erste betrifft die Zukunft. Wenn ich sage, dass Bildung keine Ziele verfolgt, meine ich damit, dass wir nicht jetzt Bildung wollen sollten, um später etwas zu bekommen, sei dieses Etwas weitere Bildung oder etwas ganz anderes. Der zweite Teil betrifft die Gegenwart. Wenn ich sage, dass Bildung keine Ziele verfolgt, dann meine ich damit auch, dass wir Bildung nicht wollen sollten, um sie in der Gegenwart für etwas anderes als sich selbst zu nutzen.

Lassen Sie mich mit dem ersten Teil beginnen. Ich habe bereits recht ausführlich gezeigt, dass, wenn es extrinsische Bildungsziele gibt, diese nicht in der Zukunft liegen. Soweit wir es wissenschaftlich erfassen können, scheint Bildung im Sinne von traditionellem Unterricht am College sehr wenig mit Ihrem zukünftigen weltlichen Erfolg oder sogar mit Ihrem zukünftigen kognitiven Funktionieren zu tun zu haben. Doch auch, wenn wir meinen vorherigen sozialwissenschaftlichen Ansatz beiseite lassen und die Angelegenheit kurz theoretisch betrachten, wird deutlich, dass Bildung wenig mit zukünftigen Zielen zu tun hat.

Die Vorstellung, dass Bildung zukünftige Ziele verfolgt, hat ein zentrales Problem, nämlich, dass sich die Welt und unser Wissen über diese Welt und die Art und Weise, wie wir über die Welt nachdenken, grundlegend verändert haben wird, wenn die Zukunft eintrifft.

Egal, welchen Bereich wir uns vornehmen – die Fakten, Theorien und Konzepte ändern sich ständig. Medizin, Jura, Wirtschaftswissenschaften, Physik, Architektur, Landwirtschaft, Sozialarbeit, überhaupt alles: Die Wissensgrundlagen werden sich in der Zeit zwischen Ihrem Abschluss und dem zehnten Jahrestag Ihres Abschlusses auf entscheidende Weise gewandelt haben. Nicht nur die Tatsachen und Gegenstände, sondern auch die für den Bereich benötigten Fachkenntnisse ändern sich mit bemerkenswerter Geschwindigkeit.

Die Situation wird noch deutlicher, wenn ich diese Veränderungen nicht als passiven, sondern als aktiven Wandel betrachte. Wissenswandel passiert nicht automatisch auf geisterhafte Weise, sondern weil Menschen ihn sich ausmalen. Menschen stoßen auf neue Tatsachen und Materialien, weil sie nach ihnen suchen. Sie erstellen neue Theorien und Methoden, weil sie die älteren ersetzen wollen, die sie als unbefriedigend empfinden. Doch wer immer wir auch sind – Ärzte, Rechtsanwälte, Landwirte oder Buchhalter –, wir müssen in der Lage sein, uns neue Weltsichten und innovative Handlungsweisen vorzustellen, wenn wir sie verwirklichen wollen. Unsere Bildung kann also nicht darin bestehen, dass wir Fach- oder Allgemeinwissen beherrschen. Denn wenn man dieses Wissen meistert, es festigt und zu einem rigiden Kanon schmiedet, dann ist man nicht mehr in der Lage, sich Dinge vorzustellen, die diesen Kanon ersetzen könnten. Nein, um in der Lage zu sein, Ideen, die man täglich anwendet, zu transformieren, zu verändern und zu erneuern, muss man einen Weg finden, der es einem ermöglicht, diese Ideen von außen zu betrachten. Dieser Weg heißt Bildung.

Diese Argumentation weist die gängige Vorstellung zurück, das Ziel der Bildung liege darin, Sie mit Überlebenstaktiken auszustatten, die es Ihnen erlauben, sich an den schnellen Wandel des Basiswissens anzupassen. Denn genau diese Überlebenstaktiken verändern sich auch. Schreiben war vor einem Jahrhundert, vielleicht sogar nur vor einem halben Jahrhundert, eine viel wichtigere Fähigkeit als heute. Wir könnten jetzt einen weiteren Schritt unternehmen und über formale Bildung auf einer dritten Ebene sprechen – Bildung, die die Fähigkeit vermittelt, sich vorzustellen, wie man Fähigkeiten verändert. Doch immer, wenn wir einen Schritt weitergehen, denken wir weniger an die Zukunft und mehr an eine Art Konstante der Intellektualität, eine Reihe mentaler Gewohnheiten als dauerhafter Eigenschaften des Geistes. In dem Maße, in dem wir uns aus der Falle befreien, die der historische Wandel den Bildungskonzepten stellt, bewegen wir uns in Richtung eines zunehmend zeitlosen Bildungskonzepts.

Wir gehen von der Zukunftsorientierung dazu über, Bildung als beständigen Aspekt der Gegenwart zu betrachten. Kurz gesagt: Auch wenn wir auf diese theoretische Weise argumentieren, können wir nicht darlegen, dass Bildung zukunftsorientierte Ziele verfolgt. Jegliches seriöse Bildungskonzept scheint unvermeidlich in einem dauerhaften Zustand zu wurzeln, einem Zustand, der sich in der beständigen Gegenwart des Selbst befindet.

Übrigens, beachten Sie, dass ich mit dem Zurückweisen von Bildungszielen für die Zukunft auch mit der Vorstellung aufgeräumt habe, Bildung bedeute das Lernen einer Reihe bestimmter Informationen. Dieses Argument habe ich bereits in seiner Lingua Franca Form als anspruchslos abgelehnt. Doch das Problem, sich ständig wandelnder Konzepte (oder von der aktiveren Seite aus gesehen, das Problem ständig neue Konzepte entwickeln zu müssen) zerstört die Vorstellung, der Kern der Bildung bestehe darin, bestimmte Inhalte oder Materialien zu beherrschen. Sie sind keine kleinen, mit offenem Mund im Nest sitzenden Vögelchen, die halbverdaute und von der Fakultät wiedergekäute Wissenswürmer vorgesetzt bekommen. Bildung hat nicht mit Inhalt zu tun, nicht einmal mit Fähigkeiten. Sie ist eine Gewohnheit oder Einstellung des Geistes. Sie ist nicht etwas, das Sie haben. Sie ist etwas, das Sie sind.

Nun, da ich (schon wieder) mit der Vorstellung aufgeräumt habe, dass Bildung Ziele in der Zukunft verfolge, wende ich mich der Aussage zu, dass Bildung in der Gegenwart kein anderes Ziel verfolge als sich selbst. Ich werde nicht, wie ich es bisher getan habe, negativ argumentieren, sondern lieber positiv, indem ich zeige, dass Bildung, wie ich sie definiere, in sich gut ist. Wenn sie in sich gut ist, müssen wir uns nicht lange damit aufhalten, ob Bildung uns auch anderweitigen Nutzen bringt. Anderweitiger Nutzen ist ein schlichtes Nebenprodukt und dementsprechend nicht von wesentlichem Interesse.

Mit Bildung meine ich die Fähigkeit, die Bedeutungen, die wir Ereignissen und Geschehnissen beimessen, immer komplexer, tiefgreifender und umfangreicher zu gestalten. Wenn wir einen Text lesen, nennen wir das Zuschreiben neuer Bedeutungen und Interpretationen. Wenn wir Mathematik studieren, nennen wir dieses Zuschreiben von Bedeutung Intuition und Beweis. Wenn wir Geschichte studieren, nennen wir es eine Vorstellung von geschichtlichem Zusammenhang, wenn wir Sozialwissenschaften studieren, nennen wir es soziologische Vorstellungskraft. In all diesen Bereichen bedeutet Gebildetsein die Gewohnheit, viele und unterschiedliche Bedeutungen zu finden und diese mit untersuchten Ereignissen und Geschehnissen in Verbindung zu bringen. Hierfür verfügen wir über diverse Standardroutinen: Interpretative Paradigmen, heuristische Methoden, theoretische Systeme, Forschungsdisziplinen und so weiter. Bildung besteht jedoch nicht aus diesen Paradigmen, Methoden oder Disziplinen. Sie ist eher die instinktive Gewohnheit, nach neuen Bedeutungen Ausschau zu halten, alte in Frage zu stellen und ständig mit der Bedeutung, die wir den Ereignissen, Texten und Geschehnissen zuschreiben, spielerisch umzugehen und über sie zu streiten. Wir können Ihnen Paradigmen und Methoden beibringen, aber wir können Ihnen nicht angewöhnen, mit diesen spielerisch umzugehen. Das müssen Sie in sich selbst finden.

Nach dieser ganzen Einführung scheint Bildung vielleicht nicht viel zu sein. „Das kann ich schon," sagen Sie sich. „Bedeutungen", sagen Sie, „ich kann Ihnen zehn Bedeutungen für Ihren letzten Abschnitt nennen, kein Problem. Außerdem," so sagen Sie, „was soll daran gut sein? Wer schert sich um diese ganze neue Bedeutung? Das ist viel Lärm um nichts. Kommen wir auf den Punkt."

Nun, zunächst bin ich mir gar nicht sicher, dass die meisten von Ihnen besonders gut darin sind, spielerisch mit Bedeutungen umzugehen. Denn viele von Ihnen rutschen unruhig auf Ihrem Stuhl hin und her und fragen sich, wann in Gottes Namen ich endlich fertig bin. Sie haben Schwierigkeiten damit, nur 55 Minuten lang stillzusitzen und über eine der wichtigsten Aspekte Ihres Lebens nachzudenken. Wenn Sie jedoch sämtliche Gedanken und Vorstellungen, die Ihnen zum Thema Bildung einfallen, in den vergangenen 40 Minuten bereits ausgeschöpft haben, dann sollten wir uns zumindest in diesem Bereich von der Behauptung verabschieden, Sie seien schon vollständig gebildet.

Doch das wichtigere Thema ist die Frage, warum das endlose Zuschreiben neuer Bedeutungen in sich selbst gut sein soll. Die Antwort lautet: Indem man Dingen mehr Bedeutungen beimisst, indem man mehr Erfahrungen in die aktuelle Spannweite der Bedeutungen einbringt und diese Spannweite vergrößert, um mehr Dinge auf komplexere, abstraktere oder manchmal mehrdeutige Weise aufzunehmen, befähigen wir uns im Endeffekt dazu, mehr Leben aufzusaugen in der Gegenwart, im Jetzt. Ein gebildeter Mensch erlebt in einem gegebenen Zeitraum mehr als ein ungebildeter Mensch. Das heißt nicht, dass Leben mit mangelnder Bildung von Natur aus etwas Schlechtes oder Schadhaftes an sich hat. Ein ungebildetes menschliches Leben hat die gleiche Würde wie jedes andere. Doch mit der Ihnen gegebenen Chance wären Sie Narren, nicht von jeder Möglichkeit Gebrauch zu machen, um Ihre Erfahrungen im Jetzt zu erweitern. Die Qualität der Bildung ist das entscheidende Mittel, um dies zu verwirklichen.

„Lang-wei-lig", sagen Sie jetzt. „Diese Argumentation ist zu abstrakt. Hier geht es um Nichts. Bildung ist eine Methode, in einem gegebenen Zeitraum mehr zu erfahren? Was meint er?" In Ordnung, reden wir von etwas, dass Sie aufhören lässt – Sex. Die von mir aufgestellte Behauptung lautet im Wesentlichen wie folgt: Jedes Tier kann sich ausziehen, ein bisschen reiben und grabschen, die Geschlechtsorgane in Position bringen und losbumsen, bis es vollbracht ist. Doch die sexuelle Erfahrung wird tatsächlich besser, in dem Sinne, dass der Sex länger zu dauern scheint (und natürlich können Sie ihn auch länger interessant gestalten), wenn Sie diese Maßnahmen in Vorspiel und Entspannung aufteilen, wenn Sie ein bisschen vom geraden Weg abkommen und woanders herumnaschen, wenn Sie die Sache zu einer komplexen Konversation der Körper machen mit Dutzenden unterschiedlicher Vorstellungen, statt einfach wie ein Tier draufloszurammeln. Das ist mein Argument. Indem die Bedeutungsdichte Ihrer Erfahrungen zunimmt, erweitern Sie diese Erfahrungen. Sie machen Ihre Erfahrungen innerhalb des gleichen sozialen und zeitlichen Raumes umfangreicher und beständiger. Bildung ist eine Form der Erfahrungserweiterung.

Wenn Ihnen dieses Beispiel nicht gefällt, denken Sie mal an das Betrachten eines Gemäldes im Museum. Ja, es ist einfach, sich ein Gemälde anzusehen und sich was einfallen zu lassen, über das man nachdenken kann. Wie viel reichhaltiger sind diese Gedanken jedoch, wenn Sie bereits die vielen unterschiedlichen Traditionen kennen, in denen man sich die visuelle Welt vorstellt, wenn Sie die detaillierten Bezüge des Malers zu den unterschiedlichsten Traditionen kennen, ihre Kenntnis des sozio-kulturellen Hintergrundes dieses Bildes Sie in die Lage versetzt, dutzende Dinge zu sehen, die Ihnen ohne Ihr Wissen verschlossen bleiben würden.

Es ist die gleiche Argumentation. Die Erfahrung wird „größer", weil Sie gebildet sind. Nicht einfach, weil Sie sich das Gemälde länger ansehen können, ohne gelangweilt zu sein, sondern weil

Sie auf einen einzigen Blick mehr sehen. Und beachten Sie, dass Bildung nicht nur darin besteht, eine leblose Liste an Fakten und Zusammenhängen rekapitulieren zu können, wer wen unterrichtet hat und welcher Stil welcher war, sondern eher darin, die Fakten, die Sie kennen, zu nehmen und mit ihnen und dem Gemälde spielerisch umzugehen.

Nun beachten Sie bitte, dass ich mit der Behauptung „gebildeter Sex" sei besserer Sex oder gebildete Museumsbesuche seien bessere Museumsbesuche nicht die Behauptung aufstelle, dass Sie sozusagen den Kern des Sex oder des Museumsbesuchs verpassen sollten. Auch wenn Sie das Ereignis komplexer gemacht haben, sollten Sie nicht den allumfassenden Sinn der einfacheren Version außer Acht lassen. Es trifft jedoch zu, dass Sie Ihr Gehirn nicht unendlich füllen können – seine Kräfte sind endlich. Und somit besteht eine der wichtigsten Entscheidungen, die Sie in Bezug auf Ihre Bildung treffen, darin, Breite und Tiefe abzuwägen. Denn auch Breite bedeutet eine Art der Erfahrungserweiterung. Die Dinge komplexer zu gestalten ist nicht der einzige Weg, Bedeutung zu schaffen.

Ich behaupte also, dass Bildung an sich gut ist, weil sie die Bandbreite Ihrer Erfahrungen sowohl zeitlich als auch räumlich erweitert. Bildung bedeutet herauszubekommen, wie man die endlichen Dinge, die man wissen kann, ihre unterschiedlichen Abstraktions- und Detailniveaus, ihre Mixtur aus Fähigkeit und Daten, Fakten und Theorien arrangiert, um das potentielle Bedeutungsspektrum, das im Jetzt erfahrbar ist, zu maximieren. Wie Ihre zeitliche und räumliche Gegenwart auch gestaltet sein mag, Bildung lässt Sie intensiver leben. Indem sie mehr Bedeutungen ins Spiel bringt, indem sie einen Dialog von Komplexität und Vereinfachung, von Unterscheidung und Analogie anregt, der Ihre unmittelbare Welt verändert und über sie hinausweist. Um das klarzustellen: Wir sind alle Teil einer Realität, die auf unzählige Weise lokal gebunden ist durch Sprache, Standort, Rasse, Geschlecht, Alter, Beschäftigung, Körperbau, Religion usw. Nur weil Sie eine Menge abstraktes Zeug wissen, bedeutet das nicht, dass Sie sich von der Lokalgebundenheit des Daseins befreien können. Denn schließlich ist das Verortetsein paradoxerweise eine der universellen menschlichen Eigenschaften, und es gibt eine Provinzialität der Abstraktion, die genau so albern ist, wie die des Details. Im Geiste des nachdenklichen Menschen ist Bildung jedoch eine Gewohnheit, die Erfahrungen erweitert, so dass Provinzialität überwunden werden kann, indem Verbindungen zwischen der lokalen Realität und anderen menschlichen Bedeutungen geschaffen werden. Manchmal ist Abstraktion das richtige Mittel, manchmal Identifikation und manchmal radikale Vereinfachung. Manchmal entsteht die Verbindung durch die winzigsten faktischen Details - zum Beispiel durch die gleiche Augenfarbe oder eine gemeinsame Heimatstadt.

Bedenken Sie auch, dass diese lokale Gebundenheit, diese Provinzialität nicht nur geographischer und sozialer Raum ist, sondern auch Zeit. Jeder von Ihnen lebt in einer lokalen Zeitlichkeit – eine, in der die Zukunft Ihre Zwanziger sind und die mittleren Lebensjahre noch Lichtjahre entfernt sind. Sie halten mich für ein unbewegliches Objekt, das nicht in einem Jetzt lebt –, ein Professor, der war und ist und immer sein wird. Doch auch ich lebe ein flüchtiges Dasein, in dem sich Dinge in kurzer Zeit radikal verändern können. Für mich sind Sie ebenfalls abstrakte Schablonen, die wahrscheinlich durch die Möglichkeiten des Lebens streifen, so wie ich es getan habe, mit genauso unterschiedlichen Ergebnissen.

Doch ebenso wie Bildung es ermöglicht, den verkümmerten Lokalismus des Sozialen und Kulturellen zu überwinden, so ermöglicht Bildung auch, die beiderseitig provinzielle Vorstellung zeitlicher Unbeweglichkeit zu überwinden, damit wir die Flüchtigkeit des Daseins des Mittleren Alters und der Jugend gleichzeitig erfahren können.

Als Lehrer versuchen wir, Sie zu dieser Bildungsgewohnheit durch ein Spektrum an Übungen zu verleiten, genau wie ein Zen-Mönch versucht, den Novizen zur Erleuchtung zu bringen, indem er ihm zur Meditation ein Koan gibt. Beachten Sie, dass das Zen-Koan nicht Erleuchtung, sondern eher ein Mittel zur Erleuchtung ist. Die von uns unterrichteten Übungen sind auch wie gesagt nichts Besonderes – analytisches Schlussfolgern, gutes Schreiben, kritisches Denken, usw. Das ganze Zeug der Pflichtveranstaltungen. Dies sind Übungen, die wir Ihnen in der Hoffnung geben, dass sie Ihnen irgendwie dabei helfen werden, die Erleuchtung der Bildung zu finden. In diesem Sinne ist der Ausdruck „Ziele der Bildung" genau umgekehrt ausgerichtet. Bildung hat keine Ziele. Sie ist das Ziel anderer Dinge.

Diese „Bildung", dieser Erleuchtungsblitz, entspringt der Gewohnheit, nach neuen Bedeutungen, nach neuen Verbindungen zu suchen, Erfahrungen mit Komplexität oder Erweiterung auszustatten, die diese reichhaltiger und andauernder werden lassen, auch wenn die Erfahrung teilweise lokal, sowohl im sozialen Raum als auch in sozialer Zeit, verankert bleibt. Alles andere, was wir unterrichten, ist eine Übung, diesen Erleuchtungsblitz hervorzubringen.

Dabei sollte man diese Übungen nicht verschmähen. Nur weil ich behauptet habe, dass diese Materialien und Fähigkeiten, die wir versuchen Ihnen in den Kursen zu vermitteln, nicht Bildung ausmachen, heißt das nicht, dass Bildung ohne die Materialien und Fähigkeiten leicht zu erreichen ist. Um eine weitere, berühmtere Metapher anzuführen: Sie können sich den Lehrplan als Schatten vorstellen, der vom Licht der Bildung an die Wand geworfen wird, der über, unter, durch und um die unzähligen Phasen unserer Erfahrung herum leuchtet.

Es ist ein Fehler, diese Schatten für die Wirklichkeit zu halten, sie helfen uns jedoch dabei, diese Wirklichkeit zu erfassen oder zu erahnen. Die falsche Vorstellung, dass es einen festen Lehrplan gibt, dass es eine Liste von Dingen gibt, die ein gebildeter Menschen wissen sollte, und dass die Schattenspiele an der Wand selbst der Inhalt der Bildung sind – diese falschen Vorstellungen entstanden dadurch, dass man eine ursprünglich weise Erkenntnis zu ernst genommen hat –, nämlich die Erkenntnis, dass die Schatten tatsächlich unserem Bestreben, die Wirklichkeit vollständig auszumalen, einen Ansatzpunkt bieten.

Beachten Sie, dass die Metapher nicht aus den Schatten an der Wand, die nicht Bildung sind, besteht. Die Wirklichkeit zu kennen bedeutet auch nicht Bildung. Bildung ist das Licht, diese scheinende Sache, die Bedeutungen schafft. Wenn Sie alles haben, ergibt der ganze Rest – die Kernqualifikationen und die Lingua Franca und die grundlegenden Materialien, all diese Schatten an der Wand – auf einmal Sinn. Deshalb halten so viele fröhliche Absolventen, die den Funken der Bildung gefunden haben, die Übungen im Rückblick fälschlicherweise für die Wirklichkeit. Sobald der Funke gefunden ist, macht er den Pfad scheinbar unproblematisch und selbstverständlich. Denn Bildung ist eine unsichtbare, von innen strahlende Kreativität. Sie ist nicht etwas, das Sie besitzen. Sie ist etwas, das Sie sind.

Zusammengefasst gibt es von einem praktischen Standpunkt aus keinerlei Belege dafür, dass die spezifischen intellektuellen Übungen, die wir Sie hier am College durchführen lassen, irgendeine Verbindung zu Ihrem weltlichen Erfolg oder Ihrer kognitiven Entwicklung haben. Es gibt auch keine wirklich wirksame theoretische und in die Zukunft gerichtete Argumentation für die Ziele von Bildung. In Wirklichkeit ist Bildung eine bestehende Eigenschaft des Selbst, eine Art des Daseins im Augenblick. Und diese Eigenschaft ist Ihr Ziel, denn sie erweitert unsere bestehenden Erfahrungen und ist daher in sich lohnend.

Drei wichtige Dinge zum Schluss. Zunächst eine Anmerkung zum Thema Zukunft. Ich habe Sie in gewisser Weise mit meiner Behauptung getäuscht, dass Bildung nichts mit der Zukunft zu tun habe. Ich habe argumentiert, dass Bildung eine Eigenschaft des Selbst in der Gegenwart sei. Aber wir werden natürlich immer „in der Gegenwart" leben, auch wenn von unserem jetzigen Standpunkt aus zukünftige Gegenwarten in Stein gemeißelt erscheinen. „Ich werde Arzt" oder „Ich habe vor, einen bedeutenden Roman zu schreiben". Als ob diese zukünftigen Gegenwarten einfache oder festgeschriebene Zustände wären. Wenn Sie in der Zukunft ankommen, wenn Sie Arzt werden oder den Roman schreiben, werden Sie feststellen, dass Ihre zukünftigen Gegenwarten genauso ungewiss und unsicher, genauso „gegenwartsähnlich" sein werden, wie Ihre Gegenwart heute ist. Es ergibt sich also, dass kultivierende Bildung, ein Selbstverständnis, das beständig und rastlos in Situationen, Tatsachen und Vorstellungen nach neuen Bedeutungen sucht, für die Zukunft eine entscheidende Ressource darstellt, denn die Zukunft ist eine Abfolge ungewisser Momente – genau wie die Gegenwart.

Dementsprechend ist es auf merkwürdige Weise zutreffend, dass Bildung die angemessenste Methode zur „Planung" der Zukunft ist. (Merkwürdig deshalb, weil Bildung in diesem Satz nicht das bedeutet, für was Sie es früher gehalten haben.) Das einzige, was wir über die Zukunft wissen, ist, dass sie eintreffen wird, obwohl wir sie nicht voraussagen können. Sehen Sie sich Ihren rechten Nachbarn an. Sehen Sie sich jetzt Ihren linken Nachbarn an. In zwanzig Jahren haben Sie alle geheiratet, und einer von Ihnen wird geschieden sein. Das können Sie sich jetzt nicht vorstellen. Ich nehme an, dass in diesem Raum niemand plant, sich scheiden zu lassen. 40 Prozent von Ihnen werden es am Ende doch tun. Die Geschichte geht ihren Gang.

Und diese persönlichen Ereignisse sind nur eine Form des Zufalls. Die Ereignisse vor einem Jahr werden Sie davon überzeugt haben, dass man der Geschichte nicht entkommen kann. Doch, ob Sie es glauben oder nicht: Diese Ereignisse werden in 50 Jahren ziemlich unbedeutend erscheinen. Vorboten vielleicht, aber auf keinen Fall die bedeutenden Ereignisse der nächsten 50 Jahre. Denn schließlich starben im Zweiten Weltkrieg sechs Jahre lang jeden Tag zehnmal so viele Menschen, wie an einem Tag beim Angriff auf das World Trade Center ums Leben kamen. Die Gesellschaft, in der die meisten von Ihnen in etwa 50 Jahren sterben werden, wird überhaupt nichts mehr mit der heutigen Gesellschaft zu tun haben. Weit verbreiteter, täglicher biologischer Terrorismus könnte Bestandteil des Lebens sein genauso wie ausgedehnte wirtschaftliche Globalisierung, weltweite Religionskriege, genetische Erfassung, das Verschwinden nationaler Grenzen, die Geburtenbeschränkungen, implantierte persönliche Ortungschips – wer weiß, was kommen wird?

Nun können Sie solche überwältigenden Dinge nicht einplanen. Sie können aber für den Umgang mit ihnen vorbereitet sein, indem Sie ein Mensch werden, der in Ereignissen Bedeutung finden kann, ein Bildungsmensch. Wenn Sie gebildet sind, werden Sie in der Tat in der Lage sein, nicht nur diese Ereignisse zu erleben, sondern deren Bedeutungen für sich selbst und andere zu schaffen. Sie werden die Zukunft nicht nur erfahren, sondern sie schaffen. In diesem Sinne ist Bildung der beste Plan für eine ungewisse Zukunft.

Zweite Abschlussbemerkung: Ich habe während der ganzen Rede kognitive Aspekte in Betracht gezogen. Ich habe nicht über emotionale und moralische Bildung gesprochen, auch wenn sowohl sozialwissenschaftliche Studien als auch Bildungstheorien auf die Bedeutung der emotionalen und moralischen Weiterentwicklung in den Collegejahren hinweisen. Wir wissen mit Sicherheit, dass das intellektuelle Studium nur eine von drei grundlegenden Aktivitäten sein wird, denen Sie hier nachgehen werden. Die zweite ist bezahlte Arbeit. Die Mehrheit von Ihnen wird während des Colleges immer wieder arbeiten, tatsächlich werden viele von Ihnen gemessen am Standard der erwerbstätigen Bevölkerung fast halbe Stellen bekleiden. Und die dritte Aktivität ist das große Corpus anderer Dinge: Sport und Vereine und Affären und durch Blues-Kneipen ziehen, Essen gehen usw., das, was wir so treffend als „außerlehrplanmäßig" bezeichnen.

Nun haben Menschen, die über formale Bildung nachdenken, ihren Schwerpunkt auf Kognition gelegt und bemerkenswert wenig Aufmerksamkeit auf das gelenkt, was wir den moralischen und emotionalen Lehrplan des Colleges nennen, das, was zum Großteil in Ihrem Arbeitsleben und Ihrem Leben außerhalb des Lehrplans „unterrichtet" wird. Dies liegt nicht etwa daran, dass es den emotionalen und moralischen Lehrplänen an Wichtigkeit mangelt. Erinnern Sie sich daran, dass ich in meinen vorhergehenden Bemerkungen über Berufe erwähnt habe, dass Berufseliten häufig moralische und emotionale Fähigkeiten wie Führungsqualitäten, Verständnis und Organisationsvermögen viel häufiger benötigen als kognitive Fähigkeiten wie analytisches Denken und verständliches Schreiben. Dies sind also die wirklich wichtigen Fähigkeiten. In der Praxis besteht unser moralischer Lehrplan jedoch nur aus kurzen Diskussionen über das Miteinander in Wohnheimen und einigen politisch aufgeladenen und häufig künstlichen Seminardiskussionen über Rasse, Klasse, Geschlecht usw. Mein Freund John Mearsheimer hatte die Chuzpe, vor vier Jahren an gleicher Stelle energisch zu behaupten, dass Collegebildung keine moralische Bildung sei. Theoretisch hat Professor Mearsheimer vielleicht Recht. Er hat von einem stark freiheitsdenkerischen und kognitivistischen Standpunkt aus argumentiert – empirisch lag er jedoch völlig falsch. Moralisches Lernen wird in Ihren Collegeerfahrungen wohl oder übel eine zentrale Rolle einnehmen. Sie werden sogar in den Seminarräumen viel moralisches Lernen betreiben, was häufig darin besteht, Ihre wirklichen Ansichten in Diskussionen, die meistens eher offensichtlich als authentisch sind, zu verbergen. Es ist traurig, aber Sie werden diese Fähigkeit im späteren Leben extrem nützlich finden.

Unser emotionaler Lehrplan befindet sich in einem noch schlimmeren Zustand. Im Grunde bringen wir Sie alle hierher, bis obenhin voll mit Bedürfnissen und Wünschen und Hormonen, lassen Sie wie Tiere in einem Wildreservat aufeinander los und hoffen auf das Beste. Es ist zu hoch für mich, warum wir kognitives Lernen so arrangiert haben, dass die Übertragung zwischen Generationen höchst effektiv funktioniert, jedoch jede Generation hinsichtlich des emotionalen Lernens immer wieder von vorne anfangen muss.

Was ich sagen will ist, dass sich die Verantwortung, die Sie als Individuen für sich selbst übernehmen, nicht nur auf kognitive Aspekte erstreckt, auf die sich entsprechend Mearsheimers Argumentation die Universität größtenteils beschränkt. Sie benötigen auch emotionale und moralische Bildung, und in diesen Bereichen stellen wir Ihnen trauriger weise nicht einmal ansatzweise systematische Übungen zur Selbstentwicklung zur Verfügung, wie wir es auf der kognitiven Seite tun. Sie sind also auf sich gestellt.

Drittens und letztens hat diese Rede Ihnen vielleicht den Eindruck eines Freibriefes vermittelt. Ich habe gesagt – und die Studien zeigen dies – dass das, was Sie hier tun, wenige erwiesene Folgen für Ihre Zukunft hat. Für viele von Ihnen scheint das vielleicht eine Lizenz dafür zu sein, in den nächsten vier Jahren das zu tun, was Sie verdammt noch mal tun wollen. Tatsächlich haben Sie auf gewisse Weise diese Lizenz. Bildung ist dafür da, gesucht zu werden, doch niemand kann Sie dazu zwingen, Sie auch zu finden. Und niemand hier kann verneinen, dass die Welt in den höchsten Sphären unserer Gesellschaft voller sehr erfolgreicher Menschen ist, die an bedeutenden Orten Abschlüsse erworben haben und denen es trotzdem an grundlegendsten Bildungsformen mangelt.

Einfach gesagt setzt das gegenwärtige System großes Vertrauen in Sie. Bildung ist die wertvollste, menschlichste und menschenwürdigste Grundlage, auf der ein Mensch aufbauen kann. Und hier werden Ihnen beispiellose Ressourcen geboten, damit Sie den Funken der Erleuchtung finden, der in Ihnen Bildung entfacht. Ob Sie diesen Funken jedoch suchen, ist in der Praxis einzig und allein Ihre Entscheidung. Sie können nichts tun. Sie können sich touristisch hier und da Vorlesungen anhören und zwischendurch den Reiseführer in den Rubriken „Wichtige Sehenswürdigkeiten" und „Was Sie während Ihres Aufenthalts nicht verpassen sollten" zu Rate ziehen. Sie können sich mechanisch mit Materialien und Fähigkeiten vollstopfen, bis Sie vollgefressen sind. Welche dieser drei Varianten Sie auch wählen: Nachdem Sie hier weg sind, werden Sie in der Welt gut zurechtkommen. Sie werden glücklich und erfolgreich sein.

Andererseits können Sie Bildung suchen. Es wird nicht leicht sein. Wir haben nur hilfreiche Übungen für Sie. Die Sache selbst können wir Ihnen nicht geben. Und es wird außergewöhnliche Versuchungen geben – etwa monatelang in einem Schwerpunkt schwelgen, der nicht der Richtige für Sie ist, weil Sie einem persönlichen Mythos Ihrer Zukunft nacheifern oder intellektuelle Anstrengungen in allen Bereichen bis auf einen vermeiden, weil Sie zu faul sind sich herauszufordern oder für ein Erleuchtungsjahr nach Europa zu gehen, was sich rasch zu einer touristischen Selbstgefälligkeit entwickeln kann. Es wird auch Versuchungen der Schüchternheit geben, etwa die Versuchung, auf alles Experimentieren zu verzichten, die herrlichen Zufälligkeiten des College auszulassen, die verheißungsvollen Möglichkeiten aufzugeben, die Sie – lassen Sie mich Ihnen dies sagen – niemals wieder finden werden, Versuchungen, starr durch das Bewegte zu gehen und sich dann zu fragen, warum die Bildung sich Ihnen entzogen hat.

Es gibt keine Ziele der Bildung. Bildung ist das Ziel. Wenn – und nur wenn – Sie sie suchen, wird sie Sie finden.

Willkommen an der Universität Chicago.

Siegfried Broß

Privatisierung öffentlicher Aufgaben
– Gefahr für das Gemeinwohl?

Die Privatisierung öffentlicher Unternehmen wie vermehrt auch öffentlicher Aufgabenbereiche der Hoheitsverwaltung bis hin zu solchen der Gefahrenabwehr soll, so wird argumentiert, den Menschen größere Freiräume nicht nur in wirtschaftlicher, sondern überhaupt in persönlicher Hinsicht eröffnen. Zugleich sollen die Kosten für die bisher in öffentlicher Verantwortung erbrachten Leistungen sinken und damit der Staatshaushalt entlastet sowie zudem die Effizienz der Unternehmen erhöht werden. Soweit ich sehe, ist bis heute noch kein Versuch unternommen worden, den Wahrheitsgehalt solcher Auffassungen zu überprüfen. Allerdings fällt mir anhand der Erfahrungen des Alltags auf, dass kaum etwas billiger geworden ist. Man denke nur an die Müllabfuhr, die Versorgung mit Beförderungsleistungen oder die Lieferung elektrischer Energie. Wenn ich nichts übersehen habe, ist lediglich die Inanspruchnahme des Telefons mit deutlich weniger Kosten als zuvor verbunden. Des Weiteren muss man fragen, ob die Versorgung mit bisher in öffentlicher Verantwortung erbrachten Leistungen nach der Privatisierung verlässlicher geworden ist oder ob nicht im Gegenteil das Leistungsvermögen und damit für viele Bereiche die Sicherheit für die Benutzer oder Verbraucher gesunken sind. Der Staat muss vor weiteren Schritten in Richtung einer Privatisierung von Bereichen, sei es der Daseinsvorsorge, sei es der Gefahrenabwehr, an seine Verantwortung erinnert werden, die ihm aus dem Sozialstaatsprinzip des Art. 20 Abs. 1 GG als einer besonderen Ausprägung der Menschenwürde des Art. 1 Abs. 1 GG erwächst. Diese Verantwortung verbietet es, dass sich der Staat zu der Wahrnehmung dieser Aufgaben solcher privater Dritter bedient, die er nicht voll beherrscht und die er nicht so einsetzen kann, wie wenn er die Aufgabe noch in eigener Verantwortung erfüllen würde. Bei diesen und den nachfolgenden Ausführungen geht es nicht darum und das ist nicht entfernt mein Anliegen, einem ungezügelten Staatsdirigismus das Wort zu reden. Es geht mir in einem gesamtverfassungsrechtlichen Zusammenhang darum, Kriterien für ein ausgewogenes Verhältnis zwischen staatlichem und privatem Sektor zu entwickeln, damit die Souveränität eines Staatswesens zum Schutz der ihm anvertrauten Menschen erhalten wird. Die Souveränität eines Staates kann auch durch negative Entwicklungen auf Sekundär-und Tertiärebenen nachhaltig beeinträchtigt werden. Wirtschaftliche Betrachtungsweise, die für jedes private Unternehmen selbstverständlich legitim ist, und Wahrnehmung öffentlicher Aufgaben schließen einander denknotwendig aus. Diese Aufgaben sind auf den Staat und die seiner umfassenden staatlichen Gewalt sowie Fürsorge anvertrauten Menschen ausgerichtet. Die gegenwärtige Entwicklung, die nachhaltig von der gemeinschaftsrechtlichen (EU) und der internationalen Ebene (IWF, WTO, Weltbank) geprägt wird, läuft dem zuwider. Sie lässt ein brennendes Problem entstehen, bietet aber überhaupt keine angemessene Lösung an und vermag dieses auch wegen struktureller Defizite nicht zu leisten: Über die Frage der staatlichen Souveränität hinaus tut man sich schwer, noch tragfähige Ansatzpunkte für eine Selbst-, nicht für eine Fremd-Definition eines Staatswesens zu finden. Insofern erfahren die Grundrechte in ihrer institutionellen Ausprägung eine Gefährdung, nicht nur in ihrem subjektiven Gehalt.

Anders formuliert: Wenn sich der Staat fortwährend der Erfüllung öffentlicher Aufgaben dadurch entzieht, dass er substantielle Teile von sich privatisiert und letztlich ungebunden durch private Dritte erfüllen lässt, dann sehe ich das Problem, dass sich der Staat letztlich selbst und – unabhängig von der Souveränität – seine Macht zur Selbstdefinition infrage stellen könnte. Wofür steht er noch, wenn er sich selbst eines großen Teils seiner Substanz begibt? Ein weiterer Gesichtspunkt stützt diese Sicht: Die Nationalstaaten und auch die EU kommen nicht umhin, den Wettbewerb mehr oder weniger intensiv zu kontrollieren. Eine solche Kontrolle setzt auf einer niedrigen Stufe bei Wettbewerbshandlungen (Werbung, Angriff auf andere, zum Beispiel durch Abwerbung und Ähnliches) an und mündet in die Kontrolle von mehr oder minder freundlichen Unternehmenszusammenschlüssen ein. Widerspruchsfrei ist formal auch von daher die Privatisierungseuphorie jedenfalls nicht. Besonders deutlich wird dies, wenn infolge der Privatisierung staatliche Monopole durch private Monopole ersetzt werden.

Wenn sich der Staat immer mehr der Wahrnehmung öffentlicher Aufgaben durch Privatisierung entledigt, verliert er damit auch Handlungs- und Gestaltungsspielräume. Das bedeutet letztlich, dass er großenteils die Politikfähigkeit verliert. Nicht mehr der Staat bestimmt die Richtlinien der Politik und die Entwicklung des Staatswesens und seiner Gesellschaft, sondern demokratisch nicht legitimierte Private. Diese kann er aber infolge der Privatisierung nicht mehr steuern, weil er seine Nachfragemacht nicht mehr in die Waagschale werfen kann. Mit der Privatisierung entzieht der Staat Hunderttausenden, wenn nicht ein oder zwei Millionen regulären Arbeitsverhältnissen die rechtsstaatlich und sozialstaatlich gesicherte Grundlage, wenn dies zu einer Auslagerung von Arbeitsplätzen in Billiglohnländer oder – im Inland – zu einem Arbeitsplatzsplitting in Minijobs oder gar zu illegalen Beschäftigungsverhältnissen führt. Er begibt sich damit nicht nur seiner Vorbildfunktion im Beschäftigungs- und Ausbildungsbereich (Stichwort Lehrstellenmangel), sondern auch der stabilisierenden Wirkung für die gesamtwirtschaftliche Situation über die Nachfragemacht seiner Beschäftigten als Konsumenten. Dieser Doppeleffekt im Primär- und Sekundärbereich entfällt. Akzessorisch ist zudem, dass durch die Privatisierung profitabler öffentlicher Aufgabenbereiche die staatliche Einnahmenseite geschwächt, hingegen die Ausgabenseite ausgeweitet wird, was zu einem weiteren Auseinanderklaffen der öffentlichen Haushalte führt und die Spaltung der Gesellschaft fördert. Wir haben in Deutschland jetzt schon das Problem der social equity im Vergleich zu den ärmsten Staaten dieser Welt in umgekehrter Erscheinung: Annäherung von oben nach unten und nicht Annäherungsversuche von unten nach oben. Nicht von ungefähr kommt die eingangs erwähnte Studie der Weltbank zu dem Schluss, dass 26 Staaten weltweit – gegenüber „nur" 17 Staaten vor zehn Jahren – vor dem Zusammenbruch stehen. Letztlich wird der Staat erpressbar. Wenn etwa die Eisenbahn privatisiert und dann möglicherweise durch europa- oder weltweite Ausschreibung oder über die Börse undurchsichtigen Eigentümerstrukturen geöffnet wird, könnte der Staat mit seiner Volkswirtschaft schwer geschädigt werden, wenn etwa der Gesamtbetrieb für ein oder zwei Wochen ausfällt. Das Gleiche gilt, wenn im Bereich der Energiewirtschaft durch eine künstliche Herbeiführung einer Stromknappheit, um die Preise in die Höhe treiben zu können, Stromausfälle provoziert werden. In diesem Zusammenhang sind die Streitigkeiten zwischen Russland und Weißrussland (vorausgehend schon zwischen Russland und der Ukraine) wegen der Durchleitung von Gas und Öl ebenso zu nennen wie die auf EU-Ebene geführte Diskussion darüber, Lieferanten und Netze zur Förderung des Wettbewerbs im Energiesektor zu trennen. Nicht von ungefähr verlief die Privatisierungsentwicklung bei der Bahn in Deutschland im 19. Jahrhundert umgekehrt: Von der Privat- hin zur Staatsbahn. Nach der Übernahme der Hypo-Vereinsbank durch die Uni-Credit muss jedem auffallen, dass bei Aufgabe der Gewährträgerhaftung der öffentlichen Hand für ihre leistungsstarken Kreditinstitute und völligem Rückzug aus diesem Sektor jeder Staat Gefahr läuft, völlig zum Spielball privater und nicht zu kontrollierender Marktkräfte zu werden. Dazu folgendes Beispiel: Wenn ein deutsches Industrieunternehmen für eine aus seiner Sicht zukunftsträchtige Entwicklung einen Kredit in namhafter Größenordnung, zum Beispiel mehrere Milliarden Euro, benötigt, um in Deutschland damit auch Tausende von Arbeitsplätzen zu schaffen, bedarf es keiner großen Phantasie, dass diese Kreditnachfrage möglicherweise nicht erfüllt wird, wenn etwa auch noch nach Übernahme der Deutschen Bank durch die CityGroup ein ausländischer Konkurrent auf demselben Pfad wandelt.

Des Weiteren ist nach meiner Beobachtung inzwischen das Gespür aus dem öffentlichen Bewusstsein dafür verschwunden, welchen unvertretbaren Einfluss internationale Rating-Agenturen auf die Güte eines Staatswesens nehmen. Wenn eine solche, weder demokratisch noch sonst wie unter übergeordneten Gesichtspunkten legitimierte oder gar kontrollierte Rating-Agentur Deutschland abstuft, kostet dieses Vorgehen nicht den Bundesfinanzminister – wie manche schreiben –, sondern den deutschen Steuerzahler Milliarden Euro. Eine Rating-Agentur könnte – folgerichtig zu Ende gedacht – bei ganzer oder teilweiser Privatisierung des Strafvollzugs über ihr Rating etwa dessen Güte ebenso wie die psychiatrischer Landeskrankenhäuser oder des Verkehrsnetzes eines Staates steuern. Auch hierzu ein Beispiel: Als ich im September 2005 in Hannover einen Vortrag wegen der geplanten Privatisierung der psychiatrischen Landeskrankenhäuser einschließlich des Maßregelvollzugs hielt, traf es sich, dass nur wenige Tage später eine Rating-Agentur der Bundesregierung einen Forderungskatalog „servierte". Sollte sie diesen nicht erfüllen, werde das Rating abgestuft.

Man muss sich allen Ernstes fragen, wer die Richtlinien der Politik in Deutschland und in anderen Staaten, die in gleicher Weise betroffen sein können, bestimmt und ob es nicht hoch an der Zeit ist, hier energisch gegenzusteuern und durch ein Überdenken der undifferenzierten Privatisierung öffentlicher Aufgaben jedenfalls die Schranken aufzurichten, die national, aber auch gemeinschaftsrechtlich noch möglich sind. Zu den Rating-Agenturen gesellen sich die Analysten. Man überlege sich, welche Auswirkungen es auf eine vom Staat privatisierte öffentliche Aufgabe haben wird, wenn Analysten – ungeachtet ihrer Qualifikation und Legitimation – befinden, man könne aufgrund von Einsparungen in diesem oder jenem Bereich des Strafvollzugs oder von psychiatrischen Landeskrankenhäusern oder aber auch elementarer anderer öffentlicher Aufgaben Kosten einsparen und dadurch den Gewinn und den Börsenwert der privaten Betreiber steigern. Shareholder-Value allerorten. Viele am Markt auftretende Unternehmen handeln nicht selten schon in vorauseilendem Gehorsam gegenüber den in der Wirtschaft Agierenden, bevor sich diese überhaupt zu Wort gemeldet haben. Es muss ernsthaft und dringend die Frage gestellt werden, in welchem Staat wir leben und welches Menschenbild er vor Augen hat. Ist dieses nicht letztlich durch eine oberflächliche und lediglich materialistische Denkweise bestimmt, die den Menschen zum jederzeit auswechselbaren Gegenstand und damit zum Objekt herabwürdigt? Die Fragestellung lautet schlicht, aber ebenso unmissverständlich: Welche Bereiche der staatlichen Aufgabenwahrnehmung dürfen vor dem Hintergrund der verfassungsrechtlichen Bindungen privater Wahrnehmung überantwortet werden und welche nicht? Aus einer verfassungsrechtlichen Gesamtschau: Nichts, was den Staat infrage stellt und seine Souveränität beeinträchtigt oder gar beschränkt. Diese Prüfsteine gelten wegen des staatlichen Gewaltmonopols für die gesamte Gefahrenabwehr und für die elementaren Bereiche der Daseinsvorsorge.

Verfassungsrechtliche Überlegungen

Die folgenden rechts- und verfassungspolitischen Überlegungen haben eine direkte Entsprechung im Grundgesetz der Bundesrepublik Deutschland. Zunächst gilt es, das Menschenbild zu ermitteln, das unser – ich betone unser aller – Grundgesetz in der Konturierung durch die Rechtsprechung des Bundesverfassungsgerichts entfaltet. Schon in einer sehr frühen Entscheidung hat das Bundesverfassungsgericht darauf hingewiesen, dass das Grundgesetz eine wertgebundene Ordnung aufgerichtet hat, die die öffentliche Gewalt begrenzt. Durch diese Ordnung soll die Eigenständigkeit, die Selbstverantwortlichkeit und die Würde des Menschen in der staatlichen Gemeinschaft gesichert werden. Dieser Ausgangsentwurf eines Menschenbildes entsprechend dem Grundgesetz der Bundesrepublik Deutschland wird wenig später in einem weiteren Urteil um einen weiteren, für unseren Zusammenhang sehr wichtigen Aspekt erweitert. Es sieht in der objektiven Wertordnung, die das Grundgesetz in seinem Grundrechtsabschnitt aufgerichtet hat, ein Wertsystem, das seinen Mittelpunkt in der innerhalb der sozialen Gemeinschaft sich frei entfaltenden menschlichen Persönlichkeit und ihrer Würde findet, dies müsse als verfassungsrechtliche Grundentscheidung für alle Bereiche des Rechts gelten. Gleichwohl wäre es zu kurz gegriffen, wenn man von diesem Gesichtspunkt des Sozialen sofort auf Leistungsansprüche des Einzelnen gegen den Staat schließen würde. In einer seiner ersten Entscheidungen hat das Bundesverfassungsgericht vor dem damaligen zeitgeschichtlichen Hintergrund klargestellt, dass das Gebot des Art. 1 Abs. 1 Satz 2 GG, die Würde des Menschen zu achten und zu schützen, nicht den Schutz vor materieller Not meint. Auch Art. 2 Abs. 2 Satz 1 GG räume dem Einzelnen kein Grundrecht auf angemessene Versorgung durch den Staat ein. Allerdings stellt es schon damals eine direkte Verbindung zum Sozialstaatsprinzip des Art. 20 Abs. 1 GG her. Es betont, mit seiner Ausgangsüberlegung sei nicht gesagt, dass der Einzelne überhaupt kein verfassungsmäßiges Recht auf Fürsorge habe . Das Bekenntnis zum Sozialstaat könne bei der Auslegung des Grundgesetzes wie bei der Auslegung anderer Gesetze von entscheidender Bedeutung sein. Das

Wesentliche zur Verwirklichung des Sozialstaates könne aber nur der Gesetzgeber tun. Er sei verfassungsrechtlich zu sozialer Aktivität, vor allem dazu verpflichtet, sich um einen erträglichen Ausgleich der widerstreitenden Interessen und um die Herstellung erträglicher Lebensbedingungen für alle zu bemühen. Die Beschränkung auf die Folgen des Hitler-Regimes sind lediglich durch die Prozesslage und den zu entscheidenden Sachverhalt von Bedeutung, ändern an der Allgemeinheit dieser Aussage aber nichts. Letztlich nimmt das Bundesverfassungsgericht schon damals das, was wir heute als social equity bezeichnen, vorweg. In späterer Zeit erfährt die Konturierung eines Leistungsanspruchs des Einzelnen gegen den Staat Erweiterungen. Je stärker der moderne Staat sich der sozialen Sicherung und kulturellen Förderung der Bürger zuwendet, desto mehr tritt im Verhältnis zwischen Bürger und Staat neben das ursprüngliche Postulat grundrechtlicher Freiheitssicherung vor dem Staat die komplementäre Forderung nach grundrechtlicher Verbürgung der Teilhabe an staatlichen Leistungen. Für die Gestaltung der Wirtschaftsordnung im Besonderen zieht das Bundesverfassungsgericht folgenden Schluss: Das Grundgesetz sei wirtschaftspolitisch neutral. Der Gesetzgeber dürfe jede ihm sachgemäß erscheinende Wirtschaftspolitik verfolgen, sofern er dabei das Grundgesetz, vor allem die Grundrechte beachte. Ihm komme also eine weitgehende Gestaltungsfreiheit zu. Allerdings dürfe die Berücksichtigung der Gestaltungsfreiheit des Gesetzgebers nicht zu einer Verkürzung dessen führen, was die Verfassung in allem Wandel unverändert gewährleisten will, namentlich nicht zu einer Verkürzung der in den einzelnen Grundrechten garantierten individuellen Freiheiten, ohne die nach der Konzeption des Grundgesetzes ein Leben in menschlicher Würde nicht möglich ist. Die Aufgabe besteht infolgedessen darin, die grundsätzliche Freiheit wirtschafts- und sozialpolitischer Gestaltung, die dem Gesetzgeber gewahrt bleiben müsse, mit dem Freiheitsschutz zu vereinen, auf den der Einzelne gerade auch dem Gesetzgeber gegenüber einen verfassungsrechtlichen Anspruch habe. Diese Rechtsprechung des Bundesverfassungsgerichts konturiert das Menschenbild des Grundgesetzes dahin, dass der Einzelne ein eigenständiges, selbstverantwortliches Individuum ist, dessen Position gegenüber der staatlichen Gewalt durch die Grundrechte näher ausgestaltet ist. Die Grundrechte bilden zum einen eine objektive Wertordnung, lösen damit aber nicht die Individualrechtsposition des Einzelnen ab, sondern verstärken diese im Zusammenhang der Menschen untereinander und gegenüber dem Staat. Zunehmend gewinnt in der Entwicklung der Anspruchs- oder Teilhabeaspekt an Gewicht und schließlich ergeben sich Verpflichtungen für die Ausgestaltung der Wirtschaftsordnung. Entscheidend für unseren Zusammenhang ist die Verbindung zwischen den Grundrechten, vor allem der Menschenwürde des Art. 1 Abs. 1 Satz 1 GG und der Handlungsfreiheit des Art. 2 Abs. 1 GG mit dem Sozialstaatsprinzip des Art. 20 Abs. 1 GG. Wir können daraus den Schluss ziehen, dass nach dem Grundgesetz der Bundesrepublik Deutschland der Einzelne zwar eigenständig und selbstverantwortlich ist, der Staat aber ihn sich nicht selbst überlassen darf. Vielmehr ist dieser gehalten, verlässliche und gemeinverträgliche Grundlagen sicherzustellen, damit eine friedliche Gesellschaft und die Interessen aller Menschen innerhalb dieser staatlichen Gesellschaft angemessen berücksichtigenden Rahmenbedingungen geschaffen und fortwährend aufrechterhalten werden. Keinesfalls dürfen die staatliche und die wirtschaftliche Ordnung so gestaltet werden, dass die Gesellschaft auseinanderbricht und nur ein Teil noch gleichsam auf der Sonnenseite des Lebens steht. Naheliegend wird dem die Gewinnmaximierung privatrechtlich organisierter Tätigkeitsbereiche nicht gerecht.

Die Rechtsprechung des Bundesverfassungsgerichts ist über die vorstehend beschriebenen Grundsätze noch hinausgegangen. Für den Bereich der Daseinsvorsorge im Besonderen, zu dem auch die Sozialsicherungssysteme zu rechnen sind, hat das Bundesverfassungsgericht die Menschenwürde unmittelbar in den Mittelpunkt seiner Betrachtung gestellt. So hat es in BVerfGE 66, 248 (258) befunden, dass etwa die Energieversorgung zum Bereich der Daseinsvorsorge gehört. Sie sei eine Leistung, derer der Bürger zur Sicherung einer menschenwürdigen Existenz unumgänglich bedürfe. Schon in einer früheren Entscheidung hat das Bundesverfassungsgericht darauf hingewiesen, dass eine Entwicklung besteht, in deren Verlauf die öffentliche Hand in wachsendem Umfang im Bereich der Daseinsvorsorge Aufgaben übernimmt, die unmittelbar oder mittelbar der persönlichen Lebensbewältigung des einzelnen Bürgers dienen. In einer für unseren Zusammenhang bemerkenswerten Stellungnahme innerhalb des KPD-Urteils hat das Bundesverfassungsgericht zum Sozialstaat unter anderem dargelegt, dass die Tendenz der Ordnung und die in ihr angelegte Möglichkeit der freien Auseinandersetzung zwischen allen realen und geistigen Kräften in Richtung auf Ausgleich und Schonung der Interessen aller wirke. Das Gesamtwohl werde eben nicht von vornherein gleichgesetzt mit den Interessen oder Wünschen einer bestimmten Klasse; annähernd gleichmäßige Förderung des Wohles aller Bürger und annähernd gleichmäßige Verteilung der Lasten werde grundsätzlich erstrebt. Es bestehe das Ideal der „sozialen Demokratie in den Formen des Rechtsstaates". Die staatliche Ordnung der freiheitlichen Demokratie müsse demgemäß systematisch auf die Aufgabe der Anpassung und Verbesserung und des sozialen Kompromisses angelegt sein; sie müsse vor allem Missbräuche der Macht hemmen. In einer späteren Entscheidung hat das Bundesverfassungsgericht schließlich für das Sozialstaatsprinzip noch darauf hingewiesen, dass es staatliche Vor- und Fürsorge für Einzelne oder für Gruppen der Gesellschaft verlange, die aufgrund persönlicher Lebensumstände oder gesellschaftlicher Benachteiligung in ihrer persönlichen und sozialen Entfaltung behindert seien. Die staatliche Gemeinschaft müsse ihnen jedenfalls die Mindestvoraussetzungen für ein menschenwürdiges Dasein sichern und sich darüber hinaus bemühen, sie – soweit möglich – in die Gesellschaft einzugliedern, ihre angemessene Betreuung zu fördern sowie die notwendigen Pflegeeinrichtungen zu schaffen. An dieser Rechtsprechung des Bundesverfassungsgerichts ist bemerkenswert, dass trotz der Weite des dem Gesetzgeber zur Verfügung stehenden Gestaltungsspielraums im Bereich des Sozialstaatsprinzips des Grundgesetzes doch in mannigfacher Hinsicht prägnante Konturen bestehen. Es handelt sich zum einen um den Bereich der Daseinsvorsorge, also wichtiger Infrastrukturbereiche für die Sicherung eines menschenwürdigen Daseins. Hierzu sind Einrichtungen, die der Mensch zur Verwirklichung seiner Person und Individualität bedarf und die er nicht selbst zur Verfügung stellen kann, wie Elektrizität, Wasserversorgung, Telefon, Bahn und Post, zu rechnen. Zum anderen gibt es Bereiche, in denen in der Gesellschaft Schwache nicht die gleichen Voraussetzungen und die gleichen Chancen für die persönliche Entfaltung wie die überwiegende Mehrheit der Menschen in unserem Staate haben. Hier muss der Staat nach dem Sozialstaatsprinzip tätig werden. Für ihn besteht die Pflicht, für eine gerechte Sozialordnung zu sorgen. Gewinnmaximierung läuft dem direkt zuwider. Diese Rechtsprechung wird bis heute aufrechterhalten. Nach wie vor verpflichtet das Sozialstaatsprinzip den Gesetzgeber, für einen Ausgleich der sozialen Gegensätze zu sorgen. Darüber hinaus gebietet es staatliche Fürsorge für Einzelne oder Gruppen, die auf Grund ihrer persönlichen Lebensumstände oder gesellschaftlicher Benachteiligung an ihrer persönlichen oder sozialen Entfaltung gehindert sind. Sonach steht fest, dass sich aufgrund der verfassungsrechtlichen Vorgaben der Gesetzgeber und damit der Staat nicht leichter Hand durch gesetzgeberische Maßnahmen dieser Verpflichtung entziehen und die Menschen gleichsam ihrem Schicksal überlassen dürfen. Schon unter diesem

Gesichtspunkt ist fraglich, ob der Verweis auf die sogenannte Riester-Rente als private Altersvorsorge verfassungsrechtlich abgesichert ist. In diesem Zusammenhang wird übersehen, dass der Staat jedenfalls aufgrund des Sozialstaatsprinzips für die private Vorsorge im Krankheits- und Arbeitsunfähigkeitsfall (einschließlich der Arbeitslosigkeit) stabile Rahmenbedingungen zur Verfügung stellen muss. Es widerspricht hingegen dem Sozialstaatsprinzip, wenn der Staat fortwährend Maßnahmen trifft, die die wirtschaftliche und politische Grundlage für verantwortliches Handeln in Ausführung des Sozialstaatsgebots infrage zu stellen vermögen. Aus diesem Grunde fordere ich seit Jahren eine Fonds-Lösung, allerdings eine andere, als sie nunmehr für den Gesundheitsbereich im Gespräch ist. Im Übrigen ist auch der fortschreitende europäische Integrationsprozess kritisch in den Blick zu nehmen und es muss gefragt werden, ob das Handeln der staatlichen Gewalt in der Bundesrepublik Deutschland nicht das Sozialstaatsgebot nachhaltig infrage stellt. Wie wichtig das Grundgesetz und zuvor der verfassunggebende Gesetzgeber das Sozialstaatsprinzip nehmen, wird an seiner Absicherung gegen verfassungsändernde Gesetzgebung über Art. 79 Abs. 3 GG deutlich unterstrichen.

Staatswirtschaft darf nicht nur negativ gesehen werden. Vielmehr ist Staatswirtschaft in den Infrastrukturbereichen der Daseinsvorsorge und im Bereich der gesamten Gefahrenabwehr unumgänglich, damit der Staat selbst unabhängig bleibt und nicht erpressbar wird. Zugleich kommt er auf diese Weise den Verpflichtungen aus Art. 1 Abs. 1 i.V.m. Art. 20 Abs. 1 GG nach. Die schrankenlose Öffnung durch umfangreiche Privatisierungen hat dazu geführt, dass die Abhängigkeit von internationalen Finanzströmen immer größer wird, eine Spekulation früher gegen die DM und nunmehr gegen den Euro nahezu nach Belieben möglich ist. Niemand fragt mehr nach den Agierenden, also danach, wer diese immensen Finanzströme und aus welchen Motiven lenkt und welche Interessen damit verfolgt werden. Nach allem müssen Privatisierungen im Bereich der Daseinsvorsorge rückgängig gemacht und anstehende mit Börsengang oder im Bereich der Gefahrenabwehr unterbunden werden. Die Substanz von Betrieben der Daseinsvorsorge ist jeweils in Fonds einzubringen. Die Substanz ist zu bewerten und es sind an diesen Fonds zu einem für immer garantierten Zinssatz Anteilsscheine an die Bürgerinnen und Bürger zur Sicherung ihres privaten Anteils an der Altersvorsorge auszugeben. Es ist dem Staat derzeit nicht möglich, auf Jahrzehnte hin verlässliche Anlageobjekte für die Altersvorsorge zur Verfügung zu stellen, was die Privatwirtschaft ebenfalls nicht kann und dies nahezu täglich eindrücklich nachweist. Nachdem die New Economy wie eine Seifenblase geplatzt ist, müsste uns alle das Beispiel der USA nachdenklich stimmen und verstärkt nach Auswegen wie dem hier Vorgeschlagenen suchen lassen. Zuletzt macht ein Bankenskandal von sich reden, bei dem die Anleger 50 Milliarden Dollar verloren haben und damit für ihr Alter vor dem Nichts stehen. Frühere vergleichbare kriminelle Machenschaften mit entsprechenden Verlusten der Anleger für die Gegenwart und für ihr Alter möchte ich nicht mehr aufgreifen. In solche Fonds könnten auch Bahn, Post, Postbank, das gesamte Straßennetz von Bund, Ländern und Gemeinden sowie schließlich gar die Schulden des Erblastenfonds eingebracht werden. Der Vorzug läge darin, dass für immer verlässliche Anlageobjekte zu einem fest bestimmten und garantierten Zinssatz zur Verfügung stünden, der Staat seine Handlungsfähigkeit in großen Bereichen zurückgewinnen würde und damit auch die Voraussetzungen geschaffen würden, dass die Gesellschaft mittelfristig nicht in Arm und Reich gespalten und damit der soziale Frieden in Deutschland gefährdet wird. Der europäische Integrationsprozess bedarf insoweit der Anpassung. Die Entwicklung seit 1971 mit der Vollendung des Binnenmarkts zum 1. Januar 1993 hat ebenso wie die Einführung des Euro gezeigt, dass damit kein Bollwerk gegen die fortschreitende Globalisierung und Schattenwirtschaft errichtet werden kann, sondern dass vielmehr im Gegenteil diese die Gemeinwesen gefährdenden Entwicklungen eher befördert werden. Aus diesem Grund muss der Staat danach trachten, seine Handlungs- und Gestaltungsfähigkeit zurückzugewinnen und internationale und von ihm anders nicht beeinflussbare unkontrollierte Entwicklungen auf den Binnenbereich wirksam abzuwehren.

Ausblick

In diesem Zusammenhang ist auch der klassische § 2 VOB/A in Erinnerung zu rufen. Er bestimmt seit je, dass Bauleistungen an fachkundige, leistungsfähige und zuverlässige Unternehmer zu angemessenen Preisen zu vergeben sind. Der Wettbewerb soll die Regel sein. Ungesunde Begleiterscheinungen, wie zum Beispiel wettbewerbsbeschränkende Verhaltensweisen, sind zu bekämpfen (Nr. 1). Bei der Vergabe von Bauleistungen darf kein Unternehmer diskriminiert werden (Nr. 2). Es ist anzustreben, die Aufträge so zu erteilen, dass die ganzjährige Bautätigkeit gefördert wird (Nr. 3). Es ist bis heute nicht gelungen, diese für mich überaus kluge und weitsichtige Regelung für einen angemessenen Einfluss des Staates auf die Wirtschaft für die Gegenwart fruchtbar zu machen. Ganz im Gegenteil. Von der Gemeinschaftsebene her wird das sinnvolle Substrat der Regelung zerschlagen, ohne dass in irgendeiner Hinsicht ein Äquivalent dahin geschaffen wird, dass die Staaten in die Lage versetzt werden, ihre Politik- und Gestaltungsfähigkeit und damit ihre Fähigkeit zur Selbstdefinition zu erhalten. Es ist auch eine Irreführung, wenn von der Weltebene her (WTO, IWF und Weltbank) nationalistisches Denken für die Armut in vielen Staaten dieser Welt verantwortlich gemacht wird. Das genaue Gegenteil ist der Fall: Abgesehen von Korruption, deren verheerende Auswirkungen auf die Entwicklung einer Gesellschaft und eines modernen demokratischen Rechtsstaates häufig unterschätzt wird, fehlt es an der schrittweisen Entwicklung der Voraussetzungen dafür, die Grenzen eines Staates für eine ungehinderte Teilnahme am Welthandel zu öffnen und damit auch für die Privatisierung öffentlicher Aufgaben. Die Wettbewerbsvoraussetzungen sind nicht gegeben, weil die Startbedingungen nicht ungleicher sein könnten, als dies in der Wirklichkeit der Fall ist. Jegliche Befürwortung der Privatisierung öffentlicher Aufgaben und der Niederlegung sämtlicher Grenzen für den Welthandel und die Weltwirtschaft verkennt, dass damit der Verlust der Identität und Souveränität von Staaten einhergeht. Nicht von ungefähr können sich auf der Weltbühne nur noch wenige Staaten behaupten. Selbst die Vereinten Nationen erweisen sich – nicht zuletzt aus diesem Grund – inzwischen in vielerlei Hinsicht als machtlos. Die Auseinandersetzungen um die Verteilung der Rohstoffaufkommen weltweit zeigt entgegen den Verfechtern einer weitestgehenden Öffnung der Staaten für eine offene Wirtschaft, dass diese Entwicklung viele Staaten, aber auch die Staatenwelt und damit insgesamt den Weltfrieden destabilisiert. So stehen nach der schon angesprochenen Untersuchung der Weltbank 26 Staaten vor dem Zusammenbruch, mehr als in den Jahren zuvor. In diesem globalen Zusammenhang sind die Grundgedanken des Vergaberechts ein verhältnismäßig kleiner, aber über die Gesamtheit der Staaten dieser Welt gesehen zentraler Baustein für gesellschaftliche, wirtschaftliche und damit politische Stabilisierung. Es ist eine Rückbesinnung erforderlich, was gerade in modernen demokratischen Rechtsstaaten, die einen vergleichbaren Standard dem der Bundesrepublik Deutschland aufweisen, auf diese Weise letztlich an Legitimation verloren geht. Wofür steht ein Staatswesen noch bei konsequenter Durchführung der von mir vehement abgelehnten Forderung?

Udo Di Fabio

Was ist konservativ?

Politik braucht eine Landkarte. Im Dschungel der Sachfragen findet sich niemand ohne Wegmarken zurecht: links oder rechts, liberal oder etatistisch, wirtschaftsfreundlich oder wirtschaftskritisch, interessenrational oder moralisch, fortschrittlich oder konservativ. Die Matrix des Politischen zwingt zu Antworten auf drei Fragen. Glaubst du an das Geschichtsprinzip der politischen Aufklärung? Wie hältst du es mit dem Staat und wie mit der Wirtschaft?

Ostelbische Konservative in Preußen mochten schon diese Fragen nicht. Der ländlich-gutsherrliche Konservatismus misstraute dem ganzen Weg in die Moderne. Den Staat hätte er gern beschnitten und begrenzt gesehen, zugunsten der ständisch-feudalen Sonderrechte. Diese Freiheit vom Staat war aber nicht die liberale, für den Junker waren nicht alle Menschen gleich frei, sondern zuerst kam die alte Ordnung als erhabener Wert, Adel und Ehre. In gleicher Distanz stand dieser alte Konservatismus zur modernen Wirtschaft, zum Markt und zum freien Wettbewerb. Vertragsfreiheit, Freizügigkeit und rationaler Rechtsstaat wurden nur zögernd als notwendiges Übel toleriert. Der eigentliche Feind aller Altkonservativen war die im 18. Jahrhundert formulierte Idee der politischen Aufklärung und dann die Wirklichkeit der Französischen Revolution. In diesem Programm konnte der adlige Agrarkonservatismus nur eine Kriegserklärung sehen.

Die Aufklärung eines Voltaire wollte keine Herrschaft einfach als gottgegeben hinnehmen, keine soziale Ordnung, keine Lebensverhältnisse und keine Deutung der Welt. Sie verlangte, alles auf Gründe zu befragen, alles vor dem Gerichtshof der Vernunft zu behandeln, Prämissen zu benennen, zu debattieren. Politische Aufklärung, die das erfolgreiche Erkenntnismodell der neuzeitlichen Naturwissenschaft auf die Gesellschaft übertrug, war im ursprünglichen Sinne durch und durch progressiv. Sie machte diesen Begriff erst politisch denkbar. Der Ausgang aus selbstverschuldeter Unmündigkeit war kein einmaliger Akt der Revolution, sondern Daueraufgabe, weil die Vernunft mit einer Hydra zu kämpfen hatte, bestehend aus schlechten Gewohnheiten, ungerechten Verhältnissen, Aberglaube und Vorurteilen. Der Altkonservative schauderte vor diesem Elan und fand seinen ärgsten Feind im progressiven Liberalen, jenen Unternehmern, Juristen und Professoren, die unter dem Symbol der schwarzrotgoldenen Fahne in der Paulskirche die erste und große deutsche Verfassung schmiedeten.

Die Liberalen des 19. Jahrhunderts konnten die drei Leitfragen der Moderne klar beantworten. Sie waren entschiedene Anhänger der politischen Aufklärung, waren ausgesprochen wirtschaftsfreundlich, aber staatskritisch. Politische Herrschaft sollte eine freie Wirtschaftsgesellschaft als Grundmodell der Zivilisation akzeptieren, die Wettbewerbsordnung gewährleisten und die soziale Welt nach liberalen Vernunftprinzipien gestalten. Wäre dieser Zweikampf von Konservativen und Liberalen so begrenzbar gewesen, hätten wir ein klares Bild und auch einen deutlichen Sieger im Liberalismus. Doch schon 1849 wurde gut sichtbar, dass sich zu den Streithähnen ein Dritter gesellt hatte: Sozialismus und Marxismus. Diese Richtung mischte die Karten anders, weil sie die Leitfragen anders beantwortete. Der politischen Aufklärung hing man an, wollte sie noch überbieten, verbog aber eigentlich ihr Programm, indem man die Prioritäten zwischen Wirtschaft und Staat vertauschte. Die sozialistische Aufklärung fürchtete nicht die politische Herrschaft in einem Staat, den man ohnehin zu übernehmen dachte, sondern viel mehr die Mechanismen der freien Wirtschaft. Diese deutlich anders optierende Variante der Aufklärung sah sich als die Spitze des Fortschritts und als wirklichen Antipoden aller Konservativen. Zu denen rechnete sie im Grunde auch die Liberalen, weil deren private Eigentumsordnung und der liberale Rechtsstaat nur Etappen auf dem Weg in die befreite Zukunft schienen.

Bis heute bleibt die Frage umstritten, ob diese Position wirklich progressiv oder ob sie nicht nur eine falsche Aufklärung war, weil sie Selbstverantwortung im Privatrechtssystem, parlamentarische Demokratie und den Rechtsstaat nicht als das dauerhafte Fundament der aufgeklärten Gesellschaft ansah und dort, wo ihr radikaler Flügel diese Institutionen als bürgerlichen Feind bekämpfte, im düsteren Kommunismus Stalins und seiner Epigonen endete. Auf der anderen Seite des politischen Spektrums hatte sich seit der Zeit eines Friedrich Nietzsche eine mindestens ebenso bedrohliche Front gegen die humanistische Aufklärung gebildet. Zu Beginn des 20. Jahrhunderts wurde die Achse zwischen Liberalismus und Altkonservatismus endgültig aus ihren Lagern geworfen: Politischer Naturalismus und eine nationale Hybris, die sich vom liberalen Patriotismus getrennt hatten, führten sich ebenfalls progressiv auf, obwohl erklärtermaßen die Bahnen der Aufklärung verlassen wurden. Die deutsche Geschichte jedenfalls setzte bösartige Kräfte frei, als der Nationalismus auf Bismarcks Spuren zu einer neuen Heimstatt der kraftloser werdenden Konservativen wurde.

Die bizarre Idee einer konservativen Revolution schließlich gegen den Weimarer Verfassungsstaat und im geistigen Ambiente eines Oswald Spengler, Ernst Jünger oder Carl Schmitt ist dabei aufschlussreich für das Verständnis jedenfalls des deutschen Konservatismus. Denn diese Richtung löste sich deutlich von dem eigentlichen Gattungsmerkmal der Konservativen, die sich jenseits einer handfesten Interessenvertretung immer auch als bewahrende Kraft, als Damm der Alltagsvernunft und der Tradition gegen die alles modernisierende und rationalisierende Aufklärung verstanden. Die intelligenten Konservativen von Edmund Burke bis Joachim Ritter wollten die Moderne und die humanistische Aufklärung nicht zerstören, sondern ihr konstruktives Gegengewicht sein: Sie wollten gewachsene Strukturen des Lebens und des Glaubens als eine Quelle andersartiger Vernunft offenhalten, sie wollten die nichträsonierende Vernunft, Alltagsvernunft, Traditionsspeicher und Lebensklugheit, gegen das übermächtige Programm wissenschaftlicher, wirtschaftlicher und rechtlicher Zweckrationalität verteidigen. Auf der anderen Seite, und durch einen Abgrund getrennt, standen jene pseudokonservativen „Revolutionäre", die aus der konstruktiven Anordnung der Moderne ebenso wie aus der verhassten Weimarer Republik aussteigen wollten und doch nur zu rasch liquidierten Steigbügelhaltern der Nazis wurden. Ihr tiefer Kulturpessimismus richtete sich nicht auf den pragmatischen Umgang mit konstruktiven Widersprüchen und erneuernde Bewahrung, sondern zerstörerisch gegen die neuzeitliche Rationalität selbst. Nationalromantische Energien eines Grafen Stauffenberg blieben zwar nicht ohne positive Wirkungen, aufs Ganze gesehen jedoch war diese Geistesströmung eine irrationale Verirrung. Konservative können genauso wenig wie Sozialisten aus der Bahn der humanistischen Aufklärung und des liberalen Verfassungsstaates aussteigen, ohne in den stets lauernden Abgrund jenseits der Zivilisation zu stürzen.

Die Bundesrepublik Deutschland hat sich vor allem als Zäsur zum Nationalsozialismus und auch als Antwort auf die kommunistische Bedrohung entworfen. Sie knüpft – viel stärker als von vielen wahrgenommen – an die Hochzeit des deutschen Liberalismus und der Rechtsstaatsidee zwischen den preußischen Reformern und der deutschen Revolution von 1848 an. Die politisch bestimmenden Kräfte der jungen Bundesrepublik hatten sich alle auf den liberalen und antitotalitären Konsens der Verfassungsstaatlichkeit eingeschworen, was denn sonst? Das Grundgesetz schöpft aus positiven Quellen der Geschichte, vor allem aus der ersten Hälfte des 19. Jahrhunderts, vor dem Bismarckschen Machtstaat und der schwachen Weimarer Republik. Aus revolutionsbereiten Sozialisten wurden Sozialdemokraten, die nicht müde wurden, den sozialen Ausgleich auch in einer entwickelten Marktwirtschaft zu fordern, aus etatistischen Nationalliberalen wurden wieder echte Liberale, die einen sich ausweitenden Präventionsstaat misstrauisch betrachteten.

Aber was wurde aus den Konservativen? Waren sie wirklich diejenigen, die in den fünfziger Jahren vor allem alte Herrschaftsstrukturen und Machtverhältnisse restaurierten, wie eine linke Legende behauptet? In Wirklichkeit stiegen auch die Konservativen wieder in das Boot der Aufklärung zurück. Sie übernahmen zunächst sogar das Ruder. Es gab ja schon in Bismarcks Kaiserreich jenen rheinisch-katholischen Konservatismus mit liberalen und sozialen Flügeln, der im Kulturkampf ähnlich hart bedrängt wurde wie später die Sozialdemokraten. Bismarcks Ultramontane und Wilhelms vaterlandslose Gesellen wurden denn auch zu bestimmenden Faktoren der liberalisierten Bundesrepublik. In der Regierung standen Adenauer und Erhard für gesellschaftspolitische Zurückhaltung, aber ordnungspolitische Progressivität. Konrad Adenauer brach als großer Reformer die alten und fatalen außenpolitischen Linien, er führte Deutschland gegen harten Widerstand in den Westen und nach Europa. Ludwig Erhard brach ebenso entschieden mit dem alten Staatsinterventionismus. Seine soziale Marktwirtschaft und seine Bekämpfung einer kartellierten Wirtschaft setzten Energien von unten frei, auch solche der sozialen Gleichberechtigung, von denen man im Obrigkeitsstaat lange geträumt hatte. Das war keine antirationale, volkstümelnde konservative Revolution, sondern eine weltoffene liberalkonservative Reform der deutschen Nachkriegsgesellschaft.

Was ist heute konservativ? Adenauer brauchte sich mit solchen Fragen nicht näher zu beschäftigen, weil die westdeutsche Nachkriegsgesellschaft in ihren Lebenseinstellungen durchweg konservativ war. Krieg, Verbrechen und Elend hatten tiefes Misstrauen gegen politische Heilsversprechungen erzeugt und in der erzwungenen Staatsferne der Nachkriegszeit wieder christliche Werte, aber auch Alltagsvernunft, den Wert des Zusammenhalts in Familien, Nachbarschaft und staatlicher Gemeinschaft in die Erfahrungswelt der Menschen eingeprägt. Doch die aus heutiger Sicht biedermeierlich wirkende Idylle, die es wegen der nicht verheilten Narben, des nicht einfach verschwundenen Gewaltpotentials und der Härte der Lebensverhältnisse so nicht gegeben hat, geriet in den sechziger Jahren unter kulturellen Druck, nicht nur in Deutschland, sondern in allen westlichen Gesellschaften. Egal, wie man es wertet: 1968 war eine kulturrevolutionäre Umgestaltung. Diese Wende hat das politische Paradigma erneut und bis heute verändert. Sie mehr oder minder laut zu beklagen schien lange als das verlässlichste Erkennungsmerkmal eines Konservativen.

Aber heute geht es nicht um Anklage und Verurteilung, schon gar nicht um den Rückfall in einen nihilistischen Kulturpessimismus. Es geht um das Verstehen der gewandelten Bedingungen. Der Umbruch der sechziger Jahre war kein Umsturz von Staat und Wirtschaft, sondern der Alltagskultur. Es ging mehr um den neuen Menschen, den Angriff auf das freudsche „Über-Ich" und Autoritäten. Mit dem Ruf, die Lebensverhältnisse zu befreien und mit dem Durchtrennen noch vergleichsweise dichter Familienbande, dem Bruch mit festen Sozial- und Geschlechtsrollen sollte auch das Private politisiert und damit das Programm der Aufklärung bis in die letzten Winkel der Gesellschaft getragen werden.

War das Vollendung oder ein neues Fehlverständnis der Aufklärung? Das Klima der Sechziger war kritisch gegen den Staat – beinahe mehr, als es die Liberalen waren –, aber zugleich auch kritisch gegen die Wirtschaft gerichtet – vielleicht mehr als die Sozialdemokraten es vertraten –, später trat die Bewahrung der Umwelt hinzu – womöglich mehr als bei christlichen Konservativen. Privates, Politisches und Wirtschaftliches wurden in dem neuen Ambiente moralisiert, rückten zusammen, auch mit überraschenden Ergebnissen. Unerwartet war eine gewisse Entpolitisierung gerade des politischen Kerngeschäfts. Hier sind Alltagsvernunft und das richtige Maß zum Teil verlorengegangen, wenn man an überkomplexes Recht denkt und eine wenig solide staatliche Haushaltswirtschaft. Viel moralischer Anspruch rund um den Globus, aber weniger zupackende Gestaltung im eigenen Land, mehr demokratisches Wollen, aber weniger Respekt vor den Eigenwilligkeiten und der Privatheit der Bürger, weniger Polizeibeamte, aber dafür schärfere Sicherheitsgesetze: Das sind auch Kennzeichen für den Verlust von einfachen Zusammenhängen. Einen solchen Befund auszusprechen gilt heute als konservativ, weil er sich auch kritisch an dem herrschenden politischen System sozialtechnischer Instrumentalität, gepaart mit moralischen Zuweisungen, reibt.

Aber steht solche Kritik nicht gerade in der Tradition der Aufklärung? Macht uns nicht heute eine verkrustete Struktur aus öffentlichen Meinungspräferenzen, Ritualen, bürokratischen Netzwerken und szientistisch-technokratischen Gesellschaftsmodellen ähnlich unmündig wie die ständisch-patriarchalische Sozialordnung? Es besteht jedenfalls eine große Chance, auf eine moderne und liberale Art konservativ zu sein. Und das heißt vor allem, nicht das Rad der Geschichte hinter 1968 zurückdrehen zu wollen, sondern Ideen für die Zukunft zu entwickeln. Konservative heute sind mit der Aufklärung versöhnt. Ihnen gelten humanistische Aufklärung, Menschenrechte und die ganze rationale Moderne als Substanz der westlichen Zivilisation. Aber die tiefer sitzende alte konservative Rebellion gegen reine Zweckrationalität, gegen die Vereinsamung des Menschen im lärmenden Konsum, seine ökonomische und politische Instrumentalisierung ist nicht verschwunden, sondern wird neu aufgehoben in einem Hegelschen Sinne: Sie bleibt mit sich identisch und wird doch auch etwas anderes. Insofern steht Jürgen Habermas mit seinem Hauptwerk der „Theorie des kommunikativen Handelns" einem liberalen Konservatismus gar nicht so fern, wenn er dort vor der inneren Kolonisierung der sozialen Lebenswelt durch die „Subsysteme Wirtschaft und Staat" warnt, sich heute zudem vorsichtig der Einsicht nähert, dass Säkularisierung kein endloser Steigerungsprozess sein kann, sondern auch nichtsäkularer Grundlagen, etwa von Religionen, bedarf, die mit ihren Glaubensüberzeugungen nicht in fundamentalen Widerspruch zu unserer Wertordnung geraten, sondern ein lebensweltliches Reservoir und mahnendes Gegengewicht für den wissenschaftlich-technischen Zugang zur Welt sind.

Hier liegt der Punkt, an dem moderne Konservative ansetzen können: Sie wollen ganz und gar nicht die Rationalität der westlichen Welt oder die humanistische Aufklärung, Demokratie und Verfassungsstaatlichkeit in Frage stellen, sondern im Gegenteil sie wieder beleben und wieder stärker machen. Konservative heute wollen unbefangen mit Traditionen, Institutionen und kulturellen Wissensbeständen umgehen und davon lernen, aber sie wollen nicht zu historisch überholten Mustern zurück. Wer heute als Konservativer soziale Institutionen wie Ehe und Familie als Idee und als Lebensform hochhält, der wirbt nicht für alte Rollenklischees, für patriarchalische Strukturen und biedermeierliche Idylle, sondern für die sich immer deutlicher als Chance und Notwendigkeit abzeichnende bewahrende Wandlung dieser Entwürfe, und zwar nur unter dem Primat individueller Entscheidungsfreiheit und einer neuen Offenheit der Rollen.

Kein moderner Konservativer akzeptiert heute Gemeinschaften als zustimmungsfreie Zwangsverbände. Er wirbt aber für mehr freiwillige Bindung, für den Mut, Verantwortung zu übernehmen, für Bildung, die die Quellen ihrer Herkunft kennt. Konservative sind keine kurzschlüssigen Ganzheitsmoralisten, sondern wollen die Welt in ihrer Komplexität erst verstehen und pragmatisch gestalten, bevor sie moralisch das ganze System verurteilen. Den Staat sehen sie positiv, wo er der Freiheit und der Sicherheit im Sinne rechtsstaatlicher Ordnung dient und wo er sozial regulieren muss, um die Solidarität der Gesellschaft und Chancen für die Bürger zu erhalten. Ansonsten bleiben Konservative – hier ganz mit den Liberalen einig – kritisch gegen einen womöglich wachsenden Neoetatismus, weil sie mehr auf traditionelle, aber auch neue zivilgesellschaftliche Lebenswelten vertrauen. Pragmatische Ausgewogenheit sollte nicht vorschnell als konzeptionelle Unentschiedenheit missverstanden werden: Konservative können den Ausbau der Infrastruktur für die Kleinkinderbetreuung engagiert betreiben, weil das dem Alltag junger Familien, weil es jungen Frauen hilft. Dabei kann eben im selben Atemzug das Lebensglück in Familien und die besondere Verantwortung der Eltern für ihre Kinder betont und die nötige Wahlfreiheit für den Umgang mit den eigenen Kindern eingefordert werden. Wo ist der unlösbare Widerspruch?

Aber auch die Marktwirtschaft wird von einer solchen Position nicht unkritisch wahrgenommen. Sie wird ebenso wie der Staat als unentbehrlich für das Programm des aufgeklärten Individualismus angesehen, weil es jenseits einer auf Vertragsfreiheit und Privateigentum gebauten Wirtschaftsordnung noch keine freie Gesellschaft gegeben hat. Doch das entbindet nicht von politischer Verantwortung für die Erhaltung des fairen Wettbewerbs und die strategische Ausrichtung einer Wirtschaftsordnung, die nicht die sozialen, kulturellen und demokratischen Grundlagen unserer Gesellschaft unterspülen darf.

Ob man sich selbst aus solchen Einsichten heraus wirklich als konservativ etikettieren sollte, ist vielleicht lediglich eine Geschmacksfrage. Aber man kommt nicht an dem Umstand vorbei, dass Konservative der Gegenwart sich zu den politischen Leitfragen – Aufklärung, Staat und Wirtschaft – ganz anders verhalten als ihre Vorväter. Wer ihre intellektuellen Beiträge abwürgt und sie mit den kämpferischen Klischees der Vergangenheit sich vom Leib hält, indem er sie der programmatischen Irrationalität bezichtigt, sie als kleinbürgerliche Spießer beschimpft (in welcher üblen Tradition eigentlich?), als Nationalisten verdächtigt, ihnen unisono unterstellt, Anhänger eines autoritären Staatsideals oder historisch überholter Gesellschaftsmodelle zu sein, der will in Wirklichkeit keinen Diskurs, schon gar keinen herrschaftsfreien. Der will das Schiff der Aufklärung auch dann noch für sich allein, wenn er den Kurs längst nicht mehr zu bestimmen weiß.

Aber bevor die einen allzu eilig zur Tür streben und meinen, sie hätten ein neues Profil gefunden im Streit um die Deutungshoheit der Welt, während andere sich bereits gruselnd abwenden von einer dann doch wieder nur männlich dominierten, entweder betulichen oder rechtslastigen konservativen Ausrichtung hinter einem nur dünnen modernen Anstrich, sei ihnen noch ein letzter Hinweis hinterhergerufen. Das hier begründete mögliche Konzept eines modernen Konservatismus strebt über den Begriff hinaus, weil jene politische Bestimmung auf der Zeitschiene – hier die Vorwärtsdrängenden, dort die Bewahrenden – aus der zu Ende gehenden Epoche einer Aufklärung erster Ordnung stammt. Wenn es stimmt, dass bestimmte soziale Formen und Institutionen, wie der Rechtsstaat oder eine Demokratie, die auf der Trennung von Zivilgesellschaft und staatlicher Herrschaft beruht, die Meinungs- oder die Vertragsfreiheit, das Privateigentum und ein selbstbestimmtes Familienleben, eine Trennung von Religion und Staat, die Kooperation unter bestimmten Vernunftbedingungen ein- und nicht ausschließt, soziale Verantwortung, das völkerrechtliche Friedens- und Kooperationsgebot, die Zusammengehörigkeit von Vernunft und Glaube, und zwar als Getrenntes, wenn all das konstruktiv unentbehrlich für die freie Entfaltung der Persönlichkeit und damit für die Möglichkeit von Freiheit im modernen Sinne ist, dann stoßen wir hier auf universale Prinzipien – jedenfalls im ideellen Kosmos der Moderne. Wer diese Institutionen verteidigt, scheint nur auf den ersten Blick konservativ. Wenn das, was er oder sie hier als Kernbestand der Aufklärung bewahren will, aber durch ein „Fortschreiten" und holistisches Vereinfachen mit moralisch aufgeladener Systemkritik in Frage gestellt wird, dann bewegen sich die derlei forderndes Progressiven im Ideenprogramm rückwärts oder hinaus aus dem Haus der Moderne. Dann ergeben auch die temporalen Zuweisungen – die ja Produkt dieses typisch modernen Diskurses sind – keinen Sinn mehr.

Vielleicht ist deshalb die Frage „Was ist konservativ?" die falsche Frage und auch der mit der Aufklärung versöhnte, moderne Konservatismus die falsche, weil ungenaue Antwort. Dies erkannt, sollte die politische Öffentlichkeit es sich nicht mehr ganz so einfach machen, die politische Landkarte einfach nach links und rechts, progressiv oder konservativ zu vermessen, dann müsste viel mehr über die Sache im Einzelnen debattiert, muss über die Grundlagen einer freien Gesellschaft und über ihre Ideengeschichte ganz neu nachgedacht werden.

Gerald D. Feldman

Amerika – unser Vorbild?

Vom Verstehen und Missverstehen zweier Wissenschaftskulturen

Dem Titel dieses Beitrags fehlt es nicht an einer gewissen historischen Ironie. Vor einem Jahrhundert hätte man bestimmt nicht das amerikanische, sondern das deutsche Universitätssystem als Vorbild betrachtet. In der Tat wurde das amerikanische System der Ausbildung von Graduates, also Hochschulabsolventen, nach deutschem Muster gestaltet. Die berühmteste unter den Institutionen, die den transatlantischen institutionellen Transfer begründeten, war die Johns Hopkins University in Baltimore. Gleichzeitig wurden sich jedoch deutsche Wissenschaftler und führende Politiker der bedeutenden Entwicklungen in den Vereinigten Staaten bewusst und waren geneigt, manche von diesen zu übernehmen. Denn in Deutschland war man zunehmend besorgt über die zahlreichen Lehrveranstaltungen, die die Ordinarien durchführen mussten, und den Mangel an finanziellen Zuwendungen für die Wissenschaften. Deshalb richtete man das Augenmerk auf die Rockefeller-Institute, die als bahnbrechende institutionelle Innovationen im Bereich der Wissenschaftsorganisation angesehen wurden. Von den Rockefeller-Institutionen gingen die Impulse zur Schaffung der Kaiser-Wilhelm-Gesellschaft und ihrer Institute aus, in denen man eine Partnerschaft zwischen der Industrie und dem Staat zur Förderung der Wissenschaften anstrebte, die den Wettbewerb mit dem amerikanischen Modell aufnehmen konnte. Die Nachfolge dieses transatlantischen Transfers findet heute ihren Niederschlag in dem einzigartigen amerikanischen System der Graduate Education, das stark von dem alten deutschen Vorbild und von den Max-Planck-Instituten geprägt wird. Letztere, die ursprünglich von den Rockefeller-Instituten inspiriert waren, stehen heute in einer Vielzahl von Bereichen an der vordersten Front der Forschung. Denjenigen, die das Glück haben, dort ihre Forschung zu betreiben, bieten sie exzellente Bedingungen.

Allerdings haben sich die amerikanische und die deutsche Hochschulbildung im letzten Jahrhundert in ganz verschiedene Richtungen bewegt. Die Vereinigten Staaten verfügen über ein enorm großes, kompliziertes und vielfältiges Hochschul-Bildungswesen im kontinentalen Maßstab, das private und öffentliche Institutionen beinhaltet. Es umfasst Elite-Universitäten und Elite-Four Year Colleges sowie die weniger elitären, aber auch sehr respektablen weiteren Universitäten, Four Year Colleges, Junior Colleges und Community Colleges. Sie alle bilden eine nichtregulierte, aber bemerkenswert effiziente Gruppe von Institutionen im Bereich des Hochschulwesens, die dem Bedarf eines demokratischen Massensystems an Hochschulbildung sehr gut Rechnung trägt. Dieses System erlaubte und erlaubt den Transfer von einer Institution zur anderen, zum Beispiel von einem Community College zu einem Four Year College und anschließend zu einer Universität. Ferner wurde die Spitzenforschung an den Universitäten verankert. Das berühmte Rockefeller-Institut für Medizin wurde in eine Universität umgewandelt, während das Rockefeller Institute of Government der State University von New York beigeordnet ist. Die bedeutendste Rockefeller-Institution war lange Zeit die Rockefeller Foundation, die auch deutschen Wissenschaftlern in der Zwischenkriegszeit beachtliche finanzielle Zuwendungen gewährte.

Stiftungen finanzieren Forschung

Sie ist nur eine in der Vielzahl privatfinanzierter Stiftungen – die Ford-, Mellon-, Macarthur- und Carnegie-Stiftungen sind vielleicht die bekanntesten –, die Forschungsprojekte unterstützen. Dies unterscheidet sie klar von der Deutschen Forschungsgemeinschaft, auch wenn diese oft ähnliche Forschungsaktivitäten verfolgt. Wenn man in den USA Spitzenforschung betreiben wollte, täte man dies fast immer an Universitäten, wo eine derartige Forschung durch Regierungs-, Privat- oder Stiftungsverträge subventioniert wird. Professoren, Fachbereiche und Universitätsinstitute bewerben sich um diese Finanzierung und werden dabei von ihren Universitäten stark und effizient unterstützt. Denn auch die Universitäten profitieren von dem sogenannten Overhead, indem sie die anfallenden „indirekten Kosten", das heißt die Kosten für die für Forschungsprojekte benötigten Einrichtungen und das Personal, den Geldgebern in Rechnung stellen. Zudem werden Hochschulen und Colleges durch Studiengebühren finanziert, die bei den Privatinstitutionen extrem hoch sind und bei den öffentlichen weitaus niedriger. Doch selbst die teuersten Universitäten und Colleges stellen ihren weniger wohlhabenden Studierenden großzügige Stipendien zur Verfügung. Trotzdem nehmen viele Studenten Anleihen auf, die zurückgezahlt werden müssen, sobald die Absolventen das College verlassen haben und erwerbstätig werden. Darüber hinaus, und dies ist kein unwesentlicher Faktor, vermachen die Alumni ihrer „Alma Mater" oftmals riesige Vermögen. Diese privaten Spenden, die auch den öffentlichen Universitäten zugute kommen, sind von großer Bedeutung für die Hochschulbildung in Amerika. Schließlich ist noch ein weiterer wichtiger Faktor zu erwähnen: Zwar ist die Anzahl der Fakultätsmitglieder seit den 1960er-Jahren stark gewachsen, um die Nachfrage abzudecken, und gleichzeitig wurden auch die Gehälter deutlich erhöht, jedoch blieb das System der Beförderungen und Gehaltserhöhungen in Lehre und Forschung immer eng an die Produktivität gekoppelt. Auch eine unbefristete Stelle, die in Amerika einfacher zu haben ist als in Deutschland, da es mehr Stellen und kein Habilitationssystem gibt, hängt von der Erfüllung der Leistungskriterien in Forschung und Lehre ab. Nur wirklich produktive Professoren bekommen Gehaltserhöhungen. Zudem gibt es, wie jedermann weiß, eine klare Hierarchie unter den amerikanischen Hochschulinstitutionen, und wenn es um die Einstufungen von Fachbereichen, Colleges und Hochschulen geht, ist man nicht zimperlich: Die Konkurrenz ist permanent. Im Jahre 2000 haben die Vereinigten Staaten 2,7 Prozent ihres Bruttosozialprodukts für die Hochschulbildung veranschlagt; davon stammten nur 34 Prozent aus öffentlichen Etats.

Masse ohne Mittelbau

Offensichtlich ist man in Deutschland seit 1945 einen anderen Weg gegangen. Die alte Ordinarienuniversität wurde aufrechterhalten, sogar als die deutschen Universitäten seit den 1960er-Jahren zu Massenuniversitäten wurden. So nahm die Zahl der Studierenden enorm zu, ohne dass die Zahl der Professoren vergleichbar erhöht oder der Mittelbau adäquat erweitert wurde. Nicht nur, dass immer mehr Studenten in die Vorlesungen strömten, auch die Seminare konnten angesichts der überaus hohen Teilnehmerzahl nicht länger als eigentliche Seminare gelten.

Während einerseits die finanziellen Probleme wuchsen, gab es andererseits keine Studiengebühren und deshalb wenig Ansporn für Studierende, ihr Studium zügig voranzutreiben, es baldmöglichst abzuschließen und erwerbstätig zu werden. Ein weiterer, oftmals übersehener Aspekt der fehlenden Studiengebühren ist, dass Professoren und andere, die eine Lehrtätigkeit ausübten, gegenüber den Studenten, die ihnen anvertraut waren, somit kein besonderes Verantwortungsgefühl an den Tag legten, denn schließlich handelte es sich nicht um zahlende Kunden.

Ferner gab es kein wirkliches Leistungsprinzip, auf das die Universitätsprofessoren oder die Universitäten selbst verpflichtet wurden. Die Gehälterskala basierte eher auf der Grundlage des Lebensalters oder der Jahre der Lehrtätigkeit denn auf Leistung. Jede Hochschule oder jeder Fachbereich wurde als gleichwertig betrachtet, auch wenn dies offenkundig wenig sinnvoll war oder ist. In der Tat galt – und gilt immer noch – die Idee der Einstufung und Bezahlung nach dem Leistungsprinzip in der deutschen akademischen Welt als unangemessen. Derartige Auffassungen werden durch das Ordinariensystem bestärkt, denn Studierende, die sich habilitieren und endlich eine Stelle antreten, werden zu diesem Zeitpunkt wenig begeistert davon sein, noch weitere Hürden nehmen zu müssen, um sich zu beweisen. Ferner hatten bis vor Kurzem alle Professoren Beamtenstatus, und dies, wie allseits bekannt, bedeutet in Deutschland weitaus mehr als in den USA. Ich glaube, ich war zeit meines Lebens ein Beamter, habe aber nie irgendwelche wohlerworbenen Rechte eingefordert, ja frage mich, ob ich überhaupt solche habe.

Wie wir alle wissen, hat der Ruf nach Hochschulreformen immer mehr zugenommen, nicht nur in Deutschland, sondern in ganz Europa. Bestimmt kann man dem Bologna-Prozess in vielen Aspekten Beifall zollen, insbesondere den Bemühungen, die Qualifikationen zu vereinheitlichen, gemeinsame Abschlüsse zu entwickeln, die einheitliche Leistungsmaßstäbe widerspiegeln. Dies fördert ein lebenslanges Lernen und ermöglicht Studenten eine internationale Ausbildung, unbehelligt von den alten bürokratischen Hürden.

In Deutschland ist man jedoch besorgt, ob man den Anforderungen der Globalisierung entsprechen kann, indem man die Kompetenzfähigkeit erhöht, Exzellenz fördert und Studenten schneller in den Arbeitsmarkt integriert. In den Debatten richtet sich das Augenmerk darauf, Fakultäten und Universitäten, die ein hohes akademisches Niveau nachweisen, auszuzeichnen und Bachelor- und Master-Programme zu schaffen, die die alten Staatsexamen und Diplome ersetzen. So können Studierende sich früher als üblich für eine Stelle bewerben, und Arbeitgeber können sichergehen, dass die Absolventen gut qualifiziert sind, was sie natürlich ermutigt, Studenten mit einem Bachelor- oder Master-Abschluss schnell einzustellen. Besonders wichtig in diesem Kontext ist die Tatsache, dass alle Reformbemühungen im Rahmen eines knappen Staatshaushalts stattfanden und somit permanent von dem Bestreben geleitet waren, die Reformen kostenneutral zu gestalten.

Es ist kein Geheimnis, dass die deutschen Reformer ihre Reformpolitik fortwährend am Vorbild der Vereinigten Staaten orientierten. Die Literatur bezieht sich immer wieder auf die USA und auf deren Hochschulwesen. Delegationen von höheren Beamten, von Parlamentariern aus Bund und Ländern sowie von Pädagogen besuchen regelmäßig die USA, um sich zu informieren, was aus deren System übernommen werden kann. Vor Kurzem hat eine solche Delegation des Bildungsausschusses des Berliner Abgeordnetenhauses Kalifornien besucht, um sich einen Überblick über eine Vielzahl von Institutionen zu verschaffen, einschließlich meiner eigenen Universität, Stanford, San Francisco State University und noch ein oder zwei anderer Institutionen. Sie waren alles andere als lediglich Abgeordnete auf Auslandstour und schienen recht beunruhigt über die Vorwürfe aus dem eigenen Land, zum Vergnügen nach Kalifornien geflogen zu sein. Meiner Ansicht nach wäre eine solche Kritik nicht angebracht. Die Gruppe musste einen rigorosen Zeitplan einhalten, die Abgeordneten arbeiteten hart, stellten intelligente Fragen und machten sich Gedanken über das, was sie sahen.

Mein Gefühl sagt mir allerdings, dass sie ihre Beobachtungen als eher verwirrend empfanden, was mich nicht überraschen würde. Einerseits erlebten sie einen exotischen institutionellen Smorgasbord, dazu vorgesehen, von vielfältigen Gruppen von Studenten aus sehr heterogenen ethnischen und wirtschaftlichen Milieus in Anspruch genommen zu werden. Andererseits standen sie – verständlicherweise – ehrlich ratlos vor der Frage, welche Erfahrungen denn nun für sie relevant und auf deutsche Verhältnisse übertragbar seien. Die Kommission setzte sich natürlich aus Mitgliedern mehrerer Parteien zusammen. Die Linksgerichteten unter ihnen zeigten sich – wenig überraschend – am meisten besorgt über Aspekte einer von ihnen als unsozial wahrgenommenen Dimension des amerikanischen Hochschulwesens, vor allem bei den Studiengebühren. Gleichzeitig betonten einige Kommissionsmitglieder immer wieder – nahezu entschuldigend – das Gewicht, das in Deutschland aufgrund des Wettbewerbs der Exzellenz zugemessen wird. Deren Förderung war durch die sogenannte Exzellenz-Initiative zur Sonderfinanzierung innovativer wissenschaftlicher Programme zustande gekommen.

Die Kommissionsmitglieder sagten uns auch, dass die Berliner Freie Universität viel eher als die Humboldt-Universität Vorreiter dieser Entwicklung wäre. Mich beeindruckte die offensichtlich beachtliche Spannung zwischen den zwei an den Tag gelegten Positionen: Einerseits der Vorstellung, man müsse privilegierte Eliteuniversitäten und Spitzenuniversitäten schaffen, die in einer globalisierten Welt wettbewerbsfähig sein und ausländische Studenten und Wissenschaftler anziehen könnten, und andererseits dem Wunsch, das alte egalitäre System aufrechtzuerhalten und allen den freien oder zumindest, von den Gebühren her gesehen, erschwinglichen Zugang zu einer Hochschulbildung zu ermöglichen. Der gemeinsame Nenner aller Delegationsmitglieder waren das Budgetproblem und die große Sorge um die Kosten.

Nun ist die Quadratur des Kreises unmöglich, und ich glaube nicht, dass man es auch nur versuchen sollte. Ich halte es für sehr wichtig, nicht mit falschen Vorbildern aus den USA zu operieren, denn die sind wenig sinnvoll, wenn man deutsche Verhältnisse betrachtet. Denkt man an Spitzenuniversitäten wie Harvard, Princeton und Stanford, dann ist es geradezu absurd anzunehmen, dass die deutsche Universitätsreform in diese Richtung gehen könnte oder sollte. Harvard & Co. sind eher alte Institutionen – in den Vereinigten Staaten ist nicht alles so neu wie die Europäer sich dies manchmal vorstellen –, die sich über die Jahre ein enormes Vermögen erworben haben. So besitzt Harvard einen Stiftungsfonds von fast 27 Milliarden Dollar, Stanford und Yale haben Stiftungen von etwas weniger als 14 Milliarden Dollar. Die Studiengebühren bewegen sich zwischen 29 000 und 31 000 Dollar pro Jahr. Auch die führenden öffentlichen Universitäten der USA taugen wenig als Modell. Die University of California setzt sich aus neun Standorten zusammen, und ein zehnter ist gerade in Merced eröffnet worden. Berkeley und Los Angeles sind die berühmtesten, doch auch die anderen genießen ein beachtliches Ansehen. An der gesamten University of California gibt es 200 000 Studenten, von denen 158 000 Undergraduates und über 40 000 Graduates sind. Berkeley hat 22 800 Undergraduates, also Studenten ohne Abschluss, und 9 000 mit Abschluss, also Graduates, Los Angeles 25 000 Undergraduates und mehr als 10 000 Graduates. Die University of California in Los Angeles (UCLA) hat 7 000 Planstellen und insgesamt 10 400 akademische Stellen. Undergraduates, die in Kalifornien wohnhaft sind, zahlen jährlich 6 800 Dollar Studiengebühren. Die Gebühren sollten in diesem Jahre erhöht werden, doch Gouverneur Schwarzenegger hat wegen des erhöhten Steueraufkommens davon abgesehen. Hochschulabsolventen, also Graduates, mit Wohnsitz in Kalifornien zahlen im Schnitt 8.700 Dollar, während auswärtige, also nicht aus Kalifornien stammende Undergraduates circa 25.000 Dollar und Graduates etwa 23 000 Dollar pro Jahr zahlen. Man benötigt ein Jahr Aufenthalt in Kalifornien, um als dort wohnhaft zu gelten; diese Bestimmung gilt jedoch nicht für ausländische Studierende, denen die Gebühren manchmal erlassen werden. Nachdem der Etat der University of California in den späten 1990er-Jahren wegen der schlechten Wirtschaftslage lange Zeit gekürzt worden war, ist er im letzten Jahr wieder angestiegen.

Um der wachsenden Studentenzahl Rechnung zu tragen und die Gehälter auf einem konkurrenzfähigen Niveau zu halten, ist das Drei-Milliarden-Dollar-Budget für das Jahr 2005/06 vor Kurzem um 8,8 Prozent bzw. 234 Millionen Dollar erhöht worden. 213 Millionen Dollar werden in den neuen Campus in Merced investiert. So wird in Kalifornien die Hochschulbildung offensichtlich als Wachstumsindustrie betrachtet, die permanent immer stärkerer Unterstützung bedarf. Diese Unterstützung beruht auf dem allgemeinen Konsens, dass der Staat und sein Wohlergehen auch davon abhängen, was die Universität leisten kann, und dass diese expandieren muss, um leistungsfähig zu bleiben. Gleichzeitig wird auch von der Überzeugung ausgegangen, dass Hochschulbildung nicht kostenfrei zugänglich sein sollte. Ich mag hier nicht kommentieren, ob dies „sozial" ist oder nicht. Doch man scheint sich bei uns einig zu sein, dass der Staat Kalifornien die Hochschulbildung zu einem mäßigen Preis ermöglichen sollte.

Generationenübergreifende Gemeinschaft

Was bekommen die Studierenden für ihr Geld und was sind die Erwartungen, die mit ihrer Ausbildung verbunden sind? Diese Fragen würde ich gerne beantworten, indem ich Sie auf die derzeitige Website des Fachbereichs Geschichte an der University of California in Berkeley verweise. Öffnen Sie diese Website, so werden Sie mit einer Seite unter dem Titel „Generational Transition" begrüßt, auf der zwei Abbildungen sind. Die erste zeigt eine Gruppe von acht Personen, einschließlich mich, bei einem Fest zu Ehren der Emeriti. Ich befinde mich unter ihnen, obwohl ich erst im nächsten Jahr pensioniert werde; eigentlich hätte die Überschrift „314-Jahre-Gala" lauten sollen, mit Bezug auf die Gesamtsumme der Jahre, die wir acht Professoren gemeinsam in Berkeley gelehrt haben. Das zweite Bild repräsentiert acht der zehn vor Kurzem eingestellten Assistant Professors, die zwei nicht abgebildeten waren noch nicht in Berkeley angekommen. Mit dieser Gegenüberstellung, und dies war Sinn und Zweck, sollten zugleich der Generationswechsel und die Kontinuität des Fachbereichs als auch ein Gemeinschaftsgefühl ausgedrückt werden. Und damit spiegeln diese Bilder sicherlich eine Universitätskultur wider, die sich sehr von der deutschen und insgesamt von der europäischen unterscheidet.

Man muss allerdings tiefer schürfen, um einen umfassenderen Einblick in die Unterschiede zu gewinnen. Von den acht hier abgebildeten Senior-Professoren sind zwei Experten für Mitteleuropa, zwei für amerikanische Geschichte im 20. Jahrhundert; einer ist Wissenschaftshistoriker mit Schwerpunkt modernes Frankreich, einer Spezialist für die Frühneuzeit Großbritanniens, einer für moderne japanische Geschichte, und einer ist ein weltbekannter Wissenschaftler auf dem Gebiet der chinesischen Geschichte. Von den acht Assistant Professors ist einer Experte für die griechische Antike, einer für römische und einer für russische Geschichte; drei lehren die Geschichte der Vereinigten Staaten, während einer Lateinamerika lehrt. Der eine von den zwei Assistant Professors, die hier fehlen, arbeitet auf dem Gebiet der Geschichte Afrikas, der andere spezialisiert sich auf Südasien.

Dies zeigt, dass die Auffassung von Geschichte und Geschichtslehre in Berkeley und – um dies hinzuzufügen, an anderen großen Universitäten in Amerika –, eine sehr kosmopolitische ist. Natürlich haben die hier aufgeführten Wissenschaftler ihren Doktor der Philosophie, sie sind der für ihre Forschung relevanten Fremdsprachen kundig und haben Feldforschung in den Ländern geleistet, die ihren Schwerpunkt bilden.

Hinter dieser Abbildung der Assistant Professors stecken allerdings noch andere Aspekte. Erstens sind einige von ihnen die Nachfolger von Professoren, die bereits im Ruhestand sind, zum Beispiel die Historiker der griechischen und römischen Antike. Auch kann man voraussehen, dass die Senior-Professoren, die sich zu dieser Zeit emeritieren, demnächst durch jüngere Assistant Professors ersetzt werden. Mit anderen Worten, die aufgrund der Verabschiedungen frei gewordenen Stellen werden beibehalten, solange der Fachbereich insgesamt als effizient und effektiv gilt.

Zweitens erfolgt die Berufung der Assistant Professors nach rigorosen Kriterien; es wird von ihnen erwartet, dass sie innerhalb von etwa sechs Jahren zum Associate Professor, somit zur unbefristeten Anstellung avancieren und anschließend die volle Professur erlangen, wenn sie nach den Regeln des Fachbereichs genügend veröffentlicht haben und ihren Lehr- und Verwaltungsverpflichtungen nachgekommen sind. Für ihre Produktivität können sie außerdem stete Gehaltserhöhungen erwarten, und es braucht nicht erwähnt zu werden, dass sich diese in ihren Pensionen niederschlagen werden. Sie haben ein Anrecht auf Freijahre, unsere Sabbaticals, und verschiedene Sonderfinanzierungen, Special Grants, die ihre wissenschaftliche Produktivität fördern sollen. Jedoch dürfen die Assistant Professors nicht mit den in Deutschland vor Kurzem eingeführten Juniorprofessoren verwechselt werden.

Drittens werden die Assistant Professors, sobald sie ihre Stelle antreten, mit der Lehre von Undergraduates und Graduates betraut. Sie halten Vorlesungen und veranstalten Seminare, letztere sowohl für Studenten, die den Bachelor-Abschluss anstreben, als auch für Graduierte, die an ihrer Dissertation arbeiten. Sie nehmen Verwaltungsaufgaben wahr, einschließlich der Mitgliedschaft in Berufungskommissionen, die die Nachfolger für freigewordene Professorenstellen bestimmen, so wie für meine zum Ende des nächsten Semesters.

Kurzum: Die Assistant Professors sind mündig von dem Zeitpunkt an, an welchem sie den Ruf erhalten. Natürlich sind sie nicht stimmberechtigt, wenn es um ihre eigene Beförderung geht, doch abgesehen davon haben sie eine Stimme in den Berufungsverfahren, die Kandidaten von außerhalb der Universität betreffen. Auch in jeder anderen Hinsicht sind sie voll anerkannte und gleichberechtigte Mitglieder des Fachbereichs Geschichte, der einschließlich der Associate oder Full Professors circa 60 Personen umfasst. Den Assistant Professors stehen meistens bezahlte Graduate Students als Assistenten zur Seite, die dafür bezahlt werden, Tests und schriftliche Prüfungen zu korrigieren und sie in ihrer Forschung zu unterstützen.

Aus Freunden werden Förderer

Dem Fachbereich ist daran gelegen, gegenüber den Undergraduates seinen hohen Stellenwert bezüglich des Programmangebots und des leichten Zugangs zur Fakultät nachzuweisen. Gleichzeitig hebt man hervor, dass die Promotionsordnung und die Promotions-Programme für Historiker zu den drei besten im Land gehören, mit Yale und Princeton auf Platz eins und zwei. Und natürlich rangieren wir oberhalb von Harvard. Der Fachbereich hat zudem seinen Freundeskreis, der jährlich großzügige finanzielle Zuschüsse gewährt. Allerdings müssen wir noch so freundliche Freunde finden wie der Fachbereich Politikwissenschaft, dem die zwei Alumni Charles und Louise Travers zwölf Millionen Dollar zur Finanzierung von Stipendien für Undergraduates und Graduates und zum Zweck der Anwerbung und Beibehaltung von Fakultätsmitgliedern zur Verfügung gestellt haben. Der Fachbereich trägt nun den Namen der Stifter. Ich möchte hierzu noch anmerken, dass das Ehepaar Travers auch 5,5 Millionen Dollar für die Förderung des Football-Programms gespendet hat, was Europäern vielleicht etwas befremdlich anmutet. Den meisten Europäern fällt es ohnehin schwer, den amerikanischen Football selbst – geschweige denn dessen Rolle im Kontext der Universitäten – zu durchschauen. Doch gerade der Football, ein unerlässlicher Faktor des amerikanischen Fundraising, ermöglicht den Universitäten auf effiziente Weise die Einwerbung finanzieller Mittel. Zugleich bestärken die regelmäßigen Spiele der Uni-Teams, die auf den jeweiligen Campus jeden Herbst stattfinden, die Identifikation mit dem College.

Ich persönlich bin sehr dankbar, dass die deutsche Regierung 1990 beschloss, die Schaffung eines Center of German and European Studies in Berkeley mit zehn Millionen Dollar zu finanzieren. Das Center dient einem akademischen Kreis von über 300 Professoren und Graduierten und hat nicht nur in Berkeley, sondern in ganz Kalifornien das Interesse an deutschen und europäischen Angelegenheiten angeregt und unterstützt.

Jetzt, wo die Gelder der deutschen Regierung aufgebraucht sind, übernimmt die Universität die finanzielle Unterstützung der Infrastruktur des Centers und fördert viele seiner Programme finanziell weiter. Eine zusätzliche Finanzierung erfolgt durch Zuschüsse des US Department of

Education mit den sogenannten Title-VI-Stipendien, die jährlich 250 000 Dollar betragen. Natürlich müssen wir uns regelmäßig alle drei Jahre neu dafür bewerben, und darüber hinaus wenden wir viel Zeit und Mühe auf, um Geldmittel aus privaten Quellen aufzutreiben. Besonders wichtig in dieser Hinsicht sind die durch den Stifterverband verwalteten DaimlerChrysler- und Deutsche Bank Fonds. Allerdings ist man heute allgemein besorgt über das geringer werdende amerikanische Interesse an Europa, das angesichts der wachsenden Bedeutung des Mittleren Ostens, Südamerikas und Asiens für weltwirtschaftliche und weltpolitische Fragen bereits in relativ hohem Maße eingetreten ist.

Unser Ziel allerdings war und ist, nicht nur einfach ein kontinuierliches Interesse, sondern ein lebendiges Interesse an Europa aufrechtzuerhalten. Ich glaube, in dieser Hinsicht können wir schon beachtliche Erfolge verbuchen, gleichwohl ist es ernüchternd zu beobachten, dass andere Fachbereiche und Institute keineswegs untätig sind. So haben die Middle Eastern Studies weitreichende Finanzmittel von Saudi Arabien erhalten und die Asian Studies sind in großzügiger Weise durch Taiwan gefördert worden.

Derartige Entwicklungen sind hinsichtlich der Anwerbung von Studenten und Fakultätsmitgliedern von großer Bedeutung, und man befindet sich im permanenten Wettbewerb um finanzielle Zuwendungen von außerhalb.

Um dies zu betonen, ist Berkeley eine in hohem Maße wettbewerbsorientierte und anspruchsvolle Institution, an der es eine Menge Probleme gibt, die sich klar unterscheiden von den Problemen, die man hier in Deutschland hat. Berkeley ist zudem eher außergewöhnlich, eben weil es eine herausragende Forschungsuniversität ist, wohingegen sehr viele private und öffentliche Colleges und Universitäten über bedeutend kleinere Fachbereiche verfügen und weit weniger günstige Forschungsbedingungen anbieten. Andererseits gibt es natürlich auch Colleges und Universitäten, wo Lehre und Forschung noch attraktiver sind. Insgesamt jedoch hat das System einige Aspekte, die von denjenigen, die glauben, dass Europa dem amerikanischen Modell folgen sollte oder könnte, nur ungenügend verstanden werden.

Nehmen wir zum Beispiel den Bachelor-Abschluss. Auch wenn das amerikanische Hochschulsystem viele Variationen aufweist, so basiert es doch ohne Unterschied auf der Verleihung des Bachelor-Titels, zumeist als Bachelor of Arts. Dieser Abschluss stellt nicht das Studium in einem Spezialfach dar, sondern eine Art Allgemeinbildung über vier Jahre, wobei in den letzten zwei Jahren ein bestimmtes Spezialfach als Major gewählt wird. Das Vier-Jahre-Studium ist also in eine Lower Division oder erste Hälfte und eine Upper Division oder zweite Hälfte eingeteilt. In den ersten zwei Jahren belegen Studierende, Freshmen und Sophomores Grundlagenkurse, im Schnitt fünf pro Semester, aus den Bereichen Geistes-, Sozial- und Naturwissenschaften. In der zweiten Hälfte konzentrieren sie sich als Juniors und Seniors auf ihr Hauptfach, ihren Major, belegen aber auch andere Kurse, die sie interessieren.

Professoren in Berkeley lehren in der Regel unabhängig von ihrem Rang und ihrem Rennommee sowohl Undergraduates als auch Graduates. Ein typisches Beispiel ist George Smoot, nicht nur ein renommierter Physikprofessor und Forscher, sondern auch der diesjährige Nobelpreisträger für Physik. Unser Kanzler, der selbst Physiker ist, porträtierte Smoot, übrigens den zwanzigsten mit dem Nobelpreis ausgezeichneten Wissenschaftler aus Berkeley, voller Stolz als „einen engagierten Lehrer in der besten Tradition der Nobelpreisträger aus Berkeley. Er arbeitet nicht nur mit Doktoranden, sondern beaufsichtigt auch die Forschung von Undergraduates in seinem Labor. Darüber hinaus lehrt er Physik 7B, den Einführungskurs für Majors in den Natur- und

Ingenieurwissenschaften." Nicht unerwähnt sollte bleiben, dass sich die University of California in Berkeley auch insgesamt 24 Absolventen rühmt, die Nobelpreisträger wurden. Einer von ihnen ist Andrew Fire von der Medical School der Stanford University, der den Nobelpreis für Medizin erhalten hat. Fire machte seinen Bachelor-Abschluss in Berkeley, wo er „nur so zum Spaß" Mathematik als Hauptfach belegte, bevor er sich anderen Gebieten zuwandte.

Die Ausbildung der Undergraduates, die den Bachelor anstreben, ist ein integraler Bestandteil der Lehrverpflichtungen an einer amerikanischen Universität. So haben die Studierenden nicht nur die Möglichkeit, mit Professoren zu arbeiten, die bahnbrechende Forschung geleistet haben oder leisten, sondern sie werden auch von den besten Absolventen bzw. Doktoranden ausgebildet, die als Assistenten die Ausbildungsabschnitte oder Seminare leiten. Dabei ist es besonders wichtig, dass diese Veranstaltungen kleingehalten werden. Die großen Vorlesungen werden immer auch zusätzlich in kleinere Sektionen bzw. Labors aufgeteilt, die für Studierende Pflicht sind. Diese sind auf je 25 bis 30 Teilnehmer beschränkt, während in den Proseminaren oder höheren Seminaren nie mehr als 15 Studenten – manchmal sind es nur fünf oder sechs – teilnehmen dürfen. Ich habe noch nie Seminare für Undergraduates oder Graduates mit mehr als 15 Teilnehmern gehalten. Mein letztes Undergraduate-Seminar hatte zehn und mein letztes Doktoranden-Seminar acht Studenten. Ein sogenanntes Seminar mit 50 oder 60 Teilnehmern ist schon kein Seminar mehr, sondern meiner Ansicht nach ein Unding.

Bachelor ist nicht gleich Bachelor

Somit dürfte nun eindeutig feststehen, dass der amerikanische Bachelor bzw. der B.A. oder Bachelor-of-Arts-Abschluss etwas ganz anderes ist als der im Bologna-Programm und in Deutschland diskutierte. Auch der amerikanische Master-of-Arts-Abschluss weicht in hohem Maße von den hiesigen Vorstellungen ab.

Der Stifterverband und andere Organisationen sind sehr bestrebt, Studierenden und künftigen Arbeitgebern den Bachelor-Abschluss schmackhaft zu machen. Eines der Dokumente, die diese Bestrebungen unterstützen, sieht die Sache so: Das Bachelor-/Master-System eröffnet den Studierenden neue Möglichkeiten für eine Kombination attraktiver Qualifikationen sowie für eine flexiblere Verbindung von Lernen, beruflichen Tätigkeiten und privater Lebensplanung. Mit dem Bachelor ist ein Studienabschluss eingeführt, der bereits nach drei bis vier Jahren zu einem berufsbefähigenden Abschluss führt, sodass früher als bisher ein Berufseinstieg möglich ist. Vor allem aber ist dieses Studiensystem international kompatibel und bildet damit die Grundlage für mehr Mobilität im Studium weltweit. Ich glaube, dies ist eine wichtige und vielversprechende Reaktion auf die derzeitigen Probleme in Deutschland, indem man nämlich die Studiengänge verkürzt, Studierende so schnell wie möglich in die Erwerbstätigkeit einbringt, ein international kompatibles Studiensystem schafft und Mobilität während des Studiums ermutigt.

Allerdings werden all diese Sachverhalte in den Vereinigten Staaten sehr anders wahrgenommen als in Europa. Der amerikanische Bachelor entstammt angloamerikanischen Vorstellungen von Hochschulbildung, deren Ziel die Allgemeinbildung der Studierenden auf der Grundlage eines festen Programms von vorgeschriebenen und individuell ausgewählten Lehrveranstaltungen ist. Es wird vorausgesetzt, dass Absolventen mit einem Bachelor-Abschluss in der Lage sein werden, auf den verschiedensten Gebieten zu arbeiten und ihren Weg im Leben zu finden. Für eine weiterführende Ausbildung als Rechtsanwalt, Arzt, Journalist, Lehrer, Sozialarbeiter usw. setzt man das Studium bis zum Master-Abschluss fort; will man eine Karriere im akademischen Bereich oder Spitzenforschung betreiben, so dauert der Studiengang bis zum Dr. phil. noch weitere fünf oder sechs Jahre. Den amerikanischen Arbeitgebern muss man den Bachelor nicht erst schmackhaft machen; sie organisieren regelmäßig Job Fairs auf dem Campus von Colleges und Universitäten, um vielversprechende Seniors, die kurz vor dem Abschluss stehen, für ihre Unternehmen anzuwerben. Sofern keine bestimmten technischen Fertigkeiten wie in den Ingenieur- oder Chemikerberufen erforderlich sind, scheinen Arbeitgeber ganz zufrieden damit zu sein, Bachelor-Studenten einzustellen, die Geschichte, Anglistik, Politische Ökonomie oder eine Fremdsprache als Hauptfach studiert haben. Ihr Augenmerk ist nämlich auf Erwerbstätige gerichtet, die Teamarbeit gelernt haben, effizient kommunizieren und Probleme lösen können und ansonsten persönlich und intellektuell flexibel sind. So drängen die Hochschulen quasi darauf, dass sich ihre Studenten gleichsam nach einen Major umsehen – to shop around sagt man bei uns –, um herauszufinden, welches Studium ihnen zusagt, und die verschiedenen Möglichkeiten abzuwägen. Im Endeffekt finden die meisten Studenten ihren Weg ohnehin, entweder in den Privatsektor oder in die Graduate School, wo ein weiterführendes Studium zu Karrieren zumeist in der Rechtswissenschaft oder Geschäftswelt führt. In diesem Sinn hat der Bachelor-Abschluss vorwiegend mit der persönlichen Entwicklung, dem Erwachsenwerden und der Trennung vom Elternhaus zu tun und weniger mit einer Berufsausbildung an sich oder der Festlegung auf eine bestimmte Karriere. John Fire, der als Undergraduate Mathematik aus Spaß an der Sache studierte, belegt somit eine weit verbreitete Einstellung, was den Zweck des Bachelor-Abschlusses betrifft, auch wenn das Endergebnis in seinem Fall außerordentlich war. „Spaß" allerdings ist eindeutig nicht ein Ziel des Bachelor-Studiums, so wie es in Deutschland aufgefasst wird, wo man den Master-Abschluss tendenziell nur als eine missliche Verlängerung des Bachelors ansieht, die so schnell wie möglich hinter sich gebracht werden sollte.

Sind die Vereinigten Staaten Vorbild für Deutschland im Bereich des Hochschulwesens? Eine bejahende Antwort hier beruht mit Sicherheit auf einem Missverständnis entweder der amerikanischen Kultur des Hochschulwesens oder der deutschen Kultur der Hochschulbildung oder beider. Auch wenn es der dringende Wunsch ist, mehr Privatmittel für deutsche Hochschulinstitutionen zur Verfügung zu haben oder mehr privatfinanzierte Hochschulen zu errichten, so ist es doch unvorstellbar, dass in absehbarer Zeit in Deutschland ein bedeutendes, überwiegend privat gefördertes Hochschulsystem entstehen könnte.

Ähnlich wird auch die Exzellenzinititative, wie vielversprechend auch immer sie sein mag, nicht zu Eliteuniversitäten führen, die mit den sogenannten Ivy-League-Schools oder den großen öffentlichen Universitäten wie in Berkeley, Los Angeles, Ann Arbor Michigan oder Illinois-Urbana vergleichbar sind. Zur Schaffung solcher Hochschulen wären enorme Geldsummen erforderlich. Wichtiger noch: Solche Hochschulen würden massive Strukturveränderungen und quasi einen drastischen Wandel in der Verwaltung voraussetzen. Auch die Vorstellung, dass Deutschland das amerikanische Four Year College duplizieren sollte oder könnte, wäre absurd. Schließlich entstammt dieses seinem eigenen spezifischen Kontext und ist die Reaktion auf Bedürfnisse und Notwendigkeiten, die spezifisch für Amerika sind. Die zurzeit entstehenden deutschen Bachelor- und Master-Abschlüsse stellen hingegen Reformen dar, die ganz anderen Problemen Rechnung zu tragen versuchen und werden deshalb ihre ganz anderen Spezifika haben – und es gibt keinen Grund auf dieser Welt, warum dem nicht so sein sollte. Nur wenn man das amerikanische Modell in seinem eigenen Kontext versteht, kann es überhaupt für Deutschland und Europa von irgendeinem Nutzen sein.

Echte Reformen sind keine Sparmaßnahmen

Nach diesen Einwänden stellt sich natürlich die Frage, welche Aspekte des amerikanischen Systems, vorausgesetzt, sie werden in angemessener Weise übernommen, denn überhaupt nützlich sind? Der erste Aspekt ist meiner Meinung nach das Verständnis dafür, dass Hochschulbildung ein wesentlicher Wert ist, in den man soviel wie möglich investieren sollte, weil er der Schlüssel zu erhöhter Konkurrenzfähigkeit in einer globalen Wirtschaft ist. Reformen können – und dürfen – nicht kostenneutral sein, denn Reformprogramme, die von fiskalischen Bedenken und Ängsten geprägt sind, können nur zu neurotischen Ergebnissen führen. Hochschulreformen können nicht als gigantische Sparmaßnahme betrachtet werden. Auch wenn ich über die heutige amerikanische Finanzpolitik keineswegs erfreut bin, so kann man diese doch keinesfalls als das Resultat übermäßiger Investitionen in die Hochschulbildung betrachten.

Der zweite Aspekt steht in engem Zusammenhang mit dem ersten: Die Anzahl der Lehrkräfte muss unbedingt erhöht werden, damit die Anzahl der Seminarteilnehmer verkleinert werden. Dann können sich die Dozenten ihren Studenten auch intensiver widmen. Die Ordinarienuniversität hat ausgedient, und es gibt keinen Grund, die Habilitationsordnung beizubehalten. Allerdings muss dann das Leistungsprinzip Voraussetzung von Berufungen und Gehältern werden, und Leistung muss wirklich belohnt werden. Es ist erschütternd zu sehen, dass promovierte Frauen und Männer, die eine Universitätslaufbahn einschlagen und bereits lehren, immer noch nicht mündig sind. Dies ist in der Tat entwürdigend. Noch schlimmer ist es, wenn Akademiker nach vielen Jahren Studium und großen Investitionen aufseiten des Staates und der Gesellschaft über Jahre hinweg keine Chance auf eine feste Anstellung haben. Ich glaube einfach nicht, dass die sogenannten Juniorprofessuren die Lösung dieses Problems sind, und meiner Meinung nach ist die neu eingeführte Besoldungsordnung nahezu grotesk. Nicht nur, dass sie jeden entmutigt, der eine akademische Laufbahn erwägt, sondern sie sieht auch nicht vor, dass leistungsbasierte Gehaltserhöhungen den späteren Pensionen angerechnet werden. Wenn es überhaupt ein Beispiel für eine Universitätsreform als Sparmaßnahme gibt, dann ist es diese Reform! Hier sollte man unbedingt aus dem amerikanischen Modell lernen.

Allgemein gesehen sollte man auch noch etwas anderes vom amerikanischen Beispiel lernen: Man sollte in Deutschland zumindest versuchen, den Studierenden das Gefühl zu vermitteln, dass Experimentieren erlaubt ist, dass sie die Möglichkeit haben, verschiedene Fächer zu wählen und auszuprobieren, dass sie sich auch noch zu einem späteren Zeitpunkt auf einen bestimmten Studiengang festlegen und eine bestimmte Richtung einschlagen können.

Hochschulstudenten sowohl in Deutschland als auch in Amerika sind bereits in genügend Angst um ihr Studium, ohne dass man noch einen weiteren Anlass zur Sorge hinzufügen sollte. Ich glaube nicht, dass wir mit all diesen Zwängen und Regulierungen Kreativität und Imagination fördern können – und schließlich sind dies doch die Eigenschaften, die wir am stärksten fördern wollen! In dieser Hinsicht frage ich mich doch, ob das amerikanische Modell, wesentlich höhere Mittel in die universitäre Forschung und Lehre zu investieren, in der Tat nicht ein wichtiges Instrument ist, um die Hochschulen selbst aufzuwerten und ihre Lage als Institutionen der

Wissenschaft und Lehre aufzubessern. So ketzerisch dieser Vorschlag auch klingen mag, ich würde vielleicht doch nahelegen, dass ein Teil der Finanzmittel und der bevorzugten Förderung, die den Max-Planck-Instituten zugedacht werden, mit größerem Nutzen den Hochschulen zugeeignet werden sollte. Somit könnte die Herausbildung von Elite-Institutionen ein gutes Stück weiter befördert werden.

Über eines sollten wir uns alle Gedanken machen: nämlich die massive Verschlechterung der Bildung und Ausbildung an den Schulen, bereits bevor die Jugendlichen an die Universität kommen. Das ist ein ganz großes Problem in den USA, aber ich habe mir sagen lassen, dass es auch in Deutschland deutlich schlimmer geworden ist. Die Frage, ob unsere Studierenden tatsächlich überhaupt vorbereitet sind auf die Hochschulbildung, die wir für sie zu gestalten versuchen, müssen wir uns ebenfalls stellen.

Linus S. Geisler

Drohendes Glück

Was die Medizin jenseits der Therapie verspricht

Im Oktober 2003 legte das oberste bioethische Gremium des amerikanischen Präsidenten, das President's Council on Bioethics, George W. Bush einen 324-seitigen Bericht vor. Darin befassen sich Bushs Berater (darunter Francis Fukuyama) nicht mehr mit trivialen Fragen der medizinischen Therapie. Der Titel des Berichtes „Beyond Therapy" macht die Stoßrichtung der neuen Medizin deutlich: sie schickt sich an, das vergleichsweise niedrige Handwerk des Therapierens zu verlassen. Der Untertitel „The Pursuit of Happiness" – das in der amerikanischen Verfassung verankerte Streben nach Glück – zeigt, wohin die Biotechnologie aufbricht: zur globalen Glücks-Jagd. Die zu erobernden Claims werden in dem Report systematisch abgesteckt:

– Optimierte Kinder (Better Children)
– Überragende Leistungsfähigkeit (Superior Performance)
– Alterslose Körper (Ageless Bodies)
– Glückliche Seelen (Happy Minds)

Schönheit, Stärke, überragende Intelligenz, permanente Hochstimmung und Kinder nach Maß machen das immerwährende Glück aus. In-vitro-Befruchtung, Embryonenselektion, maßgeschneiderte Psychodrogen, Produkte der Gentechnik und Eingriffe in die Keimbahn, also in das befruchtete Ei, bilden das Rüstzeug. Selbst verkorkste Biografien können korrigiert werden: beispielsweise durch Medikamente, die die Erinnerungen positiver tönen und schlimme Flecken in der Biografie aus dem Gedächtnis löschen (memory-blunting). Das neue Menschenbild der Medizin folgt nunmehr einer einzigen Leitdevise: Enhancement – Steigerung ohne Grenzen.

Enhancement – die Große Gesundheit

Enhancement lässt sich nur schwer begrifflich exakt beschreiben. Mit Enhancement werden gewöhnlich in der Bioethik Eingriffe bezeichnet, „um die Konstitution oder Funktionalität des Menschen über das Maß hinauszutreiben, das für gute Gesundheit nötig ist" (Parens 1998). Dies führt jedoch zwangsläufig zur nächsten definitorischen Hürde, nämlich der sauberen Trennung zwischen Krankheit und Gesundheit, die nicht sicher möglich ist. Krankheit hat subjektive Evidenz oder ist zumindest methodisch zu objektivieren. Krankheit lässt sich messen, Gesundheit aber nicht, schon gar nicht jene „Neue Gesundheit", von der Nietzsche als der „Großen Gesundheit" sprach. Der französische Philosoph Georges Canguilhem beschrieb Gesundheit als das Leben im „Schweigen der Organe". Gadamer sprach von der Verborgenheit der Gesundheit, die „selbstvergessenes Weggegebensein an die privaten, beruflichen und sozialen Lebensvollzüge" sei – und daher nicht herstellbar. Vielleicht liegt es gerade an dieser Unauffälligkeit der Gesundheit, dass es so schwierig ist, sich den Beitrag des gesunden Leibes zum Verständnis von Selbst, Welt und anderem zu verdeutlichen. Es ist zwar richtig, dass Therapie der Wiederherstellung von „Normalzuständen" verpflichtet ist, während Enhancement-Maßnahmen Maximierungsstrategien verfolgen – die meist in hohem Maße utopisch sind. Aber Normalität erweist sich ebenfalls als weiches Kriterium. Die Unterscheidung zwischen Therapie und Enhancement suggeriert eine objektiv klare, binäre Differenzierung. In der Realität liegt jedoch vielmehr ein Kontinuum vor, dessen Übergangszone verschiebbar ist. Wichtiger als die Frage nach einer exakten Abgrenzung ist die Fokussierung auf die Determinanten dieser Übergangszone, also auf subjektive Wunschvorstellungen, soziokulturelle Entwürfe und die Begehrlichkeiten der Ökonomie. Enhancement strebt eine Übergesundheit an, die immer schwerer von der „großen Krankheit" zu unterscheiden ist. Für sie gilt nicht die Verborgenheit. Sie ist im Gegenteil aufdringlich, ihre Präsenz wirkt marktschreierisch, sie ist inszeniert, ist großes Theater. Ihr Exhibitionismus ist conditio sine qua non. In einem Klima des Wunschdenkens, des ständigen Drangs nach Veränderung nimmt der Einsatz medizinischer Mittel jenseits von Krankheit und Leiden und damit jenseits der Therapie ständig zu. Die „wunscherfüllende" Medizin drängt unaufhaltsam nach vorn. Es geht nicht mehr um die banalen Wünsche nach Linderung oder Heilung. Es geht um die Wünsche, die auf die Große Gesundheit gerichtet sind. Wünsche mit pathetischem Tenor: das perfekte Kind, permanente Glückseligkeit, Überwindung des Todes durch Nanotechnologie. Große Wünsche, die bei genauerem Hinsehen vielleicht nicht mehr sind als Kinderwünsche.

Wie stets erweist sich das Militär als Avantgarde der Umsetzung utopischer Visionen. Vielleicht wird schon in Kürze ein Forschungszentrum des Pentagon, die DARPA (Defense Advanced Research Projects Agency), mittels „Military Bioengineering" die ersten Exemplare des Neuen, besonders kriegstauglichen Menschen präsentieren – ganz in der Tradition der US-amerikanischen Vorreiterrolle. Ausgehend von der Erkenntnis, dass das schwächste System in einem Krieg der Mensch ist, plant das Pentagon aus Soldaten mithilfe von Drogen, genetischer Manipulation und neuronalen Mikrochips ideale Kampfmaschinen zu machen: Schmerzunempfindlich, stressfrei, nimmermüde und - voll kontrolliert. Wenn es eines Tages gelingt, so schwärmt Dr. Eric Eisenstadt vom DSO (Defense Sciences Office), durch eine Schnittstelle von „Brain Machines" das Gehirn belauschen zu können, Ehrenhaftigkeit von Betrügerei, Wahrheit von Fiktion zu unterscheiden, dann wäre der ultimative Lügendetektor zur Hand – einsetzbar bei wem auch immer. Der Direktor des Projekts, Michael Goldblatt, verrät die anvisierten Ziele: das Auslöschen des Schlafbedürfnisses, Eingriffe in den Muskelstoffwechsel zur Dominanz sogenannter schneller Muskelfasern, gesteigerte Wundheilung, Blutkonserven mit unbegrenzter Haltbarkeit. Die Sehfähigkeit der Soldaten soll bis in das UV- und Infrarotspektrum erweitert werden. Das Gehirn der Kämpfer wird über ein drahtloses Modem verfügen. Schon Gedanken der Krieger werden in Taten umgesetzt. Implantate in der Geruchsregion des Gehirns könnten die Soldaten befähigen, auf große Distanzen Gerüche (des Gegners) zu analysieren: Kokain? Sprengstoff? Ein Mensch, der sich vor Ratten fürchtet? Digitalkameras könnten über in die Netzhaut der Soldaten implantierte Nano-Glasfasern drahtlos imperative Bilder in deren Köpfen erzeugen. Ein Projekt, das bereits in Zusammenarbeit mit der Johns Hopkins Universität und dem Naval Research Laboratory ins Leben gerufen wurde.

Dirty Medicine

Tropisch-maritim ist das Klima der Fidschi-Inseln. Was die Inseln besonders anziehend macht, für Abenteurer, Touristen und Künstler, sind die Menschen. Die Mädchen und jungen Frauen sind von besonderer Anmut und wohlgestaltet. Eben bei diesen Mädchen und Frauen wurde seit 1995 ein rasanter Anstieg zuvor unbekannter Krankheitsbilder beobachtet, nämlich Magersucht und Bulimie. Binnen drei Jahren litten 15 Prozent der Mädchen an ausgeprägten Essstörungen. Die Erklärung des Phänomens war unschwer auszumachen. Die Essstörungen begannen sich auszubreiten, nachdem ein US-amerikanischer Fernsehkanal im Inselreich auf Sendung gegangen war. Der Export von Körperhass durch Bilder, die eine Pseudo-Ästhetik aufbauen, traf auf Menschen, hier insbesondere Frauen, die sich ihnen kaum zur Wehr setzen konnten. Ein ähnliches Phänomen war im Übrigen in der ehemaligen DDR zu beobachten: Essstörungen traten dort in nennenswertem Umfang erst nach der Wiedervereinigung auf.

In dem Magazin VOGUE erschien im März 2003 eine Story mit dem Titel „Der formvollendete Fuß"(the flawless foot), basierend auf Interviews mit New Yorker Fußspezialisten. Deren chirurgisches Angebot umfasste mittlerweile auch die operative Umformung der Füße von Frauen, um ihnen zu ermöglichen, Designerschuhe zu tragen, einfach um darin gut auszusehen. Solche Schuhe, erklärte ein Fußspezialist, benötigten „Designer-Füße". Bis vor Kurzem hätten ihn Patientinnen aufgesucht, um vor allem von schmerzhaften Fußdeformitäten befreit zu werden. Jetzt kämen sie in die Sprechstunde, zögen ein paar heiße Stilettos aus der Tasche und sagten: „Die will ich tragen!" Als „dirty medicine" bezeichnet Arthur W. Franck von der Universität Calgary diese Art neoliberaler Medizin. Im Zuge eines übersteigerten Körperkults greifen Dysmorphophobien, das heißt die krankhafte Unzufriedenheit mit dem eigenen Körper, in epidemischem Ausmaß um sich. Meist betrifft das massiv verzerrte Körperbild das Gesicht, bei Frauen auch Brüste und Beine, bei Männern Körpergröße oder Genitalien. Männerspezifische Wünsche in Managerkreisen sind beispielsweise Kinnimplantate zur Inszenierung besonderer Energiepotentiale und markantem Aussehen. Dieser sogenannte Thersites-Komplex – der Narr Thersites soll der hässlichste Grieche gewesen sein – führt die Patienten immer wieder zum plastischen Chirurgen. Der Körper gerät so zur ewigen Baustelle. Bis zu 600 000 kosmetische Operationen werden jährlich in Deutschland durchgeführt. Tendenz: steigend. Hinzu kommen 400 000 kleine „Lunchtime-Eingriffe" in der Mittagspause, wie etwa das Aufspritzen der Lippen. 30 000 bis 50 000 Deutsche werden pro Jahr mit Botox-Injektionen zur Faltenglättung behandelt, in den

USA 2,8 Millionen. Von dort schwappte die Welle der Botox-Partys herüber, auf denen sich Freundinnen im Wohnzimmer bei Sekt und Fingerfood zu Sonderpreisen Stiche mit Botulinustoxin, dem stärksten Nervengift der Natur, setzen lassen. Der Deal ist klar: statt Fältchen gefrorene Mimik. Botox-Injektionen gibt es inzwischen auch für Hunde. Bei all dem herrscht eine auffallende Polarität zwischen Körpervergessenheit und Körperversessenheit. Der Leib, die körperliche Präsentation des Ichs, gerät außer Kontrolle. Das Bild vom eigenen Körper verzerrt sich unter dem Einfluss von Medizin und Medien. Die gewaltsam in Szene gesetzten Körperideale der Gesellschaft orientieren sich an superdünnen Models und Schauspielerinnen, die sich mit Cherry-Tomaten und Apfelschnitten bis zum tödlichen Nierenversagen herunterhungern (im November 2006 beispielsweise starb das brasilianische Model Ana Carolina Macan, das sich mit 40 kg Gewicht immer noch zu dick fühlte, infolge Magersucht). Rigorose Körperentwürfe prägen das weibliche Körperideal in einer Gesellschaft, die ständig übergewichtiger wird. Selbst die US-Army bietet ihren Angehörigen das ganze Repertoire der Schönheitschirurgie als Belohnung für die Strapazen in Afghanistan oder im Irak kostenlos an: zwischen 2000 und 2003 alleine 496 Brustvergrößerungen. Eigentlicher Hintergrund: kontinuierliche Übungsmöglichkeiten für rekonstruktive Eingriffe nach entstellenden Verwundungen für die Army-Operateure. Die wunscherfüllende Medizin inszeniert die Neuerfindung des Körpers. Dieser erweist sich nicht mehr als sichere Behausung eines Ichs, das sich nicht ständig infrage stellen muss. Sie lebt in der Selbsttäuschung, dass es Eingriffe in die Leiblichkeit ohne Rückwirkung auf die Person gibt. Der Jahrmarkt der Optionen wächst und täuscht wachsende Freiheitsgrade vor. Das Gegenteil ist der Fall. Wenn alle scheinbar gesättigt sind, kippt das System um in trostlose Konformität und Homogenität. Sind die Gesichter und Brüste aller Zwölf-bis Achtzigjährigen optimiert, wird die Frage nach der Schönsten im Lande gegenstandslos.

Defekt-Designer

„New York. 95 Dezibel, ohrenbetäubender Lärm, und das dreimonatige Baby zeigt keine Reaktion. Glücklich schauen sich Sharon Duchesneau und Candy McCullough an: Genau so haben sie sich ihr Kind gewünscht – gehörlos." So oder ähnlich war die Nachricht von dem lesbischen Paar, beide taub, das sich wünschte nur taube Babys zu haben, im April 2002 in vielen Pressemeldungen zu lesen. Die Wunscherfüllung gelang durch die Samenspende eines Mannes an Sharon, in dessen Familie Taubheit schon über fünf Generationen vererbt wurde. Geboren wurde die vollständig gehörlose Tochter Jehanne. Das Paar rechtfertigte seine Entscheidung mit dem Argument, Taubheit sei für es Ausdruck seiner kulturellen Identität und Zeichensprache eine besonders kultivierte Form menschlicher Kommunikation. Fünf Jahre später bekam Jehanne einen Bruder, Gauvin, auf einem Ohr völlig taub, auf dem anderen schwer hörgeschädigt. Den „Eltern" teilten die Ärzte mit, wenn Gauvin sofort ein Hörgerät bekäme, könne er noch sprechen lernen. Das Paar: Wenn Gauvin ein Hörgerät wolle, könne er es bekommen – später, wenn er selbst entscheiden könne. Solange der Wunsch nach einem tauben Kind bei einem Paar besteht und die Wunscherfüllung auf natürlichem Wege passiert, sei dies ethisch nicht zu beanstanden, so Julian Savulescu, Direktor am Oxford Center for Applied Ethics. Savulescu spricht von „designer disability". Auch Kleinwüchsige könnten den Wunsch äußern, Kinder ihresgleichen zu bekommen, ebenso Paare mit intellektuellen Behinderungen. Kindeswohl gegen Elternwohl – die Verlierer stehen fest. Behinderte Kinder als Wunscherfüllung behinderter Eltern? Das optimierte Kind ein behindertes Kind? Behinderung als ultimatives Enhancement? Enhancement als Instrument einer neuen „Apartheid", die zwischen naturbelassenen und wie auch immer optimierten Kindern trennt? Das Auftauchen einer neuen „Aristokratie" durch Manipulationen einer wunscherfüllenden Medizin? Eingriffe in das Erbgut zukünftiger Kinder, falls dies je ohne genetisches Desaster gelingen könnte, wären Eingriffe in die Kindheit und Kindlichkeit. Auf dieser Kindheit würde die Hypothek elterlicher Wünsche und Phantasmen lasten.

Diese Kinder würden später zu Erwachsenen, betrogen um eine unverfälschte Kindheit. Perfekte Kinder, die sich zu defekten Erwachsenen entwickeln.

Kinder sind in einer gewissen Weise – anders als Erwachsene – „doppelte" Geschöpfe: Sie leben hier und jetzt, aber sie sind auch schon auf dem Weg zur Reife und zum Erwachsensein. Hier liegt die Wurzel für eine gewisse Paradoxie von Elternschaft: die Kinder zu lieben, wie sie sind, aber auch alles zu tun, um sie anders, das heißt „besser" werden zu lassen. Die Wege dazu sind vielfältig. Erziehung und Vermittlung von Chancen gehören dazu. Aber gegen Erziehung kann man sich auflehnen, Chancen jedoch müssen nicht zwangsläufig genutzt werden. Genetische Manipulation (Keimbahnmanipulation) hingegen trifft immer die Wehrlosen. Die Verschiedenheit zwischen genetisch und sozial geprägtem Schicksal ist, was das Ergebnis betrifft, relativ. Eine deterministische Zwangsläufigkeit können beide nicht für sich in Anspruch nehmen. Sie arbeiten mit unpräzisen Instrumenten und schwer kalkulierbaren Risiken. Was als „große Freiheit" erscheint, kommt nicht ohne Repression aus und erzeugt neue Abhängigkeiten. Ein fundamentaler Unterschied zwischen genetischer und sozialer Prägung ist jedoch nicht zu verwischen: Eingriffe in die genetische Identität sind keiner Korrektur mehr zugänglich. Sie haben, anders als Radioaktivität, keine „Halbwertszeit", sondern vererben sich bis zum Jüngsten Tag. Der Griff ins Genom ist ein Griff in das Schicksal aller Nachgeborenen. Der Anspruch auf ein natürliches Erbgut ist unverfügbar, es ist, wie Alexander Kekulé befindet, ein Menschenrecht. Die Kernfrage, wenn es um das „bessere Kind" geht, ist weniger die Frage, ob es zulässig und vernünftig ist, höhere Intelligenz, größere körperliche Fitness, überragende Musikalität und so weiter mit allen Mitteln einzufordern. Die Kernfrage berührt die Ausgewogenheit menschlichen Seins und Strebens. Sie lautet: Sind die Mittel der Gentechnik die geeigneten, um die Balance zwischen Selbsttranszendenz und Entwurfsoffenheit des Menschen einerseits und der Determiniertheit und Identitätswahrung andererseits zu halten? Gina Maranto bringt das Problem auf den Punkt, wenn sie schreibt: „Was Kinder brauchen, sind nicht ‚gute Gene' – was immer das sein mag –, sondern Liebe, Zärtlichkeit, Nahrung, Kleidung, Unterkunft, Regeln, Disziplin, moralische Anleitung ... Kinder müssen nicht perfekt sein. Sie zu ‚verbessern' ist unser Bedürfnis, nicht ihres."

Neuro-Enhancement – Neuro-Marketing – Neuro-Ethik

In Shakespeares Macbeth drängt der König seinen Arzt, die schuldbeladene Königin von ihrer Gewissenslast zu befreien:

Macbeth:
„Heil sie davon!
Kannst nichts ersinnen für ein krank Gemüt?
Tief wurzelnd Leid aus dem Gedächtnis reuten?
Die Qualen löschen, die ins Gehirn geschrieben?
Und mit Vergessens süßem Gegengift
Die Brust entled'gen jener gift'gen Last,
die schwer das Herz bedrückt?"
Doch der Arzt entgegnet:
„Hier muss der Kranke selbst das Mittel finden."

Dem Menschen im Zeitalter von Neuro-Enhancement werden glücklichere Perspektiven entworfen. Die Trauernden werden von ihrer Wehmut erlöst werden, Greisinnen und Greise über die totale Erinnerung verfügen, die finsteren Flecken der Erinnerung werden ausradiert werden, die Paniker angstfrei durchs Leben gehen, die Armen im Geiste zu Höchstbegabten mutieren und alle im Lande sich „besser als sehr gut" fühlen.

Neuroscience macht's möglich. Jener Wissenschaftszweig, der wie kein anderer mit schonungsloser Unmittelbarkeit das individuelle Verhalten des Menschen zu sich und der Welt erforscht und manipuliert. Neuro-Pharmakologie und Hirnforschung arbeiten im engen Verbund, gewinnbeteiligte Nobelpreisträger geben ihr Bestes oder gründen eigene Firmen zur Entwicklung von „Brain-Boostern" (Gehirn-Verstärkern), wie zum Beispiel Eric Kandel (Nobelpreis des Jahres 2000 für Physiologie oder Medizin). In den Vereinigten Staaten arbeitet mindestens ein halbes Dutzend junger Neuro-Companys wie NeuroLogic, Helicon, Cortex Pharmaceuticals oder Axonyx mit Hochdruck an neuartigen Gedächtnis- und Gemütspillen, oft in Kooperation mit Großkonzernen wie Roche. Manches mag noch Utopie sein, vieles Neuro-Vision, einiges funktioniert bereits zufriedenstellend, zumindest brauchbar in bestimmten Bereichen. So sollen amerikanische Militärpiloten auf ihren Einsätzen im Irak schon routinemäßig mit dem Wachmacher Modafinil gedopt sein. Modafinil, in Deutschland als Vigil® im Handel, wurde ursprünglich für Patienten mit Narkolepsie entwickelt. Narkolepsie, eine seltene neurologische Erkrankung, geht mit unüberwindlichem Schlafzwang und Schlafanfällen am Tage einher. Modafinil erhöht die Leistungsfähigkeit ohne nennenswerte Unruhe oder Appetithemmung. Ritalin (Methylphenidathydrochlorid) ist das Mittel der Wahl zur Behandlung kindlicher Hyperaktivitätsstörungen. Es erhöht die Verfügbarkeit von Dopamin im Gehirn und ist paradoxerweise ein Stimulans. Dadurch wird einerseits die übermäßige motorische Aktivität und Impulsivität gebremst, andererseits die Konzentrationsfähigkeit gefördert. Inzwischen ist es der Renner zum Brain-Doping für College-Studenten in den USA geworden (ca. 25 Prozent sind Ritalin-User). Prozac, ein selektiver Serotonin-Aufnahme-Hemmer im Gehirn, ursprünglich zur Depressionsbehandlung entwickelt, ist in Amerika zum Stimmungsaufheller für Gesunde, zur Glückspille par excellence avanciert. Der Modafinil-Hersteller Cephalon setzte mit seinem Blockbuster Modafinil 2005 513 Millionen Dollar um, ein erstaunliches Ergebnis angesichts der Seltenheit der Zielindikation Narkolepsie. Die Vermutung drängt sich auf, dass hier die gleichen Marktmechanismen im Spiel sind wie bei der Entwicklung anderer hirnaktiver Substanzen, zum Beispiel Therapeutika gegen Alzheimer-Demenz. „Die großen Pharma-Unternehmen erforschen solche Substanzen nicht nur zur Behandlung von Demenzerkrankungen, sondern auch im Hinblick auf ganz normale Menschen – dort wartet der Profit. Die Behandlung der Demenzerkrankungen liefert ihnen die medizinische Rechtfertigung." So fasst der Neurowissenschaftler Prof. James McGaugh die Situation zusammen (Technology Review 10/03). In den ergrauenden Gesellschaften der westlichen Welt könnten mögliche Erfolge bei der Therapie von Hirnleistungsstörungen zum Türöffner von Enhancement-Bestrebungen bei dem Heer der noch Gesunden werden. Milde kognitive Störungen im Alter, landläufig als Altersvergesslichkeit bezeichnet, in den USA als MCI (Mild Cognitive Impairment) klassifiziert und von der Federal Drug Administration sogar als Krankheit anerkannt, betreffen 60 Prozent der älteren Amerikaner. Alles potentielle Kunden. Neuro-Pharmakologie im Wunderland. Ein weiterer, für die Pharmaindustrie attraktiver Markt besteht aus Menschen, die zögern, illegale psychoaktive Substanzen zu nehmen, kein echtes medizinisches Problem haben, jedoch ihr Wohlbefinden, ihre Leistungsfähigkeit oder ihre Intelligenz durch Neuro-Booster erhöhen möchten. Zielgruppe im weitesten Sinn ist also praktisch der Großteil der gesunden Bevölkerung. In Amerika stehen Ärzte schon jetzt unter dem Druck, sie könnten Patienten verlieren, wenn sie gegen solche Verschreibungswünsche Widerstand leisten. Die Mediziner sind die andere Zielgruppe, auf die die Konzerne setzen. Über noch tiefere Eingriffe in die menschliche Kognition, vielleicht durch gentechnische Manipulation, spekulierte schon 1978 der theoretische Physiker Freeman Dyson: die Auslöschung des subjektiven Zeitempfindens. Mit dieser Strategie bliebe die bewusst erlebte subjektive Zeitspanne unendlich, selbst wenn der sich abkühlende Kosmos bereits beginnt, im Leerlauf auszutrudeln. Was mit Neuro-Enhancement zur Disposition steht, ist die pharmakologisch induzierte Exazerbation und die biochemische Manipulation von Hirnfunktionen. Intelligenz und Gedächtnis, Lernfähigkeit und Emotionen Gesunder stehen im Fokus. „Cognition Enhancer": Eine tickende Zeitbombe, deren Explosion gewaltige Rückwirkungen sowohl auf das Individuum als auch auf gesellschaftliche Strukturen erwarten lässt. Was, wenn der Erhalt des Arbeitsplatzes, der Verbleib in der Eliteschule, die erfolgreiche akademische Laufbahn ohne Neuro-Enhancement-Praktiken gefährdet sind? Was, wenn latent praktiziertes Neuro-Enhancement in Büros („Neurocorrection") und Klassenzimmern („Neuroeducation") subtilen Zwang ausübt? Welche kaum kontrollierbare Ausweitung elterlicher Macht steckt im Potential der Brain-Booster, mit denen Kinder zum Erfüllungsinstrument der Fantasien ihrer Erzeuger missbraucht werden könnten? Dumpfe Stubenhocker, die zu Überfliegern mutieren, ungelenke Mädchen, die sich wundersam zu Eislaufprinzessinnen verwandeln? Solche Fragen kommen nicht aus dem Lager unbelehrbarer Technikfeinde. Sie werden gestellt von amerikanischen Elitewissenschaftlern wie Martha J. Farah (Kognitionsforscherin), Robert Cook-Deegan (Center for Genome Ethics, Law and Policy, Durham), Eric Parens (The Hastings Center) oder Barbara Sahakian (Psychiaterin an der Universität Cambridge): Neurocognitive enhancement: what can we do and what should we do? Diese Fragen wurzeln im Unbehagen an den Produkten und Engriffen, die eine fragwürdige Allianz zwischen bestimmten Sparten der Pharmaindustrie und deterministisch gefärbter Hirnforschung bereithält. Einer Hirnforschung, so der Bremer Hirnforscher Hans Flohr, die „dem Menschen seine göttliche Wurzel abschneidet", Hirnforschung, deren Menschenbild „... den Himmel leer fegt von lenkenden Göttern ..." (Wolf Singer) und für die der freie Wille nicht mehr ist als „eine nützliche Illusion" (Gerhard Roth). Die Nutznießer eines kognitiven Enhancement könnten untergründig spüren, dass sie die wahren Verlierer im großen Spiel sind. Die neuen Emotionen sind merkwürdig schal: Wessen Angst wegmanipuliert wurde, hat noch lange nicht den Mut des Helden. Wer nach dem Verlust eines Nahestehenden unfähig ist zu trauern, dem drängt sich die Frage auf, ob er wirklich geliebt hat. Wer durch das neue Über-Gedächtnis nichts mehr vergessen kann, muss vielleicht Erinnerungen behalten, die er dringend loswerden möchte. Das Cinemax® im Kopf lässt die Projektoren endlos laufen. Denjenigen mit dem chemisch gereinigten Gedächtnis könnten die weißen Flecken in ihrer Erinnerung einen unerwarteten Preis abverlangen: Das Erlebnis einer unheimlichen Gefügestörung ihrer Biografie. Einer Fragmentierung der inneren Kohärenz, die wesentlich die Identität der Person ausmacht.

Den neuen Gefühlen und Fähigkeiten des neuro-getunten Menschen haftet ein merkwürdiger Hautgout an: der Beigeschmack des Künstlichen. Sie wurzeln nicht in den Erfahrungen und Leistungen eines unmanipulierten Lebens, in einem gewachsenen Lebensentwurf, der sowohl menschliche Kreativität als auch Vulnerabilität, Versagen und Überwindung als anthropologische Konstanten des Menschseins anerkennt. Der Mensch, reduziert auf ein Ensemble von Neuronen und Synapsen, die willkürlich vernetzt und getaktet werden können, läuft Gefahr, Ich-Fragmentierungen und Identitätsbrüche zu erleiden. Was seine Grundstimmung tönt, ist eine Aura der Selbst-Fremdheit. Die neuen Gefühle und Potentiale: alles Talmi? Die Forschungs- und Interventionsmöglichkeiten der Neurowissenschaften treffen den Menschen in seinem Innersten. Sein Verhältnis und Verhalten zur Welt, vor allem aber sein Selbst-Verhältnis stehen zur Disposition. Sie sind einer bisher nie da gewesenen Eingriffsvielfalt von enormer Eingriffstiefe nahezu ungeschützt preisgegeben. Ethische Fragestellungen werden dabei aufgeworfen, die einer spezifischen Reflexion bedürfen. Der Versuch, diese zu beantworten, ist Aufgabe der Neuro-Ethik. Ihr spezielles Augenmerk sollte dabei der „Neuro-Anthropologie" gelten, denn die alten – christlichen Menschenbilder – drohen dem Ikonoklasmus der Neurowissenschaften zum Opfer zu fallen.

Drohendes Glück

Wenn alle Trümpfe von Body-Modifikation, Dirty Medicine, Keimbahnmanipulation, Neuro-Pharmakologie und Hirneingriffen ausgespielt sind, dann werden wir es haben: Das Glück. Pursuit of happiness am Ziel. Aber welches Glück? Das Glück der Liebenden, der Eltern mit dem Neugeborenen im Arm, des Gipfelbesteigers oder auch nur dessen, der als Autor seines Lebensentwurfes nach vielen Anstrengungen ab und zu eine bescheidene Erfüllung erfährt, also das Jedermann-Glück? Das Glück, dessen Wurzeln offen liegen, dessen Gründe erkennbar sind? Das Neue Glück erweist sich als Glück ohne Grund und Boden. Ein grundloses Glück, ein geborgtes Glück. Ein Glück, das eine immer offene Frage nach seinem Warum enthält, auf die es keine Antwort gibt. Ein über Abkürzungen erreichtes Glück. Ein Glück, das genau besehen weniger ein Glück als gerade eben kein Unglück ist. Grundloses Glück, ebenso unerträglich wie grundloses Unglück? Wir spüren: es ist nicht unser Glück, sondern ein fremdgesteuertes Glück, ein fremdes Glück. Am Horizont wird es erkennbar: das Drohende Glück. Rilke nannte es das „Leere Zuviel". Bei jenem berühmten Ciba-Symposium über „Die Zukunft der Menschheit" 1962 in London, das aus 27 der damals prominentesten Biologen, Psychologen und Soziologen, unter ihnen sechs Nobelpreisträger, bestand, ging es um Modelle für eine Neue Welt. Auch das Glück der Menschen war dort ein Thema. Julian Huxley, berühmter Biologe, Bruder von Aldous Huxley, referierte über das Glück. Allerdings sprach er über das „elektrische Glück". Das Glück aus dem Labor. Durch elektrische Reizung bestimmter Hirnregionen ließen sich bei Menschen und Tieren überwältigende Glücksgefühle auslösen. Es sei sogar möglich, nur die eine Hälfte des

Körpers glücklich zu machen, während die andere im Normalzustand bleibe. Das möge manchen vielleicht zu materialistisch erscheinen; aber elektrisches Glück bleibe schließlich immer noch Glück. Also schon damals: das Immerhin-Glück besser als gar keines. Das Neue Glück ist scheinbar leicht zu erzeugen. Doch auf dem Weg zum Glück ohne Grund wird die Freiheit nicht größer, sondern beginnt zu schwinden, die Persönlichkeit zu zerfallen, das Ich seine Syntonie, seine Stimmigkeit zu verlieren.

Der Mensch in seiner Ganzheit ist ein unvollkommenes Wesen. Seine Unvollkommenheit ist es, die seine tiefsten Sehnsüchte weckt und seine höchsten Erfüllungen ermöglicht. Welche Menschenbilder die Medizin auch entwerfen mag, sie werden nur lebbar und zu verantworten sein, wenn die drei Grundkonstanten des Menschen, seine Unvollkommenheit, seine Einmaligkeit und seine Sterblichkeit, nicht Opfer hybrider Manipulationen werden.

Rüdiger Görner

To google or to think – this is the question

Über die gefesselte Phantasie in Wissenschaft und Universität

Was ist ‚Phantasie'? Imagination im Sinne des englischen Aufklärers David Hume oder Vorstellungskraft, wie die deutschen Aufklärer dieses Wort zu übersetzen pflegten? In der Musik – und nur in ihr – ist sie eine Gattung: die Fantasia; gemeint ist damit eine Improvisation über ein Thema, man denke etwa an die „Fantasia on a theme by Tallis" von Ralph Vaughn Williams.

Kunst setzt Phantasie voraus; in der Literatur entwickelte sich ein Bereich, der vorgab, die Phantasie zu steigern und als das Phantastische programmatisch werden zu lassen. Die Skala dieser Literaturform reicht von E.T.A. Hoffmann bis Stanislaw Lem, von Edgar A. Poe, Jules Verne, Leo Perutz bis zu Doris Lessing. Was die Besonderheit der phantastischen Literatur ist? Dass sie Wahrscheinlichkeit mit Wirklichkeit gleichsetzt und imaginativ bis an den äußersten Rand des Plausiblen steigert.

Phantasie versteht sich – zeitweise wenigstens – auch als ein Politikum. So bezeichnete um 1968 die Forderung „Phantasie an die Macht" den Umschlagspunkt der kritischen Theorie in eine neo-romantisch konditionierte Emanzipation der Imagination – auch und gerade im Wissenschaftsbetrieb. Im Bereich der Kulturwissenschaften führte das zu mehr Pluralisierung, aber auch zu einer fortschreitenden Marginalisierung philologischer Kernkompetenzen. Erwiesen hat sich aber, dass sich gerade an den Randzonen der traditionellen Fachdisziplinen, in ihren Zwischenbereichen, die ungewöhnliche Fragestellungen ermöglichende Phantasie entzündet. Aber sie bliebe zu einem Strohfeuer-Dasein verurteilt, wenn sie vor lauter Kontexten die Texte vergäße.

Phantasie an die Macht, dieses Motto sollte heute weder wissenschaftsdiskursiven Selbstermächtigungen das Wort reden noch das bloß Phantastische erbringen, aber es soll als Ausdruck kritischer Phantasie zumindest eines neu begründen: Den Vorrang der Imagination vor utilitaristischen Erwägungen. Illustrieren lässt sich dies an Nietzsches These, dass man die Probleme der Wissenschaft vom Standpunkt der Kunst aus schärfer sehe: „Eine Reihenfolge schöner Experimente ist einer der höchsten Theatergenüsse", notierte er im Herbst 1881. Das ist, wie ich finde, kein anachronistischer Standpunkt, sondern eine These, die das Anschaulich-Pädagogische in der wissenschaftlichen Erkenntnis und ihre Vermittlung durch eine auf Anschaulichkeit ausgerichtete Begrifflichkeit einklagt. Nietzsche spekulierte nicht einfach über diesen Problembereich; er leitete diese Behauptung aus seiner Beschäftigung mit Robert Mayers „Mechanik der Wärme" ab und aus dessen Satz: „Der chemische Prozess ist stets größer als der Nutzeffekt". Und dieses „Größer-Sein" des geistigen Ertrages als die unmittelbare Anwendung eines Forschungsprogramms ist der Nährboden der Imagination, ohne die das Neue in Wissenschaft und Kunst nicht entstehen kann.

Der romantische Dichter Shelley hatte der Moderne ein poetisches Emblem kreiert, der ‚entfesselte Prometheus'; bezeichnenderweise hatte der junge Nietzsche dieses Motiv aufgenommen und auf das Titelblatt seiner „Geburt der Tragödie aus dem Geist der Musik" setzen lassen, eine Schrift, welche einen paradigmatischen Wendepunkt von Geistes- in eine philosophisch geprägte Kulturwissenschaft darstellt, von Altphilologie in eine Philologie des Neuen, Unerhörten. Die Suche nach Zusammenhängen in einer Welt der Brüche, die Verbindung von Divergentestem, beide erfordern sie Zeit zur imaginativen Reflexion und Freiheit von Formalisierungs- und Nivellierungstendenzen.

Max Weber hatte in seiner Rede „Wissenschaft als Beruf" (1917/19) die Naturwissenschaften davor gewarnt, sich einseitig von jeglichem ‚Intellektualismus' befreien zu wollen und naiv-optimistisch auf die technische Beherrschung des Lebens hinzuarbeiten. Zwischen Experiment und Verstehen nun vermittelt eine kritische, d.h. sich selbst stets beobachtende Phantasie, die auch dabei helfen kann, die von Heinrich Rickert (1926) geforderte Vermittlung von Wissen und Handeln in Gang zu setzen, eine Vermittlung, die nicht formalisierend, sondern von Phantasie befördert sich vollziehen solle.

Jedoch scheinen heute Formalisierungstendenzen im Wissenschaftssektor, sie reichen von einer bis ins Extreme kultivierten Raffinierung von Antragsprosa für Drittmittelanwerbung bis zum Bologna-Prozess, aber auch einem exzessiv betriebenen Evaluierungs-und Rankingverfahren, die Freiheit, die sich eigentlich in Forschung und Lehre verwirklichen soll, allenfalls noch zu karikieren. Dass zudem in Bologna das Geistige zu seinem Canossa-Gang gezwungen wurde, scheint sich inzwischen vor allem in den geisteswissenschaftlichen Fächern zu erweisen. Die musikalische Fantasie hat zwar viel mit Modulieren zu tun, akademische Phantasie jedoch wenig mit Modulen, die der willkürlichen Segmentierung von Wissenszusammenhängen nur wenig entgegenzusetzen hat. Wer von den Bologna-Enthusiasmierten hat sich denn wirklich die Mühe gemacht, sich auf die phantasiearme Realität des angelsächsischen BA-Systems einzulassen, das auf intellektueller Sparflamme köchelt und für beinahe jeden deutschsprachigen Gaststudenten aus den Staatsexamens- oder Magister-Zügen im Seminar dankbar (gewesen) ist, vom schulischen Ausbildungssystem zu schweigen? Von welchen Geistern war man denn verlassen, als man behauptete, dieses insulare System sei effizienter? Hat man wirklich den Eindruck, dass drei A-Levels mit der interdisziplinäre Bezüge erst ermöglichenden breiteren Wissenskompetenz, die das Abitur nach wie vor eröffnet, für die Kultur- und Geisteswissenschaften bessere Voraussetzungen bieten? (Mir berichtete neulich eine britische MA-Studentin, dass sie in der Schule nur zwei Geschichtsmodule ableisten musste: Italien um 1870 und die Russische Revolution. Das sei es denn gewesen.)

Bildung und Reform sind, man weiß es hinlänglich, Synonyme; wenn dem so ist in unserem gemeiniglichen bildungsreformleidgeprüften Sprachgebrauch, dann liesse sich auch Bologna bald wieder reformieren. Denn Bologna hätte ein Referendum in der akademischen Welt Europas womöglich nötiger gehabt als der europäische Verfassungsentwurf in der Staaten der Gemeinschaft.

Kulturgeschichtlich gewachsene Strukturen im Bildungs- und Ausbildungsbereich zu planieren, Vereinheitlichung um der Vereinheitlichung willen bedeutet unweigerlich geistige Verarmung. Hier rächt sich, dass der Bologna-Prozess den europäischen Verfassungsprozess trotz Lissabon *de facto* und *de iure* überholt hat und es somit keinen verfassungsrechtlichen Rahmen in Europa für europäische Bildungspolitik gibt.

Angesichts von nun europaweit grassierender Evaluierungs-und Rankingobsession mit dem UK-System des Research Assessment Exercise (RAE) als in diesem Falle wirklich perfidem albionischen Vorbild – wird der Geist als imaginativer Intellekt zu seinem eigenen Gespenst. In Britannien hat dieses immerhin seit 1991 etablierte, rigide formalisierte, bislang auf einen Fünf-Jahresrhythmus angelegte Evaluierungssystem der Forschung inzwischen nicht nur zu einer Kurzfristigkeitskultur in der Forschungsperspektivierung geführt, sondern auch dazu, dass die Universitäten als Zentren eines in die Öffentlichkeit wirkenden Denkens im Grunde ausgeschaltet worden sind. Mit voller Berechtigung fragte dieser Tage der Rektor einer Universität, weshalb in Britannien ein Noam Chomsky inzwischen undenkbar sei. Besagter Rektor konnte sich diese Frage nur deswegen öffentlich zu stellen erlauben, weil die Mehrzahl der Fakultäten seiner Universität als einer Neugründung ohnehin keine Chancen beim RAE hat.

In unserer Wissenschaftswelt stellt sich heute für die Studierenden eine neue Hamlet-Problematik: *To google or to think – this is the question*. Ob das die Phantasie, den hemmungslos zur Schau gestellten Dilettantismus oder – nach Konrad Paul Lissmann die Unbildung – befördert, bleibt abzuwarten. Lissmann hat übrigens überzeugend gezeigt, wie das European Credit Transfer System oder Leistungspunkteprinzip die in den Wirtschaftswissenschaften längst verpönte Arbeitswertlehre von Marx anwendet. Zeitwertpunkte und formalisierte Wissensinhalte sind nicht unbedingt dazu geeignet, phantasievolle Lehre zu ermöglichen. Denn es ist in der Lehre, wo eine die studentische Phantasie beflügelnde Wissensvermittlung, die immer auch Entgrenzung bedeuten sollte, stattfindet.

Der forschend Lehrende versteht sich inzwischen zunehmend als Netzwerker, *Clusterbuilder*, der die Individualität seiner Forschung in einem Verbundsystem neutralisiert – im Bereich der Kultur-oder Wirklichkeitswissenschaften (so der neue vom Internationalen Forschungszentrum für Kulturwissenschaft ausgegebene Begriff) eine noch immer neue Erfahrung, die aber vielleicht eine Vorgabe im mittelalterlichen Künstler findet, der namenlos nur seine Arbeit sprechen ließ. Das Individuelle eigenständiger (wagt man noch zu sagen ‚phantasienreicher') Forschungsansätze und unorthodoxe, gegen den *mainstream* vorgetragene Fragestellungen werden dann aber schwieriger zu entwickeln sein, wenn Forschungskollektive auch in den Geistes- und Kulturwissenschaften von den Zuteilungsgremien zur Regel erklärt und überdies noch von verschulten Promotionsstudiengängen sekundiert werden. Hinzu kommt, dass zunehmend nur noch Jargon überfrachtete Trendthemen in der (kulturwissenschaftlichen) Forschung Förderungschancen haben.

Aus dem Gesagten ergeben sich aus meiner Sicht die folgenden Thesen zur Frage der ‚gefesselten Phantasie' als einem Problembereich in den Wissenschaften:

– Im Freisetzen von Phantasie verwirklicht sich das Impulspotential in und zwischen den wissenschaftlichen Disziplinen.
– Die institutionellen Rahmenbedingungen des Wissenschaftsbetriebs müssen das freie Zwischenspiel von immer vorläufigem Wissen und Experiment, das stets auch gesellschaftlicher Natur ist, fördern.
– In der intellektuellen Phantasie kommt der schöpferische Mensch nicht nur zu sich selbst; er weist über seine bisherigen Horizonte hinaus. Phantasie ist die Vorstufe zum Wagnis, zum Risiko. Gerade deswegen bedarf es kritischer Begleitung, die sie jedoch nicht ersticken soll.
– Phantasie ist ein intellektuelles Mittel der Wissenschaft, selten ihr Gegenstand, es sei denn in der Kreativitätsforschung. Phantasie versteht sich als Imagination oder Vorstellungskraft sowie als Verwandte des Unerhörten. Das freie Phantasieren darf nicht nur in der Musik möglich sein. Wer nie frei phantasiert hat – in Gedanken oder auf dem Papier – hat nie geschaffen.
– Phantasien entstehen an der Schnittstelle von Wissen und der Einsicht in dessen Unzulänglichkeiten; sie sind ins Spiel aufgelöste Wissensformen und Vermutungen. Ohne diesen Spielraum verkäme der Wissenschaftsbetrieb zur Anstalt. Das Sichern kreativer Freiräume im akademischen Bereich bleibt also nach wie vor eine ebenso wissenschafts- wie gesellschaftspolitische Notwendigkeit.

Sven Grampp

Der Mittagsdämon zu Besuch im Vorabendprogramm

Langweilen als Kulturtechnik

Um Nelson Muntz sollte man sich ernsthaft Sorgen machen. Nelson ist physisch wie psychisch verwahrlost, klaut seinen Mitschülern das Taschengeld, brennt Streichhölzer zwischen deren Zehen ab und prügelt sich ständig. Wird er auch nur einen Moment nicht unterhalten, heult sein schnoddriges „Langweilig!" auf. Vor allem während Veranstaltungen in der Aula oder im Unterrichtsraum hallt dieser Ausruf durch die Grundschule Springfields. Nelson Muntz ist eine Figur aus der wohl populärsten Zeichentrickserie der Welt, nämlich „The Simpsons", und repräsentiert wahrscheinlich genau das, was sich Kulturkritiker gern unter einem gestörten Kind in einer Konsumgesellschaft vorstellen: aggressiv, unruhig, ziellos und unendlich gelangweilt. Zumindest die Langeweile scheint für Nelson selbst ein Problem darzustellen. Darum ist er auch ständig bestrebt, diesen Zustand so schnell als möglich zu überwinden.

Aber nicht nur für Nelson als Repräsentant einer nordamerikanisch geprägten Konsumgesellschaft am Übergang zum 21. Jahrhundert scheint die Langeweile ein omnipräsentes Problem zu sein. Diese Stimmung, in der das Leben leer, öde und kahl wird, in der sowohl jede Sinnorientierung als auch jegliche Leidenschaft fehlt, dürfte auch dem Mittelalter nicht gänzlich unbekannt gewesen sein. Zumindest fällt auf, dass bereits im mittelalterlichen Christentum die Langeweile als Problem der „acedia" (Trägheit) diskutiert wurde. Insbesondere Mönche sollen dieser Gefahr ausgesetzt gewesen sein, vor allem dann, wenn sie sich nach dem gemeinsamen Mittagsmahl mit den Glaubensbrüdern in ihren abgeschiedenen Zellen aufhielten. Genau deshalb beschreibt Evagrius Ponticus schon um 400 n. Chr. die Trägheit so mahnend wie poetisch als „daemonium meridianum", also als Mittagsdämon, der einen besucht, wenn man mittags alleine ist. Gegen diesen

Mittagsdämon und der damit verbundenen Gefahr der Gottesferne helfen nur zwei Handlungen, die auch in den bekannten Grundsatz des Benediktinerordens eingegangen sind: „Ora et labora, Deus adest sine mora." (frei übersetzt: ›Bete und arbeite, dann wird dir Gott sofort zur Hilfe kommen!‹) Vor allem aber dann ab dem 18. Jahrhundert wird die Langeweile Gegenstand etlicher philosophischer und didaktisch-beratender Abhandlungen. Der Themenkomplex Langeweile und Zerstreuung hat ganz offensichtlich beginnend mit der säkularisierten Aufklärungsepoche und der parallel verlaufenden Technisierung und allmählichen Industrialisierung der westlichen Lebenswelt zunehmend Konjunktur, sowohl im Kontext philosophischer Spekulationen über die generelle Verfasstheit des Menschen als auch hinsichtlich der ganz handfesten ökonomischen wie technischen Veränderungsprozesse.

1786 empfiehlt etwa Immanuel Kant in seiner „Anthropologie in Pragmatischer Hinsicht" als Maßnahme gegen die Langeweile – und für den Aufklärer aus Königsberg wohl wenig verwunderlich – nicht mehr das Beten, sondern Arbeit. Sollte aber die Arbeit – wider Erwarten – nicht gegen die Langeweile helfen, so Kant, gebe es auch weniger heroische Maßnahmen. Zuvorderst empfiehlt er Tabakrauchen oder Kartenspielen (vor allem um Geld). Auch das Lesen von romantischen Liebesromanen sei eine Lösung, um sich gegen die Langeweile zu wappnen, freilich nur eine vorübergehende. Zumindest aus diesem Blickwinkel müsste der Philosoph eigentlich begeistert sein von den heutigen Möglichkeiten der Zerstreuung. Gibt es doch neben dem arg in Kritik geratenen Tabakrauch, dem Kartenspiel oder dem romantischen Liebesroman mit „Desperate Housewives" oder auch den siebzehn Staffeln der „Simpsons", dem mobilen i-pod, dem von Millionen Usern frequentierten Online-Rollenspiel „World of Warcraft" oder auch den shopping malls einige Maßnahmen mehr gegen die Langeweile als noch am Ende des 18. Jahrhunderts. Aber so einfach scheint es denn doch wiederum nicht zu sein. Friedhelm Decher beispielsweise schreibt diesbezüglich in seinem Buch mit dem schönen Titel „Besuch vom Mittagsdämon": „Mancher nämlich geht ins Kino, ins Theater, ins Konzert, um ein paar Stunden vor der Langeweile sicher zu sein... Jedoch – was passiert? Man langweilt sich zu Tode!" Diese paradoxale Konstellation, die mit der Langeweile aufs engste verbunden zu sein scheint, lässt sich auch an der Zeichentrickfigur Nelson Muntz ausfindig machen. Nicht nur, dass für ihn Arbeit definitiv keine Lösung sein kann. Darüber hinaus greift er auch ausgiebig auf Zerstreuungsangebote zurück, seien es nun Computerspiele, Fernsehserien oder Besuche im Einkaufszentrum, und zwar als Maßnahmen gegen die Langeweile, um dann doch wieder recht schnell missmutig im Zustand des Gelangweiltseins zu verharren. Warum ist das so?

Zumindest für westliche Gesellschaften ab Mitte des 20. Jahrhunderts gibt es dafür eine klare Antwort aus berufenem Munde: „Das Fernsehen ist an allem schuld". So heißt nicht nur eine Episode der „Simpsons", sondern so lässt sich auch der Erklärungsansatz etlicher Autoren zusammenfassen, die sich seit den 1950er Jahren bis in die Gegenwart hinein zivilisations- und medienkritisch gerieren. Um nur auf ein besonders populäres, aber doch prototypisches Beispiel zurückzugreifen: 1985 veröffentlichte Neil Postman ein Buch mit dem recht drastisch klingenden Titel „Amusing Ourselves To Death", in dem er vehement alle elektronischen Medien kritisiert, vor allem aber das Fernsehen. Postmans Argumentationsgang beginnt zivilisationshistorisch: In der Industrialisierung beginnt die Trennung von Freizeit und Arbeit als zwei voneinander strikt getrennten Sphären. Daraus hat sich unter anderem so etwas wie freie Zeit überhaupt erst gesamtgesellschaftlich etabliert und damit auch sofort ein Problem: Was fängt man mit der Freizeit als einer per se selbstbestimmten und zunächst einmal – im Gegensatz zur Arbeitszeit –

völlig unorganisierten Zeit an? Die vermeintlich löbliche Möglichkeit des Müßiggangs brachte unvorhergesehene Schwierigkeiten mit sich. Schlagartig ging denn auch das Gespenst der Langeweile um – ein Gespenst, das nun nicht mehr nur mittags kam und auch nicht mehr nur Mönche belästigte. Aufgrund dieser Problemlagen hat sich, laut Postman, spätestens ab Mitte des 20. Jahrhunderts eine omnipräsente Freizeitindustrie etabliert, die den potentiellen Kunden versprechen, sie mittels Unterhaltungsmedien zu zerstreuen. Somit konstruiert der Medienkritiker einen recht einfachen Zusammenhang von Langeweile und Medien: Weil wir mit unserer freien Zeit nichts anzufangen wissen, und uns folglich langweilen, greifen wir zu den beinah überall verfügbaren Unterhaltungsmedien, allen voran zum Fernsehen, um uns die lang gewordene Zeit zu vertreiben. Nun folgt aber erst der alles entscheidende medienkritische Argumentationsschritt Postmans: Da das Fernsehen jeden Gegenstand oberflächlich, trivialisiert, fragmentiert und so ohne angemessene Kontextualisierung präsentiert, erhalten wir gerade aber nicht, was uns fehlt, nämlich (neue) Sinnorientierung oder doch zumindest eine erfüllte Freizeitbestätigung, sondern nur einen unzusammenhängenden Strom belangloser Bilder. Aus dieser Perspektive kann das nur heißen: Der Zeitvertreib selbst wird langweilig. Daraus resultiert aber nach Postman wiederum nicht, dass wir einfach abschalten würden. Sondern ganz im Gegenteil, wir geraten in einen infiniten Regress aus Langeweile und Zerstreuung: Weil wir uns langweilen, wollen wir uns zerstreuen – weil die Zerstreuung aber nicht in eine sinnvolle Tätigkeit mündet, langweilen wird uns noch mehr – weil wir uns noch mehr langweilen, haben wir immer weniger Kraft aktiv zu handeln und deshalb schauen wir lieber weiter fern, mit der leisen Hoffnung, doch noch die Zeit vertrieben zu bekommen usf. Das Fernsehen treibt uns damit aber nicht nur immer weiter hinein in die Langeweile, sondern nimmt uns darüber hinaus auch immer mehr die Möglichkeit, generell Sinnzusammenhänge auszubilden und aktiv zu handeln. Damit schauen wir nicht nur immer mehr fern, sondern wir können uns auch sonst kaum noch länger als drei Minuten mit etwas beschäftigen, ohne dass es uns langweilen würde. Die Welt wird in unserem zerstreuten Blick immer mehr zum Ort gähnender Langeweile – im Grunde genau wie für Nelson Muntz. Aus diesem Blickwinkel ist denn auch tatsächlich das Fernsehen an allem schuld.

Im „SIMPSON"-Kosmos gibt es einen Protagonisten, der ausgiebiger und enthusiastischer als alle anderen Figuren der Serie fern schaut, nämlich Homer Simpson. Er zumindest scheint sich dabei recht wohl zu fühlen, ohne weiteren unbefriedigten Zerstreuungswünschen nachzuhängen. Homer selbst zumindest, der in der Populärkultur inzwischen zum Inbegriff des degenerierten Couch-Potato avanciert ist, scheint also dieser sinnzerstreuenden Tätigkeit durchaus positive Aspekte abzugewinnen. Und auch auf Seiten der (Medien-)Theoretiker wird seit einigen Jahren darüber nachgedacht, welche positiven Grundzüge dem Fernsehen und der Langeweile zukommen könnten. Man könnte das eine funktionalistische Wende in der Betrachtung des Zusammenhangs von Fernsehen und Langeweile nennen. Lorenz Engell etwa behauptet, dass wir nicht den Fernseher einschalten, weil wir uns langweilen, wie noch Postman behauptet, sondern wir schauen fern, um uns endlich einmal langweilen zu dürfen. Dass das Fernsehen keine Sinnorientierung bereitstellt und somit Langeweile verstärkt, wird hierbei im Gegensatz zu Postman eben nicht als Problem verhandelt. Fernsehen wird statt dessen funktional verstanden: Durch die Erzeugung von Langeweile wird der Sinnzwang und die damit verbundene rationale Zeitorganisation moderner Gesellschaften kompensiert. So konturiert ist Langeweile eine Kulturtechnik. Dieser Blickwechsel hat zumindest den Vorteil, die Langeweile nicht einfach oder zumindest nicht nur als ›Mittagsdämon‹ oder als bloßes Resultat der Industrialisierung bzw. der kulturindustriellen

Manipulation zu denunzieren. Interessanter und fruchtbarer scheint es zu sein, einmal nicht nach dem Wesen des Übels zu fragen, sondern nach seinen produktiven Funktionalisierungen.

Gerade für ein Fernsehgenre wie die vorabendlich ausgestrahlte daily soap ist ein solcher Blickwechsel denn auch recht gewinnbringend. Werden dort doch täglich immer wieder ganz ähnliche Geschichten mit unterschiedlichem Personal präsentiert. Als unendliche Variationen eines konstanten Grundschemas aus Liebe und Schmerz bahnen sich die daily soaps einen Weg durch nahezu alle Kanäle. Da sollte es doch verwundern, dass trotz permanenter Wiederholung derselben Handlungsgefüge Serien wie „Gute Zeiten, Schlechte Zeiten" oder „Marienhof" seit Jahrzehnten riesigen Zuspruch erfahren. Eigentlich müsste man sich doch bei so viel Wiederholung entsetzlich langweilen und – na ja – ausschalten oder doch umschalten. Dass dies augenscheinlich nicht geschieht, lässt sich vielleicht nicht nur auf die bezaubernden Blicke des Helden X oder auf das Mitleid mit der Verlassenen Y zurückführen, vielleicht auch nicht nur auf ein diffuses Harmoniebedürfnis oder gar auf Degenerationserscheinungen seitens der Zuschauer im Sinne Postmans. Vielleicht geht es ja tatsächlich vielmehr darum, sich ein wenig zu langweilen. Wie könnte das aussehen? Zum einen gibt es in diesen soaps nur minimal neue Information, was keine hohen Anforderungen an die Sinnverarbeitung stellt. Versteht man Langeweile einmal strikt neuropsychologisch als einen Effekt, der sich einstellt, wenn die sinnliche Stimulation unterfordert wird, dann wäre das hier zunächst einmal recht eindeutig gegeben. Dass diese Unterforderung aber zu einem unangenehmen Zustand führt, wäre aber nur dann plausibel, wenn überhaupt nichts geschähe oder die Wiederholungen absolut gleich ausgestaltet wären. Aber genau das ist nicht der Fall. Mittels minimaler Variationen des Plots und der Figurenkonstellation wird ein Mindestmaß an Spannung mit einem Höchstmaß an Entspannung verbunden. So gesehen wäre diese Form der Langeweile eine Entspannungstechnik. Oder angelehnt an Evarius poetischer gewendet: Der Mittagsdämon ist so im Vorabendprogramm zu einem Plüschtier mutiert.

Umberto Eco hat noch eine andere Deutung dieses Sachverhalts vorgeschlagen: Da daily soaps im Grunde genommen ja endlos ein Grundmuster variieren, ist nicht das Innovative das Wichtige, sondern eben die Wiederholung und die minimale Variation. Wird man durch die Wiederholung in die Langeweile getrieben, so fängt man – quasi aus lauter Verzweiflung – allmählich an, auf die Unterschiede zu achten. Eco schreibt dazu: „Müssen wir an die Geburt eines neuen Publikums denken, dem die erzählten Geschichten, die es eh schon alle kennt, gleichgültig sind und das nur darauf aus ist, die Wiederholung und ihre winzigen Variationen zu genießen?" Hier wäre die Langeweile als ein Mittel begriffen, die Wahrnehmung zu (re-)sensibilisieren. Damit käme der Langeweile gar eine ästhetische Funktion zu. In einem Bereich, der auf den ersten Blick zumindest von daily soaps weiter entfernt kaum sein könnte, lässt sich die Funktion der Langeweile ganz ähnlich verstehen, nämlich im postdramatischen Theater. Der hervorstechende Zug des postdramatischen Theaters ist laut Hans-Thies Lehmann, der diesen Terminus einführte, die Zeitdehnung. In Werken von Robert Wilson oder Christoph Marthaler werden narrative Sinnzusammenhänge außer Kraft gesetzt. An deren Stelle treten Verlangsamungen der Bewegungen, bis hin zum Stillstand oder auch Wiederholungen der immer gleichen Abläufe. Dass der Zuschauer mit dieser Ereignislosigkeit regelrecht gequält wird, versteht Lehmann aber nicht als Defizit, sondern ganz im Gegenteil als produktive künstlerische Strategie. Denn nur durch diese Qual der Langeweile werde es möglich, unsere vermeintlich durch die elektronischen Medien fragmentierten und hektisch-zerstreuten Wahrnehmungsmodalitäten hinter uns zu lassen, um so zu einer ›klareren‹ oder doch zumindest ›humaneren‹ Wahrnehmung zu gelangen. Langeweile soll hier also nicht wie bei Kant durch Arbeit überwunden werden, sondern die Arbeit besteht gerade darin, die Langeweile auszuhalten. Langeweile wäre so verstanden eine Art Entschleunigungsvehikel und damit sogar notwendige Vorbedingung für eine ästhetische, wenn nicht gar esoterisch grundierte Sensibilisierung der Wahrnehmung.

Langeweile als produktive Kulturtechnik zu verstehen, lässt sich aber nicht nur für neuere Entwicklungen der Medien und Künste fruchtbar machen, sondern auch retrospektiv wenden. Genau genommen ist nämlich auch schon bei Kant die Langeweile nicht nur bloßes Übel, das durch Arbeit beseitigt wird. Versteht doch Kant Langeweile als permanente Triebfeder der Schaffenskraft, als, wie er schreibt, „Schmerz", gar „Stachel", der schöpferische Tätigkeit ermöglicht und immer wieder herausfordert. Implizit ist dieses funktionale Verständnis auch schon in den mittelalterlichen christlichen Diskursen über den ›Mittagsdämon‹ angelegt. Der Protestantismus wird dies denn auch im 16. Jahrhundert explizit positiv wenden. Der Mittagsdämon wird zur unablässig irritierenden und damit prüfenden, letztlich produktiven Kraft des Glaubens. Als produktive, gar buchstäblich schöpferische Kulturtechnik versteht auch Søren Kierkegaard die Langeweile. Behauptet er doch, dass am Anfang aller Dinge die Langeweile der Götter stand. Und weil sie sich langweilten, schufen sie zur eigenen Belustigung die Menschen. Vor diesem Hintergrund betrachtet muss es aber freilich eine arge Enttäuschung gewesen sein, als die Götter erkennen mussten, dass nicht wenige ihrer Geschöpfe kaum etwas ausgiebiger tun, als sich zu langweilen oder zumindest darüber zu plaudern.

Mancher nämlich geht ins Kino, ins Theater, ins Konzert, um ein paar Stunden vor der Langeweile sicher zu sein... Jedoch – was passiert? Man langweilt sich zu Tode!

So gesehen wäre diese Form der Langeweile eine Entspannungstechnik. Der Mittagsdämon ist so im Vorabendprogramm zu einem Plüschtier mutiert.

Dieter Henrich

Die Philosophie in der Sprache

1. Sprache als Thema der Philosophie

Die Sprache des Menschen ist das große Thema der Philosophie des zwanzigsten Jahrhunderts gewesen. Zum ersten Mal wurde die sprachliche Verfassung des Denkens nicht mehr nur als ein Argument gegen eine Grundlegung der Philosophie vorgebracht, welche für die Zeit maßgebend war – so wie im Fall von Herders Kritik an Kant. Dass der Sprache eine alles Denken gründende Bedeutung zukommt, galt nunmehr als eine Einsicht, die auch weit voneinander entfernte Lehren wie die von Wittgenstein und von Heidegger miteinander verband. Würde heute dies Thema erneut aufgenommen werden, dann müsste die Formulierung des Titels meines Vortrags umgekehrt lauten. Es soll aber nicht von der Sprache in der Philosophie die Rede sein, sondern davon, wie die Philosophie zu ihrer eigenen Sprache findet – eine Frage, die unter den Grundlegungsproblemen der Sprachtheorie leicht übersehen werden könnte.

Ob und in welchem Sinne alles Denken eine Sprache zur Voraussetzung hat, muss weiterhin für nicht entschieden gelten. Wenn allerdings in jeder Sprache ein Gesamtverstehen von der Welt aufginge, das jegliches Denken durchherrscht und ermöglicht, dann müsste auch die Philosophie zuletzt darauf beschränkt sein, dies Verstehen ausdrücklich zu machen und weiter auszulegen. Doch viele Gründe sprechen dagegen, das Verhältnis der Philosophie zur Sprache und zu ihrer eigenen Sprache so zu fassen. Unter ihnen hat für mich schon vor langem die Begründung besonderes Gewicht gewonnen, die mit der Selbstbeziehung des Menschen in seinem Wissen im Zusammenhang steht. In ihrer Frühzeit hat die auf die Sprache konzentrierte Philosophie gemeint, das Selbstbewusstsein des Menschen als einen sprachlichen Sachverhalt enträtseln zu können. Ich habe versucht, dagegen den Nachweis zu führen, dass alle solche Versuche scheiterten und warum sie scheitern müssen.

Damit stellt sich die Aufgabe, die Bedeutung der Sprache für das philosophische Denken auf andere Weise zu verstehen als dadurch, dass die Gehalte der Philosophie auf Vorgaben in einer natürlichen Sprache zurückgeführt werden. Die Philosophie entfaltet sich wirklich in der Sprache. Das ist aber nicht daraus zu verstehen, dass ihre Aufgabe darin aufgeht, explizit werden zu lassen, was in der Sprache bereits gelegen ist, wohl aber aus dem, was die Philosophie insgesamt ausmacht. Das aber steht seinerseits mit den Gedanken, über die sich den Menschen ein Wissen von ihnen selbst ausbildet, in einem nahen Zusammenhang.

So beginne ich also die Überlegungen zur Philosophie in der Sprache damit, die Frage, was Philosophie sei, zu beantworten. Diese Antwort kann ihrerseits mit einer These zum Verhältnis der philosophischen Theorie zum Selbstbewusstsein des Menschen beginnen.

2. Was ist Philosophie?

Sehr früh schon schien mir eine Schwäche von Kants Philosophie darin zu liegen, dass er wohl im Selbstbewusstsein des Menschen den Einsatzpunkt für seine philosophische Aufklärungsarbeit sah, aber ohne dessen eigene Verfassung aufklären zu wollen – obwohl dies Selbstbewusstsein doch offensichtlich nicht strukturlos und ohne innere Differenzierung ist. Wer diesen Mangel vor Augen hat, der wird schnell dazu veranlasst sein, sich dem Studium der Werke von Kants Nachfolgern zuzuwenden. Denn sie versprechen jedes in ihrer Weise für die Grundtatsache des Wissens von sich einen theoretischen Aufschluss. Erst sehr viel später habe ich verstanden, warum Kant zu Frage so wortkarg geblieben ist. Er ging davon aus, dass die erste Frage der Philosophie, die nach dem Ursprung der Erkenntnisweisen, keine letzten und vollständigen Erklärungen liefern kann und dass mit der Verfassung der Selbstbeziehung des Wissens eine dieser Grenzen erreicht ist. Sie ist zwar der Ausgang, nicht aber auch die Domäne einer möglichen Theorie. Je weiter ich bei der Suche nach einer eigenen Erklärung von Selbstbewusstsein gekommen war, umso mehr leuchtete mir die Position ein, die Kant eingenommen hatte, ohne sich über sie jemals auszusprechen.

Über all diese Überlegungen haben sich aber auch noch zwei weitere Einsichten stabilisiert: Zum einen wurde deutlich, wie tief gerade diese Erkenntnisgrenze in alle Bemühungen des Menschen um Verständigung über sich selbst eingelassen ist. Denn in der Vollzugsform des Wissens von sich sind alle Weisen menschlicher Selbstbeziehung miteinander verbunden. Es scheint, dass gerade dort, wo wir mit uns selbst in der intimsten aller möglichen Beziehungen stehen, wir uns doch am allermeisten unverständlich sind und insofern auch fremd bleiben. Zum anderen war daran festzuhalten, dass eben daraus ein bleibender Antrieb zum Nachdenken des Menschen über sich hervorgeht. Dabei kann er nicht umhin, gerade über diese Grenze und damit auch über sich selbst hinauszudenken. Nur mit solchen Gedanken kann schließlich in seiner Lebenspraxis eine Antwort auf die Frage eingeschlossen sein, wer er eigentlich ist. Dieser Klarheit bedarf er aber, um in seiner Praxis nicht beirrbar zu bleiben und über sie auch die sokratische Rechenschaft geben zu können.

Im Anschluss daran lässt sich nunmehr grundsätzlich bestimmen, was Philosophie ausmacht: Sie geht von der Erklärung der Weisen des Wissens und in deren Zusammenhang von Begriffsanalysen aus. Aber sie ist durch sie, auch im alltäglichen Verständnis der Menschen, nicht definiert. Zu definieren ist sie durch den inneren Zusammenhang von drei Aufgaben, die letztlich einunddieselbe ausmachen: durch die Grenzregie der Vernunft, durch ihre Synthesisbildung, also durch die Zuordnung und Auslotung aller Wissenssphären und Wissensgrenzen in einem Zusammenhang, und dadurch, dass sie in Beziehung auf dies alles Lebensmöglichkeiten für den Menschen erschließt.

Die Grenzregie der Vernunft ist ihre wichtigste Leistung; und von ihr her lässt sich die Notwendigkeit aller anderen Leistungen einsehen. Als Grenzregie hat die Philosophie ein begründetes Verhältnis zwischen gesichertem Wissen und den Problembereichen auszubilden, auf denen durch keine wissenschaftliche Disziplin verlässliche Lösungen zu gewinnen sind. Es gibt viele solcher Grenzbereiche. Einige von ihnen entfallen, wenn, was ehedem Thema der Philosophie war, wie etwa die Physik, zu einer eigenständigen Wissenschaft wird, während andere, wie etwa die Ästhetik, neu aufkommen. Doch gibt es Grenzverläufe, die sich niemals auflösen. Zu ihnen gehört die Frage nach einem ersten Anfang oder Ursprung und wohl auch die nach dem Verhältnis von materieller zu mentaler Wirklichkeit.

Die Philosophie kann ihre Grenzregie nicht für jeden der Grenzverläufe einzeln und für sich entwickeln. Sie ist die eine Regieinstanz für alle Grenzverläufe – einerseits deshalb, weil die Frage danach, wieso sich solche Grenzen auftun, zuletzt eine einzige Frage ist, und andererseits deshalb, weil es Bedürfnis sowohl der Rationalität wie auch der Lebensführung des Menschen ist, zu diesen Grenzen insgesamt in ein begründetes Verhältnis zu gelangen. Daraus ergibt sich die Aufgabe, eine Zuordnung der Grenzverläufe zueinander zu gewinnen, und ebenso eine Zuordnung der begründeten Einstellungen zu ihnen. Und um der dritten Aufgabe der Philosophie willen muss sich diese Zuordnung so darstellen können, dass ein bewusstes Leben sie in die ihm eigene Orientierung aufzunehmen vermag.

So ist also die Aufgabe der Philosophie in hohem Masse in sich einig, aber auch vielgestaltig und verwickelt zugleich, und zwar von ihrem ersten Ansatz an. Philosoph in der vollen Bedeutung des Wortes ist einer nur dann, wenn er in aller seiner Arbeit nach einem Einsatz sucht, von dem her es gelingen könnte, für eben diese Aufgabe eine Lösung in den Blick zu bringen – eine Lösung, die in sich konsistent und überzeugend zu sein hat, sowohl als Begründungsgang wie als Lebensperspektive.

Nun ist ein Kern dieser Aufgabe der Zusammenführung in eben dem Selbstbewusstsein des Menschen verwurzelt, das selbst auch als eines der schwierigsten Themen für die Grenzregie der Vernunft anzusehen ist. Aus diesem Ursprung heraus nimmt die Aufgabe auch unmittelbar die Form der Zusammenführung von Gegensätzlichem an. Denn im Selbstbewusstsein sind einander entgegengesetzte Richtungen der Führung von Gedanken begründet, die auf ein Ganzes ausgreifen: Einerseits geht von seiner Durchgängigkeit die immer schärfere Differenzierung dessen aus, was ihm in der Welt begegnet, was schließlich zur Ausgestaltung des Weltbilds der Physik geführt hat. Andererseits greifen, in der Bemühung um Stabilität des Selbstbewusstseins, Gedanken hinter dessen Faktizität zurück. Sie versuchen, sich diese Faktizität begreiflich zu machen, indem sie dem bewussten Leben eine Dimension zuordnen, innerhalb deren sein Selbstverständnis nicht ignoriert und nicht dementiert ist – so wie es im wissenschaftlichen Weltbild letztlich mit Notwendigkeit zu geschehen hat. Wie sind diese beiden Bewegungen, die Präzisierung der Beschreibung von Objekten und der Vertiefung des Selbstbildes, welche sich gegenläufig zueinander entfalten, so auszubilden und so zu begreifen, dass kein unauflösbarer Widerspruch zwischen ihnen eintritt und sich immer weiter verschärft?

Mit Fragen wie dieser, welche die Menschen heute noch mehr als immer schon bewegen, haben wir nun auch einen Punkt erreicht, von dem aus verstanden werden kann, welche Bedeutung es für die Philosophie hat, dass sie sich in der Sprache vollzieht, dass die Sprache also ihr Medium ist und nicht nur, in welchem profunden Sinne immer, nur ihr Thema.

3. Sprache als Medium der Philosophie

Da die Grenzregie der Philosophie Grenzverläufe in ganz verschiedenen Problemebenen zugleich im Blick haben muss, wird sie diese Verläufe über die Distanz von Ebenen einander zuordnen. Dabei muss sie diese Zuordnung stabil und doch beweglich halten, und zwar je nach der Weise, in der sich die Grenzen verschieben, sowie nach dem Gang ihrer eigenen Erkundung jenseits der Grenzen. An jedem der Grenzverläufe kann sodann der Bedarf nach Begriffsbildungen besonderer Bauart entstehen, in denen die Zuordnung der beiden Grenzseiten zueinander zu fassen ist. Von ihnen bleibt dann wieder die Zuordnung der Verläufe zueinander nicht unberührt.

Diese mehrdimensionale Zuordnung verbindet aber nicht nur Problemlagen. Sie geht mit ihnen immer zugleich auch auf mögliche Begründungsgänge, welche die Probleme lösen oder aber zu ihrer Unlösbarkeit in ein Verhältnis bringen, das ausgewogen ist, so dass es die Zuordnung als ganze nicht mehr gefährdet. Daraus folgt, dass es in ihren Problembereichen bei der Intensität der Durchführung der philosophischen Begründung Unterschiede geben muss – je nach dem, welche Auswirkung der Begründung in dem einzelnen Bereich auf das Ganze der Zuordnung zu erwarten ist.

Schließlich ist aber die Philosophie nicht nur Theorie um ihrer selbst willen, und zwar auch dann nicht, wenn sie eben dies vorgeben sollte. Denn nicht etwa nur als Ethik, sondern mit ihrer Weltbeschreibung und ihrer Verständigung über das Selbstverhältnis des Menschen ist sie, implizit oder ausdrücklich, Vorgabe für die Lebensführung. Sie ist es sogar dann noch, wenn sie in ihrer Grenzregie alle Lebensprobleme zu ignorieren meint. Auch damit gibt sie Anleitungen dafür vor, wie man sich zu ihnen zu verhalten hat.

Aus all dem ergeben sich Folgerungen, zuerst einmal für die Mitteilungsart der Philosophie. Durch die Weise, in der sie Probleme korreliert, Begründungen ausführt und auf eine Lebensführung Bezug nimmt, hat jede Philosophie einen Stil. Zwar ist er zunächst Stil der Gedankenführung, nicht der Sprachgestalt. Aber er muss sich doch unmittelbar in Sprachform umsetzen. Dabei ist die Philosophie von dem Grad der Entwicklung in der Kraft einer Sprache abhängig, begründetem Überlegen und einer vielbezüglichen Zuordnung einen möglichst genauen und zugleich geschmeidigen Ausdruck zu geben. In dem Maße, in dem die Philosophie diesen Ausdruck wirklich findet, kommt sie aber auch in die Lage dazu, die Ausdruckskraft der Sprache wiederum zu bereichern.

Von noch größerer Bedeutung ist es, dass sich die Philosophie, aller Mitteilung voraus, auch bei der Ausbildung und in der Bewegung ihrer Gedanken in einer Sprache vollzieht. Eine Position, die zur Mitteilung kommen kann, muss sich zuvor im ständigen Abwägen des Wechselbezugs von Problemsphären, von Lösungsmöglichkeiten und Argumentationslinien herausgebildet haben. Es mag offen bleiben, ob sich alles Denken in einer Sprache oder auch in der natürlichen Sprache vollzieht. So leuchtet es doch immer noch ein, dass die Ausbildung einer Zuordnung, die derart vielgestaltig ist, zu einer Fixierung im Rahmen der Ordnungsmöglichkeiten tendieren muss, welche das System der natürlichen Sprache bereithält. Ohne die Umsetzung in Sprachgestalt würden eine Bahn der Einsicht, in der sich eine solche Zuordnung abzeichnet, flüchtig bleiben und keine Chance auf eine reflexive Abwägung und Durchgliederung haben. Das Formniveau, das einer vielgestaltigen philosophischen Begründungsart angemessen ist, die aufs Ganze der Zuordnung in einer Grenzregie der Vernunft geht, wäre ohne die in der natürlichen Sprache vorgebildeten Möglichkeiten vielgestaltigen Begründens nur von einem Philosophen zu erreichen, der die übermenschliche Schöpferkraft hätte, die Sprache samt der Fähigkeit hervorzubringen, sie zu verstehen.

Allerdings kann eine solche Konzeption die Anlage ihrer Begründungen dem normalen Sprachgebrauch nicht etwa einfach nur entnehmen. Doch gerade dies lässt auf noch eine weitere Art deutlich werden, welche Bedeutung es hat, dass sich die Philosophie in der Sprache entfaltet: An ihren Grenzen verlieren die alltäglichen Verständigungsformen nämlich ihre zuvor fraglose Aufschlusskraft. Und wo eingewohnte Verständigungsmittel keinen Aufschluss mehr geben, erweist es sich als notwendig, Begründungen einzuleiten und Begriffe zu bilden, die nur aus dem Zusammenhang, in dem sie aufgeboten werden, eine Rechtfertigung gewinnen. Die müssen dann zunächst immer als fremd und gekünstelt erscheinen. Das möchte wohl dann gleichgültig bleiben, wenn denn die Philosophie in einer formalen Theorie aufgehen könnte, innerhalb deren sie das Recht zu definitorischen Festlegungen beliebiger Art hätte. Der Einschränkung auf einen solchen Formalismus steht aber ihre synthetische Aufgabe und mehr noch entgegen, dass jeder philosophische Entwurf immer auch eine Perspektive für die Lebensführung einschließt. Die Philosophie muss also darauf ausgehen, dass ihr in der natürlichen Sprache Ausdruckmittel zuwachsen, die es ihr erlauben, Gedanken, in denen sich ihre synthetische Aufgabe erfüllt, auch dann zum Ausdruck zu bringen, wenn sie dem alltäglichen Verstehen entgegengehen, und das doch auf eine Weise, dass sich an sie auch eine Verständigung über das Menschenleben anzuschließen vermag.

Man kann das noch an einem anderen Aspekt der Genesis einer philosophischen Konzeption deutlich machen, die entlegene Grenzverläufe zueinander in Beziehung bringen muss. Nach langer Vorbereitung in der Denkarbeit gehen solche Zuordnungen ihren Autoren irgendwann ganz spontan und plötzlich auf. Jedenfalls können sie nicht ausgedacht oder errechnet werden. Das erklärt die große Bedeutung, welche Augenblicke der Eröffnung von Perspektiven und von alles verwandelnden Einsichten in der Geschichte der Philosophie gewonnen haben – von Platon über Descartes und Fichte bis zu Russell und Wittgenstein. Der Aufgang einer philosophischen Durchsicht und die Kondensation von Gedanken in einen sprachlichen Ausdruck sind zwar nicht identisch miteinander, haben es aber neben vielem anderen miteinander gemeinsam, von einem Autor nicht erzeugt werden zu können. Das erklärt, wieso der Prozess des Hervorgangs einer philosophischen Konzeption dadurch zum Abschluss kommen kann, dass in der natürlichen Sprache ein Schlüsselwort zur Verfügung steht, an das sich die Konzeption anzuschließen und um dessen Bedeutung sie sich zu konzentrieren vermag – zusammen mit den neuen Elementen und Betonungen, die von der Konzeption selbst ausgehen.

Damit ergibt sich eine Erklärung dafür, dass nicht alle natürlichen Sprachen in gleicher Weise das Philosophieren begünstigen. Um diese Tatsache zu akzeptieren, muss man durchaus nicht annehmen, dass die Philosophie darin aufgeht, ein Weltbild ausdrücklich zu machen, das bereits in einer natürlichen Sprache eingeschlossen ist. Ebenso wenig muss man Heidegger folgen. Für ihn entfaltet sich die Philosophie geradezu aus der komplexen Bedeutung jener Wörter einer natürlichen Sprache heraus, die, wie etwa ‚wahr' und ‚sein', für die philosophische Verständigung über die Welteröffnung unentbehrlich sind. Am wenigsten ist das, was die Philosophie einer natürlichen Sprache verdanken kann, Anlass für einen nationalen Sprachdünkel. Denn diese Gunst erleichtert es ihr doch nur, ihrer Menschheitsaufgabe nachzukommen.

Dass sich die Philosophie in der Sprache vollzieht, und zwar anders noch als vielleicht jegliches Denken, ergibt sich aus der Problemlage, vor der das Denken steht, das zur Philosophie wird. Die aber macht es auch einsichtig, wieso ihr Denken von Vorgaben in einer natürlichen Sprache begünstigt werden kann – unter anderem eben dadurch, dass es an Schlüsselwörter Anschluss finden kann, die in der natürlichen Sprache zur Verfügung stehen oder dass diese Sprache die Bildung solcher Schlüsselwörter erlaubt und nahelegt. Die Sprache greift dem Denken nicht vor. Wohl aber kann sie ihm einen Raum freier Bewegung schaffen und ihm in diesem Raum Möglichkeiten zur Zusammenführung der Elemente seiner synthetischen Grenzregie erschließen.

Dafür gibt es Beispiele, die jedem leicht in den Sinn kommen werden. Das Wort ‚Idee', in dessen Wurzel die Doppelbedeutung von Gestalt und Gedanke angelegt ist, hat nur aus der griechischen Sprache heraus seine welthistorische Bedeutung erlangen können. Der Titel von Hegels Phänomenologie des Geistes ist in andere Weltsprachen der Philosophie nicht zu übersetzen. Denn ‚Geist' schließt gleichgewichtig ein, Bewusstsein und Prinzip von sinnbestimmter Bewegung zu sein.

Da der Anlass, aus dem ich heute vortrage, durch meine eigenen Arbeiten gegeben ist, mag es wohl willkommen sein, ein Beispiel aus der eigenen Erfahrung – trotz seines ungleich kleineren Formates – hinzuzufügen. Es kann aber auch als ein Beispiel dafür gelten, wie die Sprache der Philosophie in unmittelbarem Zusammenhang mit der Dynamik des bewussten Lebens stehen kann, das sich auf sich besinnt.

Vor langem war mir klar geworden, dass Hölderlins Denken dieser Dynamik galt. Als ich die frühe Gestalt dieses Denkens in einem Buch entwickeln wollte, hatte ich irgendwann den Einfall, ihm den Titel ‚Der Grund im Bewusstsein' zu geben. Erst viel später wurde mir klar, dass auch dieser Titel nicht würde übersetzt werden können. Denn ‚Grund' erlaubt es aus seiner langen Wortgeschichte im Deutschen heraus, drei Bedeutungen miteinander verfugt zu halten: Zunächst die Begründung als Herkunft von Bewusstsein aus einem, was sich selbst nicht aus Bewusstsein versteht; sodann das, was Bewusstsein zuletzt ausmacht und ohne das es sich nicht in seiner Dynamik erhalten könnte; und beides schließlich so, dass es etwas ist, in dem Bewusstsein fest gegründet ist und von dem her ihm Verlässlichkeit zuwächst. Die ersten beiden Bedeutungselemente geben, zusammen genommen, der irregulären Begründungsart Ausdruck, mit der zu rechnen ist, wenn im Bewusstsein über das Bewusstsein hinausgegangen werden soll. Mit der dritten Bedeutung schließt sich an die Rede vom Grund die Lebensperspektive von Verlässlichkeit und Durchgängigkeit an – von einem Grund also, auf dem man sicheren Stand findet. Diese Perspektive gewinnt durch den Singular des Artikels ‚der Grund' einen weiteren Anhalt. Wo begründendes Denken in der Aufnahme von Lateinisch ‚ratio' als begründendes Argument von ‚fundamentum' als Grundlage unterschieden ist, gibt es in der Sprache kein Äquivalent für die synthetische Leistung des deutschen Wortes Grund. Im Englischen ist das Wort ‚ground' unter dem Einfluss der romanischen Sprachkomponente und der empiristischen Tradition schon vor Jahrhunderten als Träger konzentrierter Bedeutung obsolet geworden.

Diese Erklärungen zeigen nun schon, dass die synthetischen Leistungen von Schlüsselwörtern immer nachträglich in differenzierender Rede verdeutlicht werden können. Es ist durchaus auch erforderlich, dass ihre Bedeutung explizit gemacht wird. Denn die Konzentration von Bedeutung in einem Ausdruck kann als solche auch in die Irre führen und darum die philosophische Rechtfertigung der Gedanken, die in ihm zusammengeführt sind, nicht ersetzen.

Darüber, dass sie durch philosophischen Überlegungen verdeutlicht wird, kann es dann aber auch gelingen, die Trag- und Strahlkraft von Schlüsselwörtern der Philosophie auch in anderen Sprachen verständlich und sogar wirksam werden zu lassen. Ich habe während der Zeit meiner Lehre an der Harvard-Universität immer wieder die Erfahrung gemacht, welches Erstaunen von einer solchen Verdeutlichung ausgelöst wird und wie sehr sie zur Veränderung der Einstellung gegenüber Texten beiträgt, die zuvor nur als fremd und befremdlich wahrgenommen werden konnten. Als ein Beispiel dafür kann sogar der Schlusssatz von Karl Marx' Kommunistischem Manifest angeführt werden. In dem ‚Proletarier alles Länder vereinigt euch!' schwingen Bedeutungszüge mit, die in einem ‚schließt euch zusammen!' ausgegrenzt bleiben. Sie gehen in diesen Text, der doch vorgeblich im Materialismus fundiert ist, über die Hegelische letztlich aus einer pietistischen Tradition ein, und sie versprechen mit der Vereinigung zugleich eine Verwandlung des eigenen Lebens und über diese Verwandlung eine eschatologische Zukunftserfüllung.

4. Zur Genealogie der Sprache

Diese einfachen Beispiele aus dem Bereich der Wortbedeutung könnten durch komplexere Beispiele von sprachlicher Formgebung ergänzt werden. Was aus ihnen allen deutlich wird, lässt sich in den Zusammenhang von Grundfragen einer Theorie der Sprache einfügen. Dabei zeigt sich auch, wie man der Stiftung von Bedeutung in der Sprache, die Herder hervorgehoben hatte, ebenso wie dem Motiv der Kantischen Kritik an einer Dominanz der Sprache über die Philosophie durchaus gleichermaßen Rechnung tragen kann.

Fragt man in einem philosophischen Begründungsgang nach dem Ursprung der Sprache im Ganzen der Fähigkeiten des Menschen, dann ist es wohl möglich, daran festhalten, dass ihre Notwendigkeit in der Vermittlung von Gedanken für andere begründet ist – von Gedanken im allerweitesten möglichen Sinn, der Intentionen und innere Zustände einschließt. Ohne das Mitsein der Menschen untereinander gäbe es allenfalls jene Sprache des Denkens, die einer Computersprache vergleichbar ist – nicht aber eine ‚natürliche' Sprache. Diese Sprache ist zwar immer auch eine Form von Ausdruckshandeln. Als Sprache ist sie aber nur denkbar als in sich bestimmt durch ein Netz von Wortbedeutungen und Satzbauplänen. Darum ist sie, wenn sie einmal – über welches Geschehen immer – ins Dasein gekommen ist, als Mittel der Verständigung durchaus nicht mehr angemessen verstanden. Sprachgebrauch ist weder ein automatischer Ablauf noch so etwas wie ein Hantieren mit Apparaten, und so ist das Instrument der Mitteilung immer zugleich auch ein eigenständiges Medium, das die Entwicklung und die Artikulation dessen mitbestimmt, was zur Mitteilung kommen kann.

In besonderem Maße und aus einem ganz spezifischen Grund gilt das für die Entwicklung der zusammenführenden Gedanken der philosophischen Grenzregie. Da sich die Grenzverläufe immer wieder neu darstellen, steht diese Regie vor Aufgaben, die sich nicht nur wiederholen, sondern sich auf immer neue Weise artikulieren. Die Lösung ihrer Aufgaben ist ihr zwar nicht von der Sprachwelt vorbestimmt. Vielmehr eröffnet die Sprache in der ihr eigenen Flexibilität der Formbildung auch von sich aus dem Denken einen Raum für seine Konzeptionskraft. Wohl aber bedarf die Philosophie bei deren Entfaltung einer Inspiration, die in den Gedankenbahnen einen Ausgang oder einen Anhalt finden kann, welche in der Sprache über Jahrtausende hinweg vorgebildet worden sind. In dem System einer natürlichen Sprache wird sich immer viel aus anderen Zusammenhängen als denen erklären, denen die Philosophie zugewendet ist. Aber es lassen sich in ihr auch Spuren einer frühen Gestalt derselben Denkarbeit entdecken, die in der Philosophie zu einem eigenständigen Menschheitsunternehmen geworden ist. Wenn sie sich auch von diesen Spuren nicht abhängig machen darf, so ist ihr doch das Denken, aus dem diese Spuren hervorgingen, nicht fremd – und sie ist ihm im Letzten auch nicht einfach nur überlegen. Es ist nämlich erlaubt, darüber nachzudenken, in wie weit die Entstehung der menschlichen Sprache mit ihrem Netzwerk von Bezügen eben die Fähigkeit zu spontaner Koordination voraussetzt, die auf einer ganz anderen Ebene die Philosophie als solche ermöglicht und definiert.

So ist für die Philosophie beides wesentlich: Sie bedarf der Distanz gegenüber Vorgaben in der Sprache, die zum Nachdenken über sie unerlässlich ist – auch um sich vor Irrwegen zu bewahren, in die sie durch solche Vorgaben gezogen werden kann. Sie bedarf aber auch der Fähigkeit, sich solche Vorgaben bei der Ausbildung ihrer synthetischen Inspiration hilfreich werden zu lassen. In welchem Maß der Abwägung und des Ausgleichs Sprachkritik und von der Sprache getragene Inspiration für ein philosophisches Unternehmen fruchtbar werden, das bestimmt sich aus der historischen Situation, in welche die Philosophie bei der Ausbildung ihrer synthetischen Gedanken gelangt ist.

5. Die Sprache des Idealismus

Mit der letzten dieser Thesen ist nun auch ein Übergang erreicht zu meiner eigenen Bemühung um die klassische deutsche Philosophie. Die Arbeiten, die aus dieser Bemühung hervorgingen, haben mir die Ehrung eingetragen, für die ich mit diesem Vortrag meine Dankbarkeit bezeuge. So sollte ich zum Abschluss versuchen, die Überlegungen zur Philosophie in der Sprache auch auf sie zu beziehen. Damit stellt sich aber wiederum eine in sich gedoppelte Aufgabe: Die Sprachform, in der sich die bedeutenden Werke der nachkantischen Philosophie mitteilen, ist von ihren Gründen her verständlich zu machen. Wir haben aber auch zu erwägen, wodurch sich von der ihren die Sprachform unterscheiden muss, in der wir heute die Gehalte der Werke aus jener Zeit erschließen und vergegenwärtigen müssen – über eine Distanz von zweihundert Jahren hinweg und in einer grundlegend veränderten Weltlage und damit auch der Situation der Philosophie.

Kants Philosophie unterscheidet sich in ihrem Stil und in ihrer Sprachform so grundsätzlich von den Texten all derer, die bald auch Motive von Fichte aufnahmen, dass ihre Texte allesamt gemeinsame Züge aufweisen, die sie von Kant abgeschieden sein lassen. Der Übergang von Kant zu seinen selbständigen Nachfolgern übertrifft in dieser Beziehung sogar die Epochenwende, welche Kant in Deutschland bewirkt hat. Kant hatte deutlich machen wollen, warum sich die Philosophie bisher niemals aus einem Komplex von fehlgehenden Problembeschreibungen und Scheinbeweise hat lösen können. Er schrieb dem, dass es ihm gelang, diesen Komplex vollständig durchsichtig zu machen, eine Bedeutung zu, die nicht zurückstand hinter der Begründung seiner eigenen Theorie der Vernunft. Über Jahrzehnte hatte er mit der Macht fehlgehender Begründungen eigene Erfahrungen gemacht. So rechnete er auch in der Anlage seiner eigenen Theorie mit von ihm nicht durchschauten Täuschungsquellen und ließ sich ihren Aufbau gern dadurch bestätigen, dass man mit ihm gesicherten Theoremen etwa der Logik und der Physik gerecht werden konnte und an die Einsichten der praktischen Alltagsvernunft den Anschluss hielt. Die Grundlegungsgedanken selbst führte er nur knapp aus. Er war sich dessen bewusst, dass diese Gedanken äußerste Positionen einer philosophischen Grenzregie ausmachen, dass sie also nicht Prämissen für eine Theoretisieren sind, das auf alles überhaupt Wissbare ausgreift.

In Kants präziser Gelehrtensprache scheint das Vorbild der Latinität noch überall durch. Seine populären Texte schließen sich dagegen der elegantem Form französischer Traktate und englischer Essays an. Sie ordnen sich der Kulturgemeinschaft gebildeter Bürger ein und sollen helfen, diese Kultur zu befördern. Nur wenn sie darauf ausgehen, die Unverletzbarkeit von Rechten und die Unbedingtheit sittlicher Imperative herauszustellen, nähert sich Kants Sprache dem pathetischen Ernst einer philosophischen Verkündigung. Obwohl Kant seine gesamte Philosophie letztlich der Aufgabe unterordnete, den guten Willen des einfachen Menschen zu begreifen und zu würdigen, hält sich seine Sprache doch in ihrem normalen Duktus in der Distanz des gelehrten Beobachters zum gelebten Leben. So ist sie dagegen abgeschirmt, die Bewegtheit dieses Lebens in sich selbst eindringen zu lassen.

Die nachfolgende Wandlung im sprachlichen Duktus der bedeutendsten philosophischen Texte hatte Voraussetzungen in einer Veränderung der Bewusstseinslage der Zeit und des Landes. Die Autoren dieser Texte waren zumeist junge Theologen und jugendliche Intellektuelle. Ihre Inspiration leitete sich nicht nur von Kant her, sondern ebenso aus der Krise der Kirchenlehre und von der Öffnung für neue Lebens- und Ausdrucksformen, in die sie sich hineingezogen fanden. So hat mit Fichte die Sprachform, die schon Herders und Jacobis Texte von denen Kants unterscheidet, in die Grunddimension des Philosophierens Eingang gefunden. Diese Sprache sucht die Nähe zu den Erfahrungen und den kaum artikulierten Verstehens- und Verständigungsweisen des Menschen, deren Reichtum und deren Subtilität sich diesseits der gelehrten Untersuchung entfaltet. Fichte hatte zur erklärten Absicht, die Entfremdung aufzuheben, die sich zwischen dem Typus des philosophischen Begründungsganges und der inneren Bewegtheit des Menschenlebens schon seit Beginn einer professionellen Philosophie aufgetan hatte. Zu dieser Verbindung von Theorie und Leben kam es gerade im Blick auf die Grundlegungsdimension, die Kant nur erreicht hatte, die er aber als Grenzgebiet des Beherrschbaren nicht zur Gänze hatte erschließen wollen. Würde sie zum eigentlichen und zum nahezu einzigen Themenbereich der Philosophie gemacht, dann würde sich damit auch eine neue Einsicht in die Tiefe der Bewegung in der menschlichen Subjektivität erschließen.

Für Fichte war somit in der Dynamik des Bewusstseins selbst die große Perspektive eines letzten Aufschlusses nicht nur über das Menschenleben, sondern über alles überhaupt gelegen. Wenig später kam unter seinen Lesern die alte Menschheitsidee wieder auf, es ließe sich zwischen der Endlichkeit aller Dinge, an die Kant das Wissen gebunden hatte, und der Unendlichkeit eines allbefassenden Absoluten ein innerer Zusammenhang fassen. Innerhalb dieses Zusammenhangs sollte sich auch die Dynamik des Bewusstseinslebens vollziehen, und von ihm habe also auch die Philosophie auszugehen. So entstand in der eigenen Stilform Fichtes eine Gegenbewegung zu Fichtes Lehre, die doch an Kants Resultaten hatte festhalten wollen. Die Spannung zwischen diesen beiden Möglichkeiten setze eine nahezu beispiellose Kreationskraft von Ideen und Konzeptionen frei. Sie hält als einzige in der Geschichte des Denkens den Vergleich aus mit der Dichte und dem Reichtum der Gründungszeit der Philosophie im Athen des Perikles.

Aber die Zeit vor 1800 war, anders als die perikleische, nicht von dem Enthusiasmus der Entdeckung der Kraft des philosophischen Argumentierens bestimmt, sondern von dem Enthusiasmus derer, die im Leben selbst eine zuvor verstellte Dimension für die Theorie aufgehen sahen. Sie zu erschließen schien eines ganz neuen Ansatzes und einer energischen Anstrengung zu bedürfen, mit der diese Dimension in einem Zuge auszumessen war. Das erklärt zu einem guten Teil, dass in den Produktionen der Zeit der große Schwung der Erkundung einer neuer Möglichkeit des Denkens so auffällig hinter der Beharrlichkeit selbstkritischen Abwägens zurückblieb.

Die Gründe dafür, dass Kant das neue Territorium nur mit aller Vorsicht betreten hatte, waren denen, die ihm nachfolgten, aber doch nicht ganz fremd. Denn die Weise, in der sie es in Besitz nahmen, weist Züge eines imperatorischen Gestus auf – samt dessen Unsicherheit, Widerrede nur verstummen zu lassen, sie aber nicht wirklich entkräften zu können. Dem entspricht, dass die Widerreden, die laut und wirksam wurden, immer selbst auch die Gestalt von konkurrierenden Entwürfen angenommen haben. So kam es zu einem Gewirr von ähnlich angelegten Konzeptionen und oft zur feindseligen Entfremdung zwischen denen, die zuvor im gemeinsamen Grundprogramm miteinander befreundet gewesen waren.

Dies Erscheinungsbild hat die nachkantische Philosophie in Misskredit gebracht. Es lässt sich nur erklären, wenn man sich klar macht, dass die Nachfolger Kants die Konstruktionsprinzipien ihrer sich hoch aufschwingenden Gedankenarchitekturen selbst nicht unter der Kontrolle hatten, dass ihre Entwürfe aber auch nur um diesen Preis haben entstehen können. Die Anlage der Konzepte ist wirklich von der Art, dass sie nur in einem einzigen Wurf auszuführen waren. Dieser Wurf geschah aus der Unabweisbarkeit einer Lebensfrage und ebenso aus der Einsicht in eine Situation der philosophischen Theorie heraus, welche es ermöglichte und zugleich gebot, einen Weg einzuschlagen, der in der Zeit und mit den Mitteln, die zur Verfügung standen, wohl auszulegen, nicht aber auch zu befestigen war.

Aus dieser Diagnose ergeben sich alle Folgerungen für eine Vergegenwärtigung der nachkantischen Philosophie. Es ist unmöglich, die Tempi ihrer Gedankenführung wieder aufzunehmen und die Bewegung, in der sie sich entfaltete, noch einmal in Gang zu bringen. Ihre Vergegenwärtigung verlangt es geradezu, in eine Distanz zu der Form zu kommen, in der uns ihre Theorieentwürfe überliefert sind, und sich dieser Distanz im eigenen Denken auch zu versichern. Sie ist die Voraussetzung dafür, den Aufbau dieser Entwürfe zu durchschauen und durchzugliedern, ihre Argumente, unter Erwägung von Alternativen, schlüssiger durchzuführen und so ihren Intentionen die Möglichkeit zu geben, in einer verwandelten Welt wieder Resonanz zu gewinnen.

Unser Verhältnis zu der Sprache, die sich im Zusammenhang mit dem nachkantischen Denken ausbildete, kann dagegen nahezu das umgekehrte sein. Wir haben verstanden, warum dies Denken der Notwendigkeit zu einem weit ausgreifenden Begründungsgang ohne verlässliche Fundierung nachgegeben hat. Aber die Sprache dieser Denker ist uns noch immer so nahe, dass wir die eigentliche Epochenschwelle im Sprachduktus nach Kant ansetzen, und zwar so als würden die beiden Jahrhunderte, die seither vergangen sind, wie eine einzige Epoche anzusehen sein, die uns in eine Gemeinschaft sogar mit Fichte versetzt und die uns von Kant und seinem Jahrhundert abscheidet. Während wir uns in der besonnenen Kraft seiner Begründungen Kant näher wissen können als seinen Nachfolgern, ist uns deren Sprache beinahe noch so vertraut wie die eigene. Das erklärt sich daraus, dass diese Philosophie in eine viel tiefer einsetzende und weiter ausgreifende Bewegung eingegliedert ist. Sie hat in der deutschen Sprache die Möglichkeiten aufgespürt und weiter entfaltet, allen Gedanken und Regungen Ausdruck zu geben, so wie sie spontan aufkommen und ein Leben durchziehen und tragen, also all das unverformt in die Sprache eingehen zu lassen, was sich, wie Hegel sagt, „irgend durch die Höhen und Tiefen des Bewusstseins hindurchbewegt" (Ästhetik III, 271).

Die Philosophen haben aber von dieser Bewegung nicht nur gezehrt. Es war, wie gesagt, ihre eigene Absicht, die Gesetze des Bewusstseins in einem damit zu begreifen, dass sie die Theorie dazu befähigten, die Art und den Tiefgang seiner Bewegtheit von ihr selbst her zur Sprache zu bringen. Nur so würde sie in ein Ganzes des Verstehens Eingang finden können, ohne sich dabei erneut als von der Theorie nicht erreicht und sich entfremdet erfahren zu müssen. Damit haben die Philosophen viel zur Geschmeidigkeit der deutschen Sprache in der Auslotung von Tiefendimensionen des Lebens beigetragen, von der sie doch selbst bereits gezehrt hatten. In Einzelnem ging schon Kant dem voran – etwa indem er in das Wort ‚Achtung', das bis dahin vorwiegend ‚Aufmerksamkeit' meinte, eine sittliche Dimension eingehen ließ. Aber erst mit Fichte begann die philosophische Sprache insgesamt, sich in ihrem Duktus den Denkbewegungen im bewussten Leben selbst anzugleichen, um sie in einem damit dem explizierenden Verstehen zu erschließen. Das lässt uns allererst verstehen, wieso die Begründer der romantischen Schule und wieso Hölderlin als Philosophierende seine Schüler haben sein können.

Nicht dass wir zu deren Sprache ohne jeden Abstand wären! Der Verdacht, dass alles Bewusstsein von Illusionen über sich durchzogen und dass das Menschenleben sogar insgesamt auf solchen Illusionen gegründet sei, ist über zwei Jahrhunderte hinweg von entlarvenden Einsichten und von historischen Erfahrungen gleichermaßen untermauert worden. Ihrer eingedenk hat auch die philosophische Sprache eine Nüchternheit angenommen, die auf der Hut davor ist, den Abgrund zwischen Nichtigkeit und Versöhnung im Denken etwa voreilig zu überbrücken. Aber in der Nähe zu dem Menschenleben, das diesem Konflikt selbst immer schon ausgesetzt war und ist, muss sich die philosophische Sprache weiterhin halten und bewähren – gewiss nicht weniger als im nachkantischen Jahrzehnt. Andernfalls würde sich zwischen Denken und Leben jene Kluft wieder auftun, die sich in der Aufnahme der Motive von Kant und Fichte zum ersten Mal zu schließen begann.

Man muss die historische Dimension eines solchen Verlustes als solche erkennen, und man wird dann seine Folgen nicht leicht nehmen. Der Verlust wäre freilich unabwendbar geworden, wenn in einer Zeit, in der sich die Gravitationskraft der Kultur in Europa verflüchtigt, und unter der Aneignung der Idiome schnellerer und globaler Kommunikation das Gespür für die Artikulationskraft der eigenen Sprache verkümmert.

Josef Isensee

Zweckverband oder Wertegemeinschaft

Am Anfang stand tiefe Enttäuschung. So hatten sich die Idealisten der Europabewegung ein vereintes Europa nicht vorgestellt, das sie doch mit heißem Herzen ersehnten: so wie es vor einem halben Jahrhundert erste Gestalt annahm als Gemeinschaft für Kohle und Stahl, als Atomgemeinschaft und als Wirtschaftsgemeinschaft. In diesem supranationalen Zweckverbänden, die nach ökonomischem Kalkül konstruiert waren, spürten sie nicht den Hauch der großen politischen Idee, die sie beflügelte.

Zum Jahr 1957 warnte der Europäer Reinhold Schneider davor, die supranationalen Einrichtungen, die sich auf der Grundlage der Römischen Verträge bildeten, mit Europa als geistiger Lebensform zu identifizieren: „Alles kommt darauf an, dass Euratom, wenn diese defensive Organisation unvermeidlich ist, nicht Inhalt werde, sondern Helm auf einem edlen, denkenden Haupt, Schild vor einer lebendigen Brust, und dass die Börse des umstrittenen europäischen Marktes nicht mehr gibt als das Herz, Europamarkt nicht mehr gibt als Europa. Von der Verteidigung nämlich und vom wirtschaftlichen Zusammenschluss kann man nicht leben." Doch bis heute hat sich die europäische Idee nicht in den supranationalen Organisationen inkarniert. Sie dient ihnen allenfalls als historisch-rhetorische Zierleiste.

Die Europäische Union hat keine Seele, und sie vermisst sie eigentlich auch nicht. Jedenfalls hat dieses Fehlen sie nicht daran gehindert, zur wirtschaftlichen Großmacht aufzusteigen und innerhalb ihrer stetig wachsenden Kompetenzen Rechtsmacht über ihre Mitgliedstaaten zu erlangen. Der EU ist es gelungen, den Begriff Europa an sich zu ziehen und zu bewirken, dass im allgemeinen Sprachgebrauch der Name Europa für die Europäische Union steht und man sie meint, wenn heute von Europa die Rede ist. Das entspricht denn auch dem Selbstverständnis der EU. Sie flaggt ihre eigene Verfassung hochfahrend aus als „Verfassung für Europa".

Die Errungenschaften des Gemeinsamen Marktes können nicht hoch genug eingeschätzt werden. Die wirtschaftliche Leistungskraft und das Wohlstandsniveau der Mitgliedstaaten haben eine Höhe erlangt, wie sie innerhalb der alten nationalen Barrieren nicht vorstellbar gewesen wäre. Die Gemeinschaft hat zuvor randständigen Staaten wie Irland zu wirtschaftlicher Blüte verholfen. Nach innen wächst sie durch organisatorische Verfestigung und Kompetenzgewinne, nach außen durch Aufnahme neuer Mitglieder. Andere europäische Staaten zieht sie an. Doch dieser Sog entspringt nicht der europäischen Idee, sondern dem wirtschaftlichen Erfolg, nicht zuletzt auch der Attraktivität der (Subventions-)Fleischtöpfe Brüssels, die sich aus ebendiesem Erfolg speisen.

Der Erfolg verdankt sich letztlich dem Realitätssinn der Gründerväter und ihrem politischen Zugriff auf das wirtschaftliche Leben. Gleichwohl regte sich in dem Pragmatismus der christlich-demokratischen Gründerväter Schuman, de Gasperi und Adenauer die Motivation der europäischen Idee.

Die supranationalen Zweckverbände wirken seit Anbeginn über das Ökonomische hinaus. Die Wirtschaftsgemeinschaft ist notwendig Rechtsgemeinschaft: „Raum der Freiheit, der Sicherheit und des Rechts". Die Marktfreiheiten des Unternehmers, des Kapitaleigners, des Arbeitnehmers und des Verbrauchers sind wesentliche Bestandteile der ganzheitlichen Freiheit des Menschen und Grundlagen der rechtsstaatlichen Demokratie. Die wirtschaftliche Einigung war für die westeuropäischen Staaten eine Form der Selbstbehauptung ihrer Freiheit gegenüber der Sowjetmacht. Sowie diese zerbarst, öffnete sich die Europäische Gemeinschaft den osteuropäischen Staaten, die zu äußerer und innerer Freiheit zurückfanden.

Der Beitritt ist nur solchen europäischen Staaten möglich, die in ihrer rechtlichen wie realen Verfasstheit dem Leitbild entsprechen, das sich in der europäisch-amerikanischen Tradition seit dem 18. Jahrhundert entwickelt hat: der parlamentarischen, gewaltenteiligen Demokratie und dem auf der Achtung der Menschenrechte gegründeten Rechtsstaat. Autoritäre und totalitäre Staaten haben von vornherein keine Chance. So taten sich die Pforten der Europäischen Gemeinschaft für Portugal erst auf, als es seine rechte und linke Diktatur überwunden und sich zur Demokratie westlichen Typus entwickelt hatte, obwohl es schon in der Ära der Diktatur dem Militärbündnis der Nato angehört hatte.

Das gemeinsame verteidigungspolitische Interesse, das die Nato-Staaten zusammenführt, reicht nicht aus, um den Beitritt zur Europäischen Union zu rechtfertigen. Diese verlangt Verfassungshomogenität nach den Maßstäben, die von den sechs Gründerstaaten vorgegeben sind. Die Verfassungshomogenität, die ein Beitrittsbewerber aufzuweisen hat, meint nicht allein die geschriebene Verfassung, die das Land hat, sondern die reale Verfassung, in der das Land ist, seine gelebte Ordnung. Damit werden auch außerrechtliche Faktoren bedeutsam, welche die Lebenswelt des Gemeinwesens ausmachen. Gesellschaftliche Strukturen und Konventionen, Kultur und geistige Überlieferung müssen europagerecht sein. Eine Ausdehnung der Union, die zu einer Senkung des Homogenitätsniveaus führte, bedeutete Schwächung der Handlungsfähigkeit und Lockerung des Zusammenhalts.

Europapolitiker und Europarechtler erheben immer wieder den Vorwurf, die Union kranke an einem Defizit an demokratischer Legitimation; als Heilmittel empfehlen sie, das Europäische Parlament zu stärken. Doch bei juristischem Licht betrachtet, ist die Diagnose unzutreffend, die Therapie untauglich. Die Straßburger Versammlung ist keine europäische Volksvertretung, weil es kein europäisches Volk gibt, sondern nur die Völker der europäischen Staaten. Das Parlament setzt sich nach föderativer Parität der Mitgliedstaaten zusammen, nicht nach demokratischer Egalität der Unionsbürger. Die gemeinsame Unionsbürgerschaft, die durch die Staatsangehörigkeit der Mitgliedstaaten vermittelt wird, ändert daran nichts. Sie schafft kein Unionsvolk als Demos einer europäischen Demokratie.

Dennoch fehlt der europäischen Organisation nicht die demokratische Legitimation. Diese fließt ihr von den Völkern der Mitgliedstaaten zu: unmittelbar durch die Wahl des Parlaments, mittelbar über die nationalen Regierungen, die durch eine Legitimationskette mit dem Volk als dem Ursprung der nationalen Staatsgewalt verbunden sind. Alle supranationale Gewalt, so lässt sich die demokratische Grundnorm abwandeln, geht also von den Völkern der Mitgliedstaaten aus.

Wer heute von europäischer Integration spricht, meint die Integration der Volkswirtschaften, nicht aber die der Völker, die Integration der Staaten, nicht aber die der Bürger. Das Wirken der europäischen Institutionen, so erfolgreich es auch in ihren Kompetenzbereichen ist, stiftet kein europäisches Wir-Gefühl und weckt kein allgemeines europapolitisches Engagement.

Europawahlen und -plebiszite entscheiden sich überwiegend nach nationalen Parteipräferenzen und dienen als Denkzettel an die nationalen Regierungen. Die politischen Parteien nutzen sie, um ihre Finanzen aufzubessern, weil der Wahlkampf billig und die staatliche Kostenerstattung hoch ist. Die Informationen über die Arbeit der europäischen Organe dringen nicht weit über ihre politische Klasse und ihre Verwaltung hinaus. Selbst die Skandale der Brüsseler Kommissare erregen nur die Brüsseler Beamten, nicht aber eine europäische Öffentlichkeit, die sich als solche noch gar nicht gebildet hat. Vor diesem Hintergrund erscheint die Verheißung des Unionsvertrages, dass die supranationalen Entscheidungen „möglichst offen und möglichst bürgernah" getroffen würden, als warmschnäuziger Zynismus.

Dem Schwarmgeist der Bürgernähe zum Trotz ein Lob der Distanz! Die Bürgerferne, die dem supranationalen, gouvernementalen Entscheidungssystem eigen ist, hat mehr als eine gute Seite. Sie ist geradezu das Erfolgsgeheimnis des organisierten Europa. Denn die Unionsorgane tun sich leichter, marktwirtschaftliche Konsequenz mit ihren kurz- und mittelfristigen Härten walten zu lassen als die Regierungen und Parlamente der Mitgliedstaaten, die unmittelbar den Empfindungen und Reaktionen der Bevölkerung ausgesetzt und auf Wählergunst angewiesen sind. Der Integrationserfolg der Organisation ist zu einem wesentlichen Teil das Werk der Kabinettspolitik und der zentralen Bürokratie, die, auf Effizienz ausgerichtet, die liberalen Vertragsziele durchsetzen, Marktfreiheiten gewährleisten, auf Wettbewerb dringen, das Beihilfewesen beschneiden und die Staatsverschuldung in Grenzen halten kann. Popularität wird freilich so nicht erreicht. Aber muss man die europäische Organisation, wenn einem ihr Nutzen und ihre Notwendigkeit einleuchten, auch noch lieben?

Die Europäische Union ist auch auf ihrer heutigen Entwicklungsstufe im Kern ein Zweckverband geblieben. Der Ausdruck ist dem Kommunalrecht entlehnt. Gemeinden schließen sich zu einem Zweckverband zusammen, um einzelne Aufgaben von der Schule über den Straßenbau bis zur Abfallbeseitigung gemeinsam zu erfüllen. Ein solcher Zweckverband bewährt sich durch effiziente Erfüllung seiner Aufgabe, durch störungsfreies Funktionieren und sparsamen Verbrauch. Er ist ethisch anspruchslos. Von seinen Kunden verlangt er nicht Loyalität und nicht Integrationsbereitschaft, sondern nur pünktliche Zahlung der Gebühren. Der Kunde bringt dem Zweckverband keine Gefühle entgegen, und dieser erzeugt keine innere Bindung. Nicht der Zweckverband, den er benutzt, sondern die Gemeinde, in der er wohnt, vermag ihm Heimat zu werden und Lokalpatriotismus zu wecken. So stellt sich denn auch die supranationale Organisation als nützlicher, aber seelenloser Zweckverband dar, der keine Emotionen und keine Dankbarkeit erntet, der keinen Gemeinsinn und keine Solidarität hervorruft. Noch ist das Europa der Vaterländer, wie Charles de Gaulle es sah, nicht abgelöst durch ein Vaterland Europa.

Doch die Europäische Union strebt über den Status des Zweckverbandes hinaus. Sie will Wertegemeinschaft werden. In zunehmendem Maße weisen die Vertragstexte Bekenntnisse zu Werten auf, so zu den „Grundsätzen der Freiheit, der Demokratie, der Achtung der Menschenrechte und Grundfreiheiten sowie der Rechtsstaatlichkeit". Diese Grundsätze beanspruchen, über alle Grenzen der Länder und Erdteile hinweg, weltweit Geltung. Das gilt insbesondere für die universale Idee der Menschenrechte. Doch die Europäische Union ist keine globale Organisation, sondern eine kontinentale. Universale Werte erklären und begründen keine kontinentale Wertegemeinschaft, jedenfalls keine, die mehr wäre als die Provinz einer Weltgesellschaft.

Universale Werte sind abstrakt, inhaltsarm, mehrdeutig. Sie schillern in vielen Facetten. Daher kommt es auf die Perspektive an, aus der die Europäische Union diese Werte sieht, wenn sie ein eigenes Profil, spezifische Identität gewinnen will. Damit stellt sich die Frage, was eigentlich das Europäische an der Europäischen Union sein soll. Der Entwurf des Verfassungsvertrags für Europa hält sich in erhabener Undeutlichkeit, wenn er davon redet, dass Europa „in Vielfalt geeint" sei; als Kontinent offen für Kultur, Wissen und sozialen Fortschritt; dass die Völker Europas, stolz auf ihre nationale Identität und Geschichte, alte Grundsätze überwinden und ihr Schicksal gemeinsam gestalten wollten; dass der Verfassungsvertrag „aus dem kulturellen, religiösen und humanistischen Erbe Europas schöpfe, aus dem sich die unverletzlichen und unveräußerlichen Rechte des Menschen sowie Freiheit, Demokratie, Gleichheit und Rechtsstaatlichkeit als universelle Werte des Menschen" entwickelt hätten.

Doch der Verfassungsvertrag, der auf seinen mehr als 500 Seiten sonst so redselig ist, weicht der Definition des Europabegriffs aus, dessen er sich bedient. Er schweigt darüber, wo die Grenzen Europas verlaufen. Diese Grenzen aber sind prekär.

Europa hat keine natürlichen Grenzen, weil es selber keine natürliche Einheit bildet. Im Unterschied zu Asien, Afrika und Amerika ergibt sich für Europa die Qualität als Erdteil nicht aus der Geographie, sondern aus dem Selbstbewusstsein seiner Bewohner. Europa ist die Erfindung der Europäer, welche die Halbinsel, auf der sie leben, von der asiatischen Landmasse absetzen. Die Grenze zum Gegenkontinent Asien ist beweglich. So hat sie sich im 18. Jahrhundert vom Don zum Ural verschoben, als Russland unter Peter dem Großen energisch die Lebensform des Westens übernahm und von den alten Mächten Europas als seinesgleichen anerkannt wurde.

Was Europa ist, das bestimmen von jeher die Europäer selbst. Ihr Selbstbewusstsein speist sich aus dem Gemeinsamen ihrer Geschichte, ihrer Religion, ihrer Kultur, ihrer Gesittung. Die wirkmächtigste geistige Kraft, die das europäische Bewusstsein direkt oder indirekt geprägt hat, ist das Christentum. In ihm leben jüdische, römische und griechische Traditionen weiter. Aus ihm heraus hat sich die Scheidung der säkularen Sphäre von der sakralen entwickelt. Auf seinem Boden sind die Grundsätze der Menschenrechte, der Demokratie, der Gewaltenteilung gewachsen, die heute das rechtliche Fundament der Union und ihrer Mitgliedstaaten bilden.

Die Europäische Union aber geniert sich der christlichen Herkunft Europas. Daher belässt sie es bei einem vagen Hinweis auf ein „kulturelles, religiöses und humanistisches Erbe" und sagt nicht, worin dieses Erbe besteht, wie sie denn auch, ängstlich auf Laizität bedacht, das Wort „Gott" in der Präambel des Verfassungsvertrages vermeidet. Sie scheut diese hergebrachte Geste der Demut des Verfassunggebers, indes sie sich nicht scheut - eine Novität -, dem Hochmut der Verfassungsautoren nachzugeben und ausdrücklich deren „Leistungen" zu würdigen. Die Frage nach ihrer europäischen Identität bleibt unentschieden, und die vielbeschworenen Werte Europas hängen so hoch, dass sich niemand an ihnen stößt.

Es wäre weise, wenn sich die Europäer wieder auf die europäische Idee besännen, die über die europäische Organisation in Vergessenheit geraten ist. Die Idee lässt sich nicht organisieren, und sie geht nicht in Organisation auf. Doch sie kann wirksam werden als Leitbild und als Maßstab des Handelns, als Quelle der Anregung wie der Kritik.

Die Frage der europäischen Identität kommt unaufhaltsam auf die Europäische Union zu mit dem Beitrittsgesuch der Türkei, also der möglichen Ausdehnung in den islamischen Kulturraum. Die Probleme, die sich daraus für die EU ergäben, wären geringer (wenngleich immer noch gewaltig), beschränkte sie sich darauf, weiter nichts zu sein als ein ökonomisch-technokratischer Zweckverband. Doch sie erhebt heute den Anspruch, Wertegemeinschaft zu sein mit dem Ziel, sich zur politischen Gemeinschaft zu entwickeln. Der Beitritt der Türkei ist der Ernstfall der europäischen Identität.

Konrad Paul Liessmann

Der Wert des Menschen

An den Grenzen des Humanen

Wer, wie der frühere Nestlé-Manager Helmut Maucher, von „Wohlstandsmüll" sprach und damit arbeitslose und arbeitsunfähige Menschen meinte, ließ keinen Zweifel daran, dass er solche Personen nicht zuletzt aus Kostengründen lieber in einer Müllentsorgungsanlage denn in einer Arbeitslosen- oder Krankenversicherung sähe; wer aber von Humankapital spricht, kann sich demgegenüber durchaus zugute halten, einen betriebswirtschaftlich neutralen Begriff zu gebrauchen, der durchaus eine gewisse Wertschätzung des Humanen erkennen lässt. Denn nichts wird heute so gehegt und gepflegt wie eben das Kapital. Wer den Menschen zu einer Form des Kapitals erklärt, spricht damit in gewisser Weise auch eine Wertschätzung aus, die letztlich auch damit zu tun hat, dass einmal das „innere Vermögen" des Menschen, seine Anlagen und Talente, Modell für Vermögensbildung überhaupt gewesen war. In diesem Sinne definiert die Europäische Kommission das Humankapital „als die Fähigkeiten und Fertigkeiten sowie das Wissen, das in Personen verkörpert ist und das durch Ausbildung, Weiterbildung und Erfahrung erworben werden kann. Unter diesem Aspekt kann die Investition in Humankapital dazu beitragen, eine Vielzahl von Akteuren wie zum Beispiel den öffentlichen Sektor, Unternehmen und den Einzelnen einzubeziehen." Wie wichtig das Humankapital ist, wird dann auch durch den Hinweis unterstrichen, dass der Europäische Rat von Lissabon, indem er für die EU das Gesamtziel festlegt, „die wettbewerbsfähigste und dynamischste wissensbasierte Wirtschaft der Welt" zu werden, das Humankapital „ins Zentrum seiner Entwicklungsstrategie" gesetzt hat. Es war allerdings – pikant genug – genau diese Formulierung im Papier der Europäischen Kommission, die zur Wahl von „Humankapital" als „Unwort" geführt hatte. In der Begründung hieß es dann auch, dass dieser Begriff „nicht nur Arbeitskräfte in Betrieben, sondern

Menschen überhaupt zu nur noch ökonomisch interessanten Größen degradiert". Der Wertschätzung des Menschen als Humankapital entspricht die Entwertung des Menschen dort, wo er offenbar kein Kapital mehr darstellt.

In der Tat: Die Sprache der Gegenwart ist voll von Formulierungen und Floskeln, die im Menschen nur noch eine Quantität sehen, die in diversen Bilanzen positiv oder negativ zu Buche schlägt. Wenn von „Rentnerschwemme", „sozialverträglichem Frühableben" oder „Ich-AGs" die Rede ist – um nur einige Begriffe aus der Liste der „Unwörter" der letzten Jahre zu zitieren –, dann drückt sich in diesen Begriffen eine Ökonomisierung und Kalkülisierung des Humanen aus, die als schleichende Diskreditierung des Menschlichen empfunden werden kann. Die seit der Aufklärung im menschenrechtlichen Denken verankerte Ansicht, dass sich der Wert eines Menschen nicht danach bemessen lässt, welchen Nutzen er einem Betrieb oder einer Volkswirtschaft bringt, beziehungsweise welche Kosten er verursacht, scheint brüchig geworden. Die Vorstellung, dass der Wert des Menschen in seinem Menschsein und in nichts sonst schlechthin begründet liegt, klingt in Zeiten angeblich knapper Kassen und verschärfter Wettbewerbsbedingungen zunehmend illusorisch, wenn nicht antiquiert.

Aber auch jenseits des ökonomischen Diskurses hat das Humanum seinen absoluten Wertstatus längst eingebüßt. Dem Menschen einen besonderen Rang gegenüber anderen Lebewesen einzuräumen, gilt vielen als politisch inkorrekter Anthropozentrismus oder Speziesismus, und dass es menschliches Leben gibt, dessen Wert ausschließlich in seiner Verwertbarkeit liegt, zeigt sich nicht nur in modernen Formen der Sklaverei oder in der Organbeschaffungskriminalität, sondern auch in jenen Frühphasen des menschlichen Lebens, die zunehmend zum Gegenstand medizinisch-technischer Experimente und Manipulationen geworden sind. Wie immer man den ethischen Status von Embryonen beurteilen und argumentieren mag – ihr Wert liegt für die „verbrauchende Embryonenforschung" im wörtlichsten Sinn in ihrer Verwertung. Dass das Ziel dieser Verwertungsprozesse nicht nur in wissenschaftlichen und ökonomischen Wettbewerbsvorteilen, sondern letztlich in der Zunahme medizinischer Erkenntnisse und Einsatzmöglichkeiten liegt, macht die Sache nicht gerade einfacher. Den Verteidigern der verbrauchenden Embryonenforschung kann dabei immerhin zugute gehalten werden, dass sie mit einigem intellektuellem Aufwand nachzuweisen versuchen, dass es sich bei den Objekten ihrer Forschung eben nur um Zellhaufen und nicht um schutzwürdiges menschliches Leben handelt: Verbrauchende Menschenforschung will man dann doch nicht betreiben.

Wie und in welchem Sinn lässt sich aber überhaupt von einem Wert des Menschen sprechen? Geht nicht, wer in einem ethischen Sinne vom Wert des Menschen sprechen möchte, in die Falle, die der Wertbegriff selbst bereitstellt? Der Terminus „Wert" ist erst Mitte des 19. Jahrhunderts in die Ethik und die Politik gedrungen. Ursprünglich stammt der Begriff – wie könnte es anders sein – aus der Nationalökonomie und hatte dort einen sehr präzisen Sinn: Der Wert beschreibt, was Dinge am Markt wert sind: ihren Preis, ihren Geldwert. Im Vokabular der Ökonomie ist der Begriff subjektbezogen und heißt: etwas ist mir etwas wert, und diese Wertschätzung drücke ich durch das aus, was ich dafür bereit bin zu zahlen. Werte beschreiben die subjektive Seite von Zahlungsbereitschaften. Werte sind Präferenzen, durch die Mitglieder einer Geldgesellschaft ihr Zahlungsverhalten steuern. Je stärker eine Präferenz, je größer der Wert, die bestimmten Gütern zuerkannt werden, desto größer die Bereitschaft, dafür viel zu bezahlen. Sind von vielen begehrte Güter zudem noch knapp, steigt der Wert nach dem Gesetz von Angebot und Nachfrage noch einmal. Dinge hingegen, die niemand will oder die ohnehin im Überfluss vorhanden sind, haben deshalb auch wenig oder keinen Wert. Und was immer einen Wert hat, hat deshalb auch einen Preis. Werte im ökonomischen Sinn sind allerdings keine invarianten Größen – auch wenn manche ökonomische Wertlehren nach einem objektiven Wertmaßstab suchten. Werte können steigen und fallen, Konjunkturen und Depressionen haben. Werte sind stets Ausdruck einer Mischung von subjektiven Wertschätzungen und allgemeinen Verfügbarkeiten. Werte, und das unterscheidet sie von verbindlichen, religiös oder philosophisch fundierten moralischen Normen oder Geboten, können sich verändern – und gerade deshalb hat Friedrich Nietzsche den Wertbegriff in seiner moralkritischen Philosophie stark gemacht: Ihm war es bekanntlich um die „Umwertung der Werte" gegangen.

Von einem Wert des Menschen zu sprechen, machte unter diesen Voraussetzungen überhaupt nur Sinn, wenn sich darin die Wertschätzung ausdrückt, mit der Menschen einander gegenübertreten. Das meint allerdings weniger eine moralisch verstandene Form der Achtung oder Anerkennung, sondern – wesentlich nüchterner – den imaginären oder realen Preis, den ich bereit bin, für einen Menschen oder für das, was ich von ihm will, zu zahlen. Thomas Hobbes hat diese nüchterne Bestimmung des Wertes eines Menschen als einer der Ersten formuliert: „Die Geltung oder Wert eines Menschen ist wie der aller anderen Dinge sein Preis. Das heißt, er richtet sich danach, wie viel man für die Benützung seiner Macht bezahlen würde und ist deshalb nicht absolut, sondern von dem Bedarf und der Einschätzung eines anderen abhängig." Der Preis, durch den sich der Wert eines Menschen ausdrückt, hatte für Hobbes noch zwei Seiten: die materielle Seite des Geldes und eine immaterielle, gleichsam symbolische Seite: die soziale Anerkennung. Die Etymologie des Wortes „Preis" zeigt übrigens ebenfalls diese zwei Ebenen. Im Mittelhochdeutschen bedeutete Prîs noch den Ruhm und die Anerkennung, erst seit dem 16. Jahrhundert nimmt dieses Wort auch die Bedeutung von Geld- oder Kaufwert an. Die Ökonomisierung der Gegenwart drückt sich nicht zuletzt auch darin aus, dass eine Anerkennung, die sich nicht in einem Geldwert ausdrückt, nichts mehr wert ist. Ein Preis ohne Preisgeld gilt wenig, und ein Lob ohne Gratifikation ist mitunter schon ein Ausdruck der Missachtung. Wäre es anders, könnte man ja einmal die verdienstvollen Super-Stars und Top-Manager, statt mit Traumgagen und Aktienpaketen auszustatten, so wie einstens die Dichter mit Lorbeerkränzen behängen.

Der Begriff des Werts impliziert so zwei Momente: Subjektivierung und Verdinglichung. Alles, was einen Wert hat, kann seinen Wert verlieren und jeder Wert lässt sich in einem materiellen Äquivalent, in einem Preis, ausdrücken. In dem Maße, in dem Mensch Objekt für die Bedürfnisse, Begierden oder Wünsche anderer Menschen ist, hat er auch einen Wert. Aber er hat diesen Wert nur, indem und insofern er eben Objekt ist, ein Mittel zu Zwecken. Als „Naturwesen", so schrieb Immanuel Kant in seiner Metaphysik der Sitten, ist der Mensch in der Tat ein Wesen von geringer Bedeutung, das durch seine Brauchbarkeit bestimmt ist, die seinen „äußeren Wert" ausmacht, der sich in einem „Preis" ausdrückt. Nur der Mensch „als Person betrachtet, d.i. als Subject einer moralisch-praktischen Vernunft, ist über allen Preis erhaben; denn als ein solcher ist er nicht blos als Mittel zu anderer ihren, ja selbst seinen eigenen Zwecken, sondern als Zweck an sich selbst zu schätzen, d.i. er besitzt eine Würde (einen absoluten innern Werth), wodurch er allen andern vernünftigen Weltwesen Achtung für ihn abnöthigt, sich mit jedem Anderen dieser Art messen und auf den Fuß der Gleichheit schätzen kann." Kant hatte also den messbaren „äußeren Werten", die sich in Preisen beziehungsweise Löhnen ausdrücken, den einen, absoluten inneren Wert eines Menschen gegenübergestellt, seine Personalität, die ihm seine Würde verleiht und durch kein Geldäquivalent ausdrückbar ist, weil sie weder vergleichbar noch veränderbar noch austauschbar ist.

Welche Konsequenzen hat Kant selbst aus dieser Bestimmung der Menschenwürde gezogen? Die oben zitierte Passage findet sich in der Tugendlehre der Metaphysik der Sitten im Abschnitt über Kriecherei. Kant ging es dabei weniger darum, die Würde des Menschen als einen Rechtsanspruch zu verankern, als vielmehr darum, den Menschen an die Pflichten zu erinnern, die ihm aus dieser Würde erwachsen. Und Kant macht dies an folgenden Beispielen deutlich, die ein ganz anderes Licht auf die vorhin zitierte Differenz von Wert und Würde werfen als gemeinhin angenommen: „Werdet nicht der Menschen Knechte. – Lasst euer Recht nicht ungeahndet von anderen mit Füßen treten. – Macht keine Schulden, für die ihr nicht volle Sicherheit leistet. – Nehmt nicht Wohltaten an, die ihr entbehren könnt, und seid nicht Schmarotzer, oder Schmeichler, oder gar (was freilich nur im Grad von dem Vorigen unterschieden ist) Bettler. Daher seid wirtschaftlich, damit ihr nicht bettelarm werdet. – Das Klagen und Winseln, selbst das bloße Schreien bei einem körperlichen Schmerz ist euer schon unwert, am meisten, wenn ihr euch bewusst seid, ihn selbst verschuldet zu haben: Daher die Veredlung (Abwendung der Schmach) des Todes eines Delinquenten durch die Standhaftigkeit, mit der er stirbt. – Das Hinknien oder Hinwerfen zur Erde, selbst um die Verehrung himmlischer Gegenstände sich dadurch zu versinnlichen, ist der Menschenwürde zuwider, so wie die Anrufung derselben in gegenwärtigen Bildern; denn ihr demütigt euch alsdann nicht unter einem Ideal, das euch eure eigene Vernunft vorstellt, sondern unter einem Idol, was euer eigenes Gemächsel ist."

Prima facie würde ein Gutteil dieser Forderungen in jedes wirtschaftsliberale Programm passen. Die Menschenwürde gründet in der Freiheit und die Freiheit verbietet jede Form von Unterwerfung. Es gehört zu den aus dieser Würde erwachsenen Ansprüchen, so weit es geht für seine wirtschaftliche Unabhängigkeit zu sorgen, um nicht in den entwürdigenden Status des Bettlers oder Almosenempfängers zu geraten. Jemand, der „wirtschaftlich" sein, also zum Beispiel einer Erwerbsarbeit nachkommen könnte, verstößt gegen seine Würde, wenn er sich ohne Not als Bettler der Willkür und dem Wohlwollen anderer aussetzt. Jemandem, der arbeiten will, diese Möglichkeit allerdings zu verwehren und ihn in den Status des Bettlers zu zwingen, verstößt, so muss wohl im Umkehrschluss vermutet werden, ebenfalls gegen diese Würde. Ein Wirtschaftssystem, das systematisch Arbeitslosigkeit und Armut produziert und den Status des working poor, des Menschen, der bettelarm ist, obwohl er oft sogar mehreren Arbeiten nachgeht, ermöglicht, hat deshalb gerade in diesem strengen Sinn etwas Menschenunwürdiges an sich. Die Pflicht zur Sicherung der materiellen Existenz kann aber auch nicht dazu führen, sich zum Knecht anderer zu machen und sich, aus welchen Gründen auch immer, seiner Freiheit zu begeben. Die in gegenwärtigen Ethik-Debatten forcierte Kategorie der freiwilligen Zustimmung hat selbst ihre Grenze an der Integrität der eigenen Person. Auch wer dem Missbrauch und der schädigenden Verzweckung etwa seines Körpers oder Teilen seines Körpers freiwillig zustimmte, verstieße gegen dieses Prinzip. Oder mit anderen Worten: Sklaverei oder Verstümmelung ist keine Sache, die sich mit dem Hinweis auf die freiwillige Zustimmung der Betroffenen rechtfertigen ließe.

Diese Differenz von Wert und Würde ist im Auge zu behalten. Die Ökonomisierung und Vernutzung des Menschen, wie sie sich in Begriffen wie Humankapital oder Ich-AG ausdrücken mag, setzt den Wert des Menschen deshalb nicht herab, sondern drückt ihn und die Parameter, nach denen dieser Wert bemessen wird, nur aus. Wohl aber verstößt sie gegen den kantischen Begriff der Würde, sofern durch solch eine Redeweise und der damit verbundenen Praxis der Mensch nur mehr als Mittel für die Befriedigung der Bedürfnisse der Ökonomie und nicht mehr als Person, als Zweck an sich gesehen wird, beziehungsweise – und das wäre eine gerne unterschlagene Pointe bei Kant – sich selbst nur mehr zum Mittel für fremde Zwecke degradiert. Wer seinen Körper und seinen Geist nur noch als Kapitalanlage oder Aktie betrachtet, die möglichst gewinnträchtig angelegt werden muss, hat im strengen Sinn seine eigene Würde verletzt. Das erklärt vielleicht auch das unangenehme Gefühl, das einen beschleichen mag, wenn man Menschen bei dem teils komischen, teils verzweifelten Versuchen beobachtet, ihre individuelle Performance durch eine ratgebergeleitete Selbstanpreisung zu steigern.

Was aber bedeutet es, jemanden als Person zu betrachten, als Zweck an sich zu schätzen und seine Würde anzuerkennen? „Die Würde des Menschen ist unantastbar. Sie zu achten und zu schützen ist Verpflichtung aller staatlichen Gewalt." Der erste Artikel des deutschen Grundgesetzes, motiviert nicht zuletzt durch das nationalsozialistische Trauma, ist längst selbst zum Gegenstand rechts- und moralphilosophischer Auseinandersetzungen geworden. Denn die in diesem Artikel gewählten Formulierungen offenbaren auch die Problematik, die mit dem Begriff der Menschenwürde verbunden ist. Dass die Menschenwürde unantastbar ist, kann wohl nicht die deskriptive Beschreibung eines Sachverhalts sein – dann wäre der zweite Satz überflüssig –, sondern hat selbst einen normativen Sinn: Die Würde des Menschen darf nicht angetastet werden. Das kann bedeuten, dass in konkreten Fällen die Menschen vor der Verletzung ihrer Würde etwa durch Verfolgung, Diskriminierung, Erniedrigung und Demütigung geschützt werden sollen, das kann aber auch bedeuten, dass das Prinzip der Menschenwürde als Leitidee einer rechtsstaatlichen Verfassung nicht infrage gestellt werden darf. Worin aber besteht dieses Prinzip?

Der Begriff der Menschenwürde, gerade in dem von Kant gebrauchten Sinn, wirft eine Reihe von Fragen auf, deren Beantwortung nicht nur den Geltungsbereich dieser Würde, sondern auch die Verfahren und Handlungen in Hinblick auf diese Würde bestimmen. Eine, vor allem für die Auseinandersetzung um die verbrauchende Embryonenforschung, der Präimplantationsdiagnostik und der Euthanasie an Komatösen, Schwerstkranken oder anenzephalen Neugeborenen wichtige Frage bezieht sich darauf, wer diese Würde oder den Status des Personseins überhaupt besitzt. In der philosophischen Diskussion haben sich dazu im Wesentlichen zwei Zugänge herauskristallisiert. Einmal der Versuch, den Status des Personseins an empirische Gegebenheiten rückzubinden wie etwa Selbstbewusstsein, Rationalität, Dialogfähigkeit oder die Fähigkeit, Interessen zu haben und zu artikulieren. Und zum anderen in der These, dass das Personsein strikt an das Faktum des Menschseins gebunden ist, ungeachtet des jeweiligen empirischen Zustandes oder Entwicklungsstadiums, in dem dieses Menschsein sich gerade artikuliert oder befindet. Naturalistisch gewendet, erscheint diese Position vielen auch als sogenannter Speziesismus, da das Personsein von der biologisch definierten Zugehörigkeit zur Gattung Mensch erscheint, während umgekehrt der Aufzählung von für das Personsein relevanten Eigenschaften immer ein bestimmtes Maß an Kontingenz und Willkürlichkeit inhärent zu sein scheint: Niemand ist stets in gleicher Weise wach, selbstbewusst und rational.

Immanuel Kant hat Person übrigens als dasjenige Subjekt definiert, dessen Handlungen einer Zurechnung fähig sind, dabei aber zwischen einer psychologischen Persönlichkeit und einer moralischen Persönlichkeit unterschieden. Die psychologische Persönlichkeit stellt „bloß das Vermögen dar, sich seiner selbst in den verschiedenen Zuständen der Identität seines Daseins bewusst zu werden", während die moralische Persönlichkeit „nichts anderes ist als die Freiheit eines vernünftigen Wesens unter moralischen Gesetzen". Diese und ähnliche Formulierungen zeigen übrigens, dass Kant kein Speziesist gewesen war. Nicht die biologische Zugehörigkeit zu einer Gattung entscheidet über den Status der moralischen Persönlichkeit, sondern die an die Vernunft gekoppelte Freiheit. Jedes Wesen, und sei es von einem anderen Stern oder eine kybernetische Maschine, das sich prinzipiell dieser Freiheitserfahrung ausgesetzt sieht, müsste als Person betrachtet werden.

Dieser Status, und darin liegt die Schwierigkeit, ist bei Kant an einen Vernunftbegriff gekoppelt, der selbst wiederum kein empirisches Korrelat hat. Wir hören nicht auf, vernünftige oder prinzipiell mit Vernunft begabte Wesen zu sein, wenn wir gerade schlafen, betrunken sind oder uns unseren Affekten hingeben. Die Frage, inwiefern Ungeborenen oder Sterbenden dieser Status schon oder noch zukommt, hat deshalb Kant, soweit ich sehe, nicht wirklich interessiert, auch wenn er davon ausgeht, dass ein soeben „gezeugtes" beziehungsweise „erzeugtes", mit „Freiheit begabtes" menschliches Wesen schon „Person" ist und deshalb so lange gepflegt und gebildet werden muss, bis es seiner selbst mächtig ist. Ähnlich ging Kant davon aus, dass ein Mensch sich seiner Persönlichkeit nicht entäußern kann, „so lange von Pflichten die Rede ist, folglich so lange er lebt". Nicht zuletzt die Entwicklungen der modernen medizinischen Technologien am Anfang und am Ende des Lebens haben allerdings aus den gleichsam zufällig-natürlichen und deshalb philosophisch eher unproblematischen Ereignissen der Zeugung beziehungsweise der Geburt und des Todes eine Grauzone werden lassen, die mit den herkömmlichen Kategorien der verschiedenen Ethiken nur schwer zu durchleuchten ist. Die Debatten darüber, ob in vitro erzeugte Embryonen unter die Menschenwürde fallen, zeugen ebenso davon wie die Versuche, die Frage des Todes zu einem Moment der Selbstbestimmung werden zu lassen.

In einem Punkt allerdings kann der Rekurs auf Kant helfen, ein weitverbreitetes Missverständnis aufzuklären. Die Behauptung der unveräußerlichen Würde des Menschen bedeutet nicht in allen Fällen dessen uneingeschränktes Lebensrecht. Der Begriff der Menschenwürde ist bei Kant noch nicht mit einer absolut verstandenen „Heiligkeit des Lebens" verbunden. So hatte Kant die Todesstrafe für Mörder gefordert und mit dem Argument verteidigt, dass es das Prinzip des Wiedervergeltungsrechtes erfordert, den Mörder zu töten, um dem kategorischen Imperativ der Gerechtigkeit zu genügen. Verwerflich wäre solch eine Hinrichtung allerdings, würde sie etwa zum Zweck der Befriedigung niederer Schaugelüste oder der Abschreckung durchgeführt.

Die letzte Überlegung ist dann auch tatsächlich der Punkt, in dem viele den (kantischen) Kern des Gedankens der Menschenwürde sehen: dass diese es verbietet, menschliches Leben ausschließlich instrumentell zu gebrauchen. Und wie es scheint, ist dieses Verbot, aus welchen Gründen auch immer, nicht mehr in jeder Hinsicht zustimmungsfähig. Die Tendenz zur Instrumentalisierung und Selbstinstrumentalisierung des Menschen ist unübersehbar. Die Grenzen des Humanen sind durch die Erkenntnis und Fortschritte der modernen Biowissenschaften auf der einen Seite weiter und unschärfer geworden. Die starren Linien zwischen Tier und Mensch verflüchtigen sich ebenso wie die einstens strenge Grenze zwischen Tod und Leben. Auf der anderen Seite sind zahlreiche Bemühungen im Gange, die Grenzen des Humanen zunehmend zu verengen. Dort, wo nur noch der gesunde, schöne und arbeitsfähige Mensch zum Maßstab des Menschlichen wird, wo also die Frage nach der Würde an eine letztlich kontingente Wertung gekoppelt wird, droht dieses selbst in einer vielleicht irreversiblen Weise beschädigt zu werden.

Ein nüchterner Blick auf die Welt zeigt, dass der Wert des Menschen weder absolut noch überall gleich ist. Und dies muss und kann auch gar nicht sein. In dem Maße, in dem wir immer auch Mittel für andere darstellen und andere als Mittel für unsere Zwecke gebrauchen, wird der Wert des Menschen und damit sein Preis je nach seiner Nützlichkeit und Begehrtheit schwanken und variieren. Welche Wertvorstellungen sich auf dieser Ebene durchsetzen, ist letztlich – da hatte Hobbes Recht – keine Frage der besseren Argumente, sondern eine Frage von Angebot und Nachfrage. Wollen wir darüber hinaus aber, kantisch gesprochen, auch in jedem Menschen die Idee der Menschheit achten, ihn also als vernunftbegabte Person, als einen Zweck an sich achten, weil wir selbst in dieser Weise geachtet werden wollen, wird die Herausforderung der Gegenwart darin bestehen, ob und wie wir diese Idee mit den Faktizitäten des modernen Kapitalismus und des biotechnischen Fortschritts überhaupt noch in Einklang bringen können. Die Würde des Menschen ist nichts, was ihm auf die Stirn geschrieben steht oder an seinen Merkmalen oder Eigenschaften einfach abgelesen werden könnte. Die Würde ist immer auch etwas, das beansprucht und durchgesetzt werden muss. Es muss daran erinnert werden, dass die Menschenwürde nicht von den Eliten, sondern von denjenigen als Anspruch formuliert worden war, denen man ein menschenwürdiges Leben abgesprochen hatte. Aus guten Gründen ist deshalb von dem deutschen Philosophen Arnd Pollmann jüngst vorgeschlagen worden, zwischen dem immer nur graduell vorhandenen „Würdebesitz" und dem unbedingt geltenden „Würdeschutz" zu differenzieren: „Die Menschenwürde ist weder Mitgift noch Leistung noch Eigenschaft, sondern ein in Realisierung begriffenes Potential, an dem zwar jede menschliche Lebensform von vornherein teilhat, das aber nur dann vollständig verwirklicht werden kann, wenn die Betroffenen grund- und menschenrechtlichen Schutz genießen und sich entwickeln dürfen. Anders gesagt: Der uneingeschränkte Würdebesitz ist nicht etwa die Voraussetzung, sondern das Worumwillen eines ebenso uneingeschränkten Würdeschutzes."

Ob und inwiefern wir dem menschlichen Leben in seinen unterschiedlichen Erscheinungsformen, von der Zeugung oder Erzeugung über die unterschiedlichen Erscheinungsformen von Gesundheit und Krankheit bis hin zu Sterben und Tod, diesen Würdeschutz zuerkennen, ist vielleicht aber nicht nur eine Frage der mehr oder weniger subtilen philosophischen und ethischen Argumentation, sondern auch eine Frage, welche Konzeption des Menschlichen wir tatsächlich wollen. Damit aber wird diese Frage auch, ja vielleicht in einem besonderen Maße zu einer Frage der Politik, oder, um mit Nietzsche zu sprechen, zu einer Frage der Macht.

Wulf D. v. Lucius

Strukturwandel im wissenschaftlichen Verlag

Eine Analyse aus Verlegersicht

Nicht nur in Deutschland, hier aber länger als in vielen anderen Ländern fortdauernd, war der Wissenschaftsverlag mehr als 150 Jahre entscheidend geprägt von Inhaberverlegern, bei denen also die Eigentümerfunktion und die Verlagsleitungsfunktion in einer Person verbunden waren. Dies galt auch für die vielen Fälle, in denen ein Verlag nicht einer Person, wohl aber einer Familie gehörte; in aller Regel war es einer aus dieser Familie, der den Verlag leitete und verantwortete.

Diese Epoche im wissenschaftlichen Verlag war zudem geprägt durch eine Vielzahl von Verlagen für praktisch jedes Fachgebiet, es gab nur ganz selten dominante, quasi monopolistische Unternehmen. Der Normalfall war ein mittelgroßes Unternehmen, dessen Konkurrenten von gleicher Größe und Struktur waren. Diese Vielfalt bedeutete, dass sich für einen Autor ganz unterschiedliche Möglichkeiten einer Verlagsbindung ergaben, wobei im wissenschaftlichen Verlag ja ohnehin in der Regel kein Autor lebenslang bei einem Verlag bleibt, wie dies in der Literatur üblich ist, sondern je nach Art seines Manuskript durchaus auch – ohne dass das in irgend einer Weise als Treuebruch empfunden würde – bestimmte Dinge in anderen Verlagen publiziert. Die Vielfalt der Verlage in einem Bereich bietet den großen Vorteil, dass der Autor sein Manuskript jeweils an die ihm best dünkende Stelle geben kann, und dass umgekehrt der Verleger, ohne irgend welche Karrierechancen zu beschneiden, auch nein sagen kann. Dies ist besonders wichtig in den Fällen, in denen Verlage bestimmte Manuskripte aus inhaltlichen oder absatzpolitischen Gründen nicht annehmen möchten, ungeachtet etwaiger Marktchancen anderswo. Die Vielgliedrigkeit des Verlagswesens ermöglicht es Verlegern, auch subjektive, ja ideologisch gebundene, Programme zu entwerfen. Der Autor hat stets ausreichende Alternativen, anderswo unterzukommen. Das krasse Gegenbeispiel hierzu war das Verlagswesen der DDR, in dem es für die meisten Fachgebiete nur einen einzigen, allenfalls auch einmal zwei Verlage gab, in denen ein Manuskript überhaupt erscheinen konnte. Ein „Nein", z.B. weil ein themengleiches Buch bereits im Programm existierte, beschnitt die Publikationsmöglichkeiten der Autoren erheblich. Ein solches System von Monopolverlagen ist für den Wissenschaftsbetrieb und den einzelnen Autor gewiss nicht wünschenswert, so qualitätsbewusst und ambitioniert auch die einzelnen Häuser geführt sein mögen. Es ist nicht auszuschließen, dass die Mega-Oligopole, die sich international derzeit formieren, zu ähnlichen Konsequenzen führen.

Ökonomische und metaökonomische Motive

Zielsetzungen, die über das Ökonomische hinausgehen, gibt es selbstverständlich bei Unternehmern in allen Branchen. Man darf aber wohl zurecht vermuten, dass diese in Verlagen eine besonders große Rolle spielen. Natürlich müssen dabei stets die ökonomischen Grundregeln beachtet werden, denn wer diese ignoriert, wird mit seinem Unternehmen scheitern und kann dann auch seine metaökonomischen Ziele nicht mehr verwirklichen.

Die Entscheidung, wie viel Metaökonomie ein Unternehmer sich erlaubt, ist einsichtigerweise sehr viel leichter von einem Inhaberunternehmer zu treffen, der eigenes Geld einsetzt und durch partielle Ignorierung der Ökonomie auch riskiert. Je mehr angestellte Manager tätig sind, desto weniger dürfen persönliche Prioritäten und Neigungen, auch menschliche Bindungen zu Geschäftspartnern und Autoren eine Rolle spielen, es wird schneller und nüchterner entschieden, ob eine Sache gemacht oder weiterhin gemacht werden soll, als bei einer personenorientierten Unternehmensgestaltung durch den Inhaberverleger.

Der langfristige Unternehmenswert, der für Inhaberunternehmer, die an ihre Nachkommen denken, eine so sehr große Rolle gespielt hat, weicht dem kurzfristigen *shareholder value*. Obwohl dieser z. T. schon als Fehlkonzeption erkannt wurde, engagieren sich weiterhin Finanzinvestoren im Verlagsbereich wie z.B. dem wissenschaftlichen Springer Verlag mit sehr nachhaltigen Konsequenzen für die Unternehmenspolitik eines solchen Hauses. Ob man einen Verlag ohne das Leitziel der Nachhaltigkeit und primär unter der Zielsetzung kurzfristiger Ertragsmaximierung führen kann, bleibe dahingestellt. Die Gefahr ist allerdings unübersehbar, dass die Erkenntnis, langfristige Zielsetzungen seien vielleicht doch wichtig, zu spät kommen kann, wenn die Marktmacht kurzfristig handelnder großer Marktteilnehmer die kleingliedrige Struktur der nachhaltig agierenden Unternehmer an den Rand gedrückt oder vom Markt beseitigt hat. Wie sich dies in den nächsten Jahrzehnten entwickelt, ist vielleicht die zentrale Frage im wissenschaftlichen Verlagswesen. Wie sie entschieden wird, ist wesentlich abhängig von den Entscheidungen der Autoren sowohl als Anbieter von Manuskripten wie auch als Nachfrager von wissenschaftlicher Literatur.

Lange Dauer und Vertrauen

Der Inhaberverleger und das Familienunternehmen, die geprägt waren von langer Dauer und Vertrauen der Autoren-, Verleger- und Leserbindung, sind heute kaum mehr das Leitparadigma im Verlagswesen. Sehr viele Firmen haben aus den verschiedensten Gründen in den letzten Jahren aufgegeben, wurden fusioniert oder verkauft. Die Zahl der Verlagsmitglieder im Börsenverein sinkt. Die Ursachen dafür sind vielfältig, in nicht geringem Maße auch wirtschaftlicher Natur. Heute dominieren in den meisten Verlagen angestellte Verlagsleiter, vulgo Manager. Deren Professionalität wird in vielen Fällen höher sein als die eines Erben, aber ihre Verweildauer im Unternehmen auch kürzer. Da jeder neue Manager mit neuen Ideen und Prioritäten antritt, kommt eine viel größere Unstetigkeit in die Verlagsführung und die Verlagspolitik als zuvor. Der Neueintretende kündigt Verlagsverträge, tauscht Mitarbeiter aus, verändert die Marketingstrategie etc. Die Verlage werden je nach Tagesmode neu stromlinienförmig umgebaut. Dies verstärkt sich noch, wenn die Verlagsleitung ein Management-Team ohne starke Leitfigur ist: die permanent erforderlichen Abstimmungsprozesse in einem solchen Team gleichstarker Personen erfordern immer wieder Verfahren des „do ut des", d.h. Konsistenz und Verlässlichkeit sinken, die Programmpolitik verarmt zum ergebnisorientierten Halbjahresprogramm. Insbesondere für Autoren tritt damit ein erhebliches Maß an Unsicherheit ein für langfristige Projekte, die nach einem Managerwechsel schon in der Entstehungsphase gekippt werden, oder von Büchern, deren Neuauflage plötzlich in Frage gestellt wird.

Beschleunigung

Neben diesen kürzeren Rhythmus der Verlagspolitik in einer managergesteuerten Struktur tritt das, was heute gern als „Schnelllebigkeit" des Marktes bezeichnet wird. Diese Schnelllebigkeit hat verschiedene Aspekte, der wichtigste ist gewiss die tatsächliche oder zum Teil vielleicht auch nur vermeintliche schnellere Veralterung des Wissens. Ungleich stärker als in früheren Perioden wird das Neueste für weitaus wichtiger als das Alte gehalten. Dies hat für die Verlagspolitik gravierende Konsequenzen, die Laufzeit von Auflagen verkürzt sich stetig, weil das Kaufverhalten der Nutzer entsprechend ist und vice versa. Noch in den siebziger Jahren des 20. Jahrhunderts konnten Verlage wie Vandenhoeck & Ruprecht oder Mohr Siebeck Werke aus der Frühzeit ihres Unternehmens, also dem 18. und frühen 19. Jh., original ab Lager liefern. Diese Bücher befanden sich also teils schon über 200 Jahre am Lager! Es liegt auf der Hand, dass die Lagerkosten dafür ein Vielfaches dessen waren, was die häufig nicht einmal nennenswert angehobenen Preise nach so langer Zeit noch erbrachten. Es war aber so etwas wie Selbstverständnis (um das Wort „Ethos" zu vermeiden) der Verleger, ein solches Buch, zumal wenn es sich um einen wichtigen Text handelte, verfügbar zu halten. Die wachsende Bedeutung von Lagerkosten, Zinskosten und der scharfe Blick der Controller in den Verlagen der Gegenwart schiebt einem solchen langfristigen Vorhalten wissenschaftlicher Literatur einen harten Riegel vor. Das mag in den Naturwissenschaften und den biomedizinischen Fächern eine teilweise Berechtigung haben, problematisch wird es, wenn solche Verhaltensweisen auch auf die unstreitig längerfristig validen Texte der Geisteswissenschaften übergreifen. Was man Schnelllebigkeit des Marktes nennt, könnte man ja auch mangelnde Geduld und mangelndes Durchhaltevermögen der Anbieter nennen. Es ist nicht so leicht, hier zwischen berechtigter Anpassung und übertriebenem Eifer zu unterscheiden. Tatsache ist: die Laufzeiten der Titel sind dramatisch gesunken. Dies findet bedauerlicherweise auch auf der Vertriebsebene, d.h. dem Sortiment, statt.

Unternehmensgrößen

Mit dem schrittweisen Verschwinden oder genauer gesagt dem Verkauf familieneigener mittelständischer Verlage entstehen mehr und mehr größere, z. T. auch sehr große Einheiten im Verlagswesen, die ihrerseits wieder rasch die Eigentümer wechseln oder durch Fusionen zu neuen Identitäten kommen.

Auffallend ist, dass die These von den zwei Kulturen – einer naturwissenschaftlichen und einer geisteswissenschaftlichen – sich in eigenartiger Weise im Verlagswesen ebenfalls abzeichnet: die Tendenz zu Großunternehmen und internationalen Milliardenkonglomeraten ist eindeutig dominant und fast schon an ihr Ende gekommen im naturwissenschaftlichen sog. stm-Bereich (scientific, technical, medical). In diesem Bereich gibt es in Deutschland überhaupt nur noch zwei relevante selbständige Anbieter, die jeweils familieneigene Thieme-Gruppe und die Wissenschaftliche Verlagsgesellschaft mit Hirzel und Steiner. Ansonsten ist das Geschäft weitestgehend in der Hand der genannten Konzerne.

Ganz anders im Bereich der Geistes-, Wirtschafts- und Sozialwissenschaften: hier existiert nach wie vor eine große Anzahl inhabergeführter Familienunternehmen mittlerer und z. T. auch kleinerer Größenordnung. Beispielhaft seien dafür nur aufgezählt: Hiersemann, Meiner, Mohr Siebeck, Klostermann, Niemeyer, Vandenhoeck & Ruprecht, Hirzel, Steiner, Kohlhammer, Schöningh und andere. Dies hat m. E. zwei Hauptursachen: zum einen ist es die ganz andere Interessenlage der Autoren, denen die geschilderte Langfristigkeit und Kontinuität der Verlagsarbeit ungleich wichtiger ist als den weitestgehend auf das Neueste bedachten stm-Autoren. Sie fühlen sich in der traditionsorientierten Welt der Inhaberverleger nach wie vor besser betreut. Zum zweiten spielt eine gewiss sehr große Rolle, dass diese Märkte viel weniger internationalisiert sind, also sich in nationalen Sprachräumen abspielen und mithin auch keine wirkungsvolle Vertriebskraft in allen Kontinenten erfordern, wie das bei der weitgehend englischsprachig gewordenen stm-Literatur mittlerweile der Fall ist. Drittens spielt eine Rolle, dass geisteswissenschaftliche Literatur in der Regel aus glatten Texten, allenfalls unkomplizierten Abbildungen besteht, während naturwissenschaftlich-medizinische Bücher hoch komplexen Formensatz, Farbabbildungen, digitale Komplementärprodukte etc. erfordern, die einen sehr hohen Kapitaleinsatz benötigen. Das führt am Ende zu einem sehr starken „power play" der Anbieter solcher teuer konzipierter Großwerke, in dem der mittelständische Betrieb schon aus finanziellen Gründen, aber eben auch aus Gründen der internationalen Marketingkompetenz, nicht mithalten kann.

Englische Sprache

In vielen Wissenschaftsgebieten kommen immer mehr Publikationen in englischer Sprache heraus, und zwar primär auf Wunsch der Autoren, die sich damit eine stärkere Verbreitung ihrer Forschungen im Ausland versprechen. Viele wissenschaftliche Zeitschriften, insbesondere naturwissenschaftliche, technische und medizinische, publizieren mittlerweile ausschließlich in englischer Sprache und nehmen, auch wenn sie in einem in Deutschland ansässigen Verlag erscheinen, von deutschen Autoren keine deutschsprachigen Beiträge mehr an.

Handel, Vertrieb und Marketing

Wie in praktisch allen Branchen moderner Volkswirtschaften ist auch im Verlagsbereich eine deutliche Gewichtsverschiebung zwischen Produktion und Marketing/Vertrieb zu beobachten. Heute sind in einem Verlag sehr viel mehr Personen mit all den Tätigkeiten befasst, die *nach* der Fertigstellung eines Buches anfallen (Werbung, key account Management, Vertreter, Kundenbuchhaltung, Lager, Versand, Kongresse, Messen, Rechteverwaltung u.s.w.) als Personen in der Planungs- und Produktionsphase (insbesondere Lektorat und Herstellung). Distribution und Warenpräsenz sind wichtiger denn je, werden aber gegenüber drehzifferorientierten Händlern immer schwerer durchsetzbar.

Der deutlichen Konzentration bei den Verlagen entspricht auch eine solche im Buchhandel. Dabei ist diese im Ausland ebenfalls schon viel weiter vorangeschritten als die in Deutschland. Sie hat sich aber auch hier in den letzten Jahren deutlich beschleunigt. Ob das Internet als Vertriebsinstrument hier ein vollwertiger Ersatz werden wird, bleibt abzuwarten.

Globalisierung

Mit Sicherheit darf man davon ausgehen, dass die oben genannten Tendenzen zur verstärkten Rolle der englischen Sprache und englischer Originalliteratur in der akademischen Ausbildung, in der Forschung und in den Bibliotheksbeständen sich fortsetzen. Ergänzend ist dabei auf eine generelle, kürzlich veröffentlichte Einschätzung von Wirtschaftsexperten zu verweisen, dass in den entwickelten Volkswirtschaften ein immer größerer Teil des Bruttoinlandsprodukts im internationalen Wettbewerb stehen wird: von ca. 20 Prozent im Jahre 1990 auf geschätzte 60-70 Prozent in 2015. Inwieweit daraus ein Wettbewerbsnachteil für aus Deutschland stammende Forschung entsteht, lässt sich schwer abschätzen, Gefährdungen sind aber unübersehbar. Dass mit einem solchen Vordringen englischsprachiger Originalpublikationen nicht nur die deutschsprachigen Autoren, sondern natürlich auch die deutschsprachigen Verlage verlieren würden, liegt auf der Hand. Wie sich Strukturen einer globalisierten Wissensgesellschaft, die die bisher weitgehend national orientierten und organisierten Wissensgesellschaften der Vergangenheit ablöst, auswirken werden, lässt sich schwer prognostizieren. Dass es sich um einen schmerzhaften und schwierigen Prozess handelt, darf man wohl mit Sicherheit annehmen und ebenso, dass er gravierende Auswirkungen auf die nationalen Wissenschaftssysteme und deren Durchsetzungskraft im internationalen Wettbewerb haben wird. Die Begutachtungs- und Ablehnungspraktiken vieler (auch renommierter) ausländischer, insbesondere US-amerikanischer Publikationsorgane mögen einen Vorgeschmack der inhärenten Gefahren geben.

Ein Blick in die Zukunft

Welche Entwicklungstendenzen werden wahrscheinlich die nächsten Jahre, vielleicht auch Jahrzehnte im wissenschaftlichen Verlag bestimmen?

Eine der wichtigsten Diskussionen für die Zukunft wissenschaftlicher Kommunikation und Publikation lässt sich in dem Begriff open access bündeln, der von Befürwortern wie eine Kriegsfahne hochgehalten, von Skeptikern eher für einen Irrweg angesehen wird. Es ist hier nicht der Ort zu erörtern, ob das, was bisher von mehr als zehntausend Mitarbeitern der wissenschaftlichen Verlage in Deutschland geleistet wurde, tatsächlich so leicht innerhalb des Bibliotheks- und Hochschulsystems erledigt werden kann, und noch viel weniger, ob es irgend eine realistische Aussicht dafür gibt, dass dies dann effizienter wäre. Ganz zu schweigen natürlich von der Frage, ob irgendeine Aussicht besteht, an den Hochschulen zusätzliche Planstellen in solchem Umfang zu schaffen, um die perhorreszierten „gewinnabschöpfenden" Verlage zu ersetzen. Denn dass die bisher von den Verlagen erbrachten Leistungen in Lektorat, Produktion, digitaler Aufbereitung, Finanzierung, Programmgestaltung und Vertrieb auch in Zukunft und unter veränderten Rahmenbedingungen unverzichtbar sind, daran wird es ja wohl keine Zweifel geben. Qualitätsinformation erfordert hohen Kosteneinsatz auf allen Stufen: Manuskripterstellung, -aufbereitung und ebenso Marketing und Distribution. Umsonst ist sie nicht zu haben. Ob solche unternehmerischen Funktionen tatsächlich besser und kosteneffizienter im öffentlich-rechtlichen Bereich angesiedelt sind als in der Privatwirtschaft, bedarf sicher sorgfältiger Prüfung, und es wäre überraschend, wenn am Ende die Entscheidung für eine Hereinholung all dieser Funktionen in den öffentlich-rechtlichen Bereich fiele, in einer Zeit, in der die Privatisierung bisher öffentlicher Funktionen einen besonderen Stellenwert hat. Sollte die Entscheidung in Deutschland tatsächlich für eine solche Verlagerung von bisher privatwirtschaftlich erfüllten Funktionen an den Hochschulen laufen, würde der deutsche wissenschaftliche Verlag solange dem Wettbewerb gelassen ins Auge blicken, als keine versteckte Kostensubvention erfolgt.

Zu einem solchen Wettbewerb mit Chancengleichheit würde es allerdings auch gehören, dass es nicht, wie von verschiedenen Wissenschaftsorganisationen schon überlegt, dazu kommt, dass Wissenschaftler in ihren Anstellungsverträgen zur Übertragung der Veröffentlichungsrechte ihrer Forschungsergebnisse an ihren Dienstherrn (Hochschule und damit den Hochschulverlag) verpflichtet werden. Es wäre eine dramatische Beschneidung der Entscheidungsfreiheit von Autoren und damit ihrer Möglichkeiten, aus ihren intellektuellen Leistungen auch finanziell Früchte zu ziehen, wenn sie keine freie Wahl ihres Vertragspartners mehr hätten. Hier wird es gerade eines entschiedenen Auftretens derjenigen Wissenschaftler bedürfen, die in ihre Publikationen überdurchschnittlich viel Energie und Zeit stecken und legitimerweise daraus auch Einkünfte ziehen möchten. Open access im Sinne einer Eigentumsrechte an intellektuellen Schöpfungen aufhebenden Sozialisierung des Wissens und einer Enteignung der Wissensproduzenten (Autoren) bedeutete eine gravierende Veränderung des Rechtsrahmens unserer Gesellschaft und wäre mit unabsehbaren Konsequenzen für die Motivation und damit die Effizienz von Forschung, Lehre und Wirtschaft in Deutschland verbunden.

Ganz gravierend aber ist darüber hinaus die Umkehrung des Steuerungsprozesses, der mit open access verbunden wäre: statt Nachfragesteuerung durch Käufer bzw. Abonnenten würde eine Anbietersteuerung der Autoren oder ihrer Institutionen treten: wer die Publikation bezahlen kann, ist als Autor dabei. Das Wissenschaftssystem muss selbst prüfen und entscheiden, ob solche neuen Steuerungsmechanismen gar noch mit Hochschulrepositorien als Plattform wirklich der Qualitätsselektion und Strukturierung des Informationsangebots dienlich werden.

Die Rolle digitaler Publikationsformen

Unstreitig wird die Tendenz zu digitalen Publikationsformen weiter wirksam bleiben. Allerdings sind sich mittlerweile die Experten darin einig, dass, wie immer schon in der Vergangenheit,

Medienkomplementarität die zunächst befürchtete Medienkonkurrenz (Mediensubstitution) bei weitem überwiegt.

Unabhängig von der mit den höheren Kosten wohl überproportional steigenden Effizienz des Gesamtsystems und einer auch längerfristig unstreitig bedeutenden Rolle gedruckter Informationen und klassischer Verlage sehen sich kleinere und mittlere Verlage durch eine solche doppelte Aufgabenstellung und die in diesem Beitrag skizzierten Strukturveränderungen sehr großen Herausforderungen gegenüber. Sie werden diese nur bewältigen können, wenn Autoren, die die Rolle der mittleren Verlage für wichtig halten, mit diesen in einer Weise zusammenarbeiten, die einen Wettbewerb mit globalisierten Großunternehmen ermöglicht. Es ist zu erhoffen, dass von einer solchen von gemeinsamen Zielvorstellungen getragenen Partnerschaft auch in Zukunft alle Beteiligten, d.h. Autoren und Verlage ebenso wie das Gesamtsystem Wissenschaft deutliche Vorteile ziehen könnten.

Hermann Lübbe

Gleichheit macht frei

In allen egalitär verfassten modernen Gesellschaften nimmt die Ungleichheit der Individuen zu – nach Wissen und professionellen Kompetenzen, nach Partizipationsniveaus und nach gesundheitsdienlicher oder auch krankheitsfördernder Lebensführung, nach sozialem Status mit Einschluss von Einkommen und Vermögen. Wie ist das zu erklären?

Beim Gewicht dieser Frage wäre es verwunderlich, wenn sie nicht längst in gemeinverfügbarer Weise beantwortet wäre. Die populärste Antwort lautet, die Ungleichheit wachse in eins mit der Freiheit. Sie ist richtig. Aber man missversteht sie, wenn man wie üblich hinzufügt, Freiheit stehe eben in Spannung zur Gleichheit, und je weiter wir bis auf die Ebene der Verfassungsgerichtsbarkeit hinauf die Spielräume der Freiheit zögen, umso mehr gerate zugleich das Egalitätspostulat in Bedrängnis.

Diese Sicht der Zusammenhänge ist nicht nur populär. Sie wird auch sehr prominent vertreten. Dazu sei Gerhard Leibholz zitiert, der sich in der Frühgeschichte der Verfassungsgerichtsbarkeit der zweiten deutschen Demokratie verdient gemacht hat: „Liberale Freiheit und demokratische Gleichheit stehen zutiefst zueinander im Verhältnis einer unaufhebbaren Spannung, Freiheit erzeugt zwangsläufig Ungleichheit und Gleichheit notwendig Unfreiheit. Je freier die Menschen sind, umso ungleicher werden sie. Je mehr die Menschen dagegen im radikal-demokratischen Sinne egalisiert werden, umso unfreier gestaltet sich ihr Leben." So charakterisierte Leibholz Anfang der sechziger Jahre die Aufgabe, Gleichheit und Freiheit vereinbar zu machen, als unlösbare „Quadratur des Kreises".

Der Wirkungszusammenhang von Gleichheit und Freiheit ist allerdings um einen entscheidenden Grad komplizierter, und es hat praktische Bedeutung, die tatsächlichen Zusammenhänge zurechtzurücken. Gleichheit als Grundrecht, Gleichheit also im Sinne der europäisch-amerikanischen Verfassungsrechtsgeschichte seit der Aufklärung, nimmt der Freiheit keineswegs Entfaltungsräume, die eigentlich ihr gebühren und darin leider im Interesse der Gleichheit eingeschränkt werden müssen. Genau konträr zu dieser Meinung ist Gleichheit, nämlich die ganze und uneingeschränkte Grundrechtsgleichheit aller Bürger ohne jeden Abstrich, die konstitutive Voraussetzung ihrer Freiheit. Gleichheit macht frei. Historisch-politisch und bis in die Gegenwart unverändert fortdauernd heißt das: Gleichheit emanzipiert die Bürger aus Verhältnissen von Vorrechten des Standes. Gleichheit hebt die Vorrechte auf, die an der Konfession, an der Religion gar hingen. Gleichheit kassiert die Differenzierung der Stimm- und Wahlrechte nach Einkommen oder Grundvermögen. Sie setzt schließlich sogar rechtlich die Geschlechter gleich und macht darüber hinaus auch Eigenschaften von der Hautfarbe bis zur mentalen Gesundheit menschenrechtlich irrelevant.

Erst kraft dieser rechtlichen Irrelevanz dessen also, worin wir höchst verschieden sein mögen und gegebenenfalls auch bleiben möchten, sind wir frei. Dieser Bedeutung wegen hätte entsprechend auch in unserer Verfassung die Gleichheit statt im dritten Artikel nach dem zweiten, der die Freiheit zum Gegenstand hat, in der Aufzählung der Grundrechte vor der Freiheit genannt werden können. Andere Verfassungen verfahren so: die der Niederlande zum Beispiel oder auch diejenige Belgiens.

Es kann insoweit gar keine Rede davon sein, dass die Verbindung von Gleichheit und Freiheit, wie Leibholz fand, uns eine Aufgabe nach Art der Quadratur des Kreises auferlegte. Entsprechend verlangt die Frage, wieso denn nun, wie man nicht leugnen kann, just in befreiten, also egalitären Gesellschaften die Ungleichheit der Lebenslagen der Bürger fortschreitend zunimmt, eine andere Antwort als die, die Freiheit habe eben die missliche Eigenschaft, zu Lasten der Gleichheit zu gehen.

Die genauere Antwort nach den Ursachen der in allen egalitär verfassten demokratischen Gesellschaften zunehmenden Ungleichheit lautet: Unbeschadet strikter Egalität unserer Bürgerrechte bleibt die Nutzung der durch sie konstituierten Freiheit von Voraussetzungen abhängig, die ihrerseits eine missliche Eigenschaft haben: Sie sind sozial ungleich verteilt. Einige dieser ungleich verteilten realen Bedingungen sind dabei ihrerseits politisch disponibel. Andere sind es nicht und einige sogar prinzipiell nicht. So oder so bedeuten die manifesten ökonomischen, kulturellen und sonstigen Ungleichheitsfolgen unserer Freiheitsnutzung nicht eine Einschränkung unserer Rechtsgleichheit. Die Kausalitäten wirken genau umgekehrt: Die Rechtsgleichheit ist es ja, die erst den förmlichen Zugang zu den Voraussetzungen rechtlich uneingeschränkter Freiheitsnutzung eröffnet und somit die Differenzierungsvorgänge auslöst, die in allen modernen Gesellschaften manifest sind.

In der Zusammenfassung heißt das: Nicht die Freiheit als solche macht ungleich, vielmehr die faktische und partiell sogar unaufhebbare Ungleichheit in der Verteilung unserer Chancen, egalitär konstituierte Freiheit zu nutzen.

Es müsste überraschen, wenn die Klassiker der Demokratietheorie das nicht früh schon erkannt hätten. Jean-Jacques Rousseau ist einer der ersten und zugleich wirkungsreichsten Denker, die beide Seiten der politischen Modernisierung thematisiert haben: den Übergang der politischen Souveränität auf die Nation der Bürger gleicher Rechte einerseits, die Ungleichheitsfolgen unterschiedlicher Chancen der Nutzung dieser Rechte andererseits. Zu diesen Ungleichheitsfolgen der Nutzung egalitärer Rechte verhält sich die Idee komplementär, die Zufälligkeit der historisch-politischen und sozialgeschichtlichen Umstände, die uns als egalitäre Freiheitsnutzer begünstigen oder auch benachteiligen, ihrerseits politisch durch Egalisierung zu tilgen.

Man beschriebe die wohlbekannten einschlägigen Programme politischer Egalisierung realer Chancen zur Nutzung egalitär konstituierter Freiheit falsch, wenn man fände, bei diesen Programmen handele es sich um eine konsequenter fortgesetzte Politik der Egalisierung der Bürgerrechte. Die beiden mit Abstand wichtigsten Politiken mit der Absicht, die egalitär befreiten Bürger über ihre Rechtsgleichheit hinaus kompetent zur Freiheitsnutzung zu machen, konstituieren gar nicht zusätzliche, strikt egalisierbare Bürgerrechte. Sie wirken vielmehr in Reaktion auf sichtlich ungleich verteilte Kräfte ihrer Inanspruchnahme ausgleichend und fördernd, und sie nehmen dafür die Bürger auf anspruchsvolle Weise in die Pflicht. Sie machen die Teilnahme an Maßnahmen des Erwerbs von Kompetenzen zur Freiheitsnutzung verbindlich und verfügen überdies Zwangsmitgliedschaften in Einrichtungen zur Abdeckung der Risiken, von denen Freiheitsnutzer bedroht sind. Kurz: Komplementär zur egalitär konstituierten Bürgerfreiheit haben sich überall in modernen Gesellschaften allgemeine Schulpflicht einerseits und Sozialversicherungspflicht andererseits durchgesetzt.

Gewährleistung egalitärer Bürgerrechte einerseits und gesetzliche Verpflichtung der Bürger andererseits zur Teilnahme an Maßnahmen und Einrichtungen zur Verbesserung und Absicherung der Voraussetzungen der Freiheitsnutzung – das ist hier der Unterschied. Er ist tiefgreifend und zugleich unaufhebbar. Die Bürgerrechtsgleichheit kann strikt und vollständig gewährleistet werden – als Staatspflicht des Unterlassens von Unterscheidungen. Hingegen lässt sich aus der Menge dessen, was hilfreich sein könnte, um die Bürger kompetent zur Freiheitsnutzung zu machen, stets nur dies oder das zum Gegenstand einer gesetzlichen Bürgerpflicht machen – vier Schuljahre zunächst oder späterhin auch acht, gar zehn. Krankenversicherungspflicht unter Einbeziehung von vierzig Prozent, später dann gegen neunzig Prozent oder künftig auch hundert Prozent aller Bürger. Ob dies oder das – das ändert sich im Laufe der Zeiten, in Abhängigkeit unvorhergesehener Umstände, gegebenenfalls über einen Koalitionswechsel sogar mit seinem Wechsel politisch dominanter Vorstellungen von dem, was nötig ist an öffentlichen Betreuungssystemen, die Freiheitsgebrauch fördern und sicherer machen sollen.

Während also der Staat Rechtsgleichheit im Wesentlichen durch Unterlassen sichert, fördert er die Kompetenz der Bürger zur Freiheitsnutzung durch Handeln – stets höchst selektiv, nach Zeit, Raum und Umständen sehr verschieden. Und ebendas hat zur Konsequenz, dass alle positiven Maßnahmen zur Minderung der sozialen Ungleichverteilung unserer Chancen der Freiheitsnutzung ihrerseits neue Unterschiede konstituieren. Es gibt die Prinzipien nicht, die uns in die Lage versetzen könnten, zu sagen, ob die Sozialstaatstraditionen konservativer Prägung, wie sie für Österreich oder Deutschland charakteristisch sind, gegenüber den amerikanischen Traditionen tatsächlich den Vorzug verdienen. Bei der Menge der zusammenwirkenden Faktoren ist die Kalkulation der Zukunftsfähigkeit der unterschiedlichen Systeme ohnehin schwerlich möglich. Universell scheint hingegen zu sein, dass Staatsprogramme zur Förderung der Freiheitsfähigkeit der Bürger nach Ausmaß und Eingriffstiefe zunehmen – in Europa wie in den Vereinigten Staaten. Aber noch einmal: Sozial und kulturell homogenisierend wirken diese Programme dauerhaft gleichwohl nicht. Im Endeffekt machen sie stets ursprüngliche Ungleichheit auffälliger und führen zu sozialer Differenzierung.

Beispielhaft heißt das: Die alte Volksschule, die jedermann schreiben, lesen und rechnen lehrte und damit die Volksbildung auf ein nie zuvor gekanntes Niveau hob, machte zugleich wie nie zuvor unaufhebbare Ungleichheiten sichtbar, die im vormodernen Kulturmilieu gänzlich verborgen geblieben waren. Je leistungsfähiger wir unsere Schulen machen, umso wirksamer und auffälliger wird der Unterschied, den es macht, ob wir in unseren sozialen und kulturellen Herkunftsmilieus befähigt worden waren, etwa die Fernsehgeräte nicht nur anzuschalten, sondern auch auszuschalten, um uns über zwei Stunden hin einer Lektüre oder einem Sportvereinstraining zu widmen. Das gilt von unseren Ernährungsgewohnheiten bis zu unserer Bereitschaft zum Engagement bei der Jugendfeuerwehr, von unserer Pünktlichkeit, die uns verlässlich macht, bis hin zur Fähigkeit, die Mitwirkung im Kirchenchor zugleich für Zwecke der Partnerschaftsbildung zu nutzen.

Verallgemeinert heißt das: Je moderner wir leben, umso größer wird die Bedeutung unseres Wissens, unserer Kompetenzen seines Erwerbs, unseres Selbstorganisationstalents und unserer Kooperations- und Gemeinschaftsfähigkeit. Je moderner wir leben, umso chancenreicher existieren wir, und die Vorstellung ist lebensfremd, dass sich die damit verbundene Ungleichheit im Niveau der Chancennutzung jemals bildungs- oder sozialpolitisch egalisieren ließe.

Die Ungleichheitsfolgen der Egalisierung lassen sich eindrucksvoll auch im Kontrast mit jenen Massengesellschaftstheorien erkennen, wie sie in kulturkritischer Absicht in der europäischen Zwischenkriegszeit vertreten wurden. Zu gleicher Zeit erschien im Jahre 1930 Ortega y Gassets „Der Aufstand der Massen" – ein aufsehenerregendes Buch, das alsbald in alle europäischen Sprachen übersetzt wurde – und das berühmte Göschen-Bändchen Nr. 1000 des deutschen Philosophen Karl Jaspers, das die „geistige Situation der Zeit" thematisierte. Ortega y Gasset schrieb: „Die Masse vernichtet alles, was ausgezeichnet, persönlich, eigenbegabt und erlesen ist." Jaspers fand, die Masse entfalte die Tendenz, „keine Selbständigkeit zu dulden und keine Größe", und er verschmähte selbst den alten Tiervergleich mit der „Ameise" nicht, der später in Anwendung auf China zur Zeit der Großen Kulturrevolution wieder populär werden sollte.

Selbstverständlich haben auch diese großen Liberalen sich auf Realitäten ihrer Zeit bezogen, und es genügt, an die Marschkolonnen totalitär verfasster Parteien zu erinnern, die damals durch die Straßen zogen und in einigen Ländern die Straßen bereits beherrschten. Aber die einheitsparteilich geprägten totalitären Regime sind untergegangen. Stattdessen haben sich Verhältnisse einer nie gekannten Pluralisierung und Individualisierung herausgebildet.

In der Absicht, die Konsequenzen der in allen modernen Demokratien zunehmenden Ungleichheit zu analysieren, beträte man ein weites Feld. Zweierlei sei herausgegriffen:

Erstens werden komplementär zur Ungleichheit unserer Lebensniveaus über die skizzierten Ausgleichsleistungen des Sozialstaats hinaus auch familiäre und sonstige gruppenspezifische Solidaritätsleistungen neuerlich unentbehrlich und als Anspruch an moralischer Intensität gewinnen – von der Behindertenhilfe in der Familie bis zum sozialen und kulturellen Mäzenatentum der Großvermögenden. Zweitens bleiben wir gerade in egalitär verfassten Gesellschaften auf eine Kultur öffentlicher Anerkennung politisch schlechterdings indisponibler Ungleichheit angewiesen. Das gibt es ja schon, trotz eminenter Vorteile der Leistungsträger: im Sportbetrieb zum Beispiel oder in der Pop-Kultur mit ihren Milliardenumsätzen. Wir nehmen auch als unabwendbar hin, dass die Bedingungen von Gesundheit und Krankheit ungleich verteilt sind.

Illusionäre Vorstellungen der Ausgleichsfähigkeit von Benachteiligungen sind am ehesten noch in der Bildungspolitik verbreitet. Im Endeffekt belasten sie die Benachteiligten, denen man helfen möchte, zusätzlich. Exemplarisch heißt das: Der rundum geförderte Gesamtschüler, der sich nach Kräften, aber schließlich vergeblich bemüht, zu erbringen, was mit ungleich geringerem Aufwand seinem Bankgenossen gelingt, kann nicht leben lernen, wenn er sich fortdauernd als Opfer der Ungerechtigkeit von Bildungschancen eingeschätzt fände.

Dietrich von der Oelsnitz

Wollen wir so den „War for Talents" gewinnen?

Zum Staatsversagen in der Bildungspolitik

Gut ausgebildete Mitarbeiter sind in der Wissensökonomie des 21. Jahrhunderts eine entscheidende Ressource. Im War for Talents – dem weltweit ausgetragenen Kampf um die besten Köpfe und die talentiertesten Geistesarbeiter – stellen die Unternehmen zu Recht hohe Anforderungen an das staatliche Bildungssystem. Personalverantwortliche erwarten von den Hochschulabsolventen dabei vor allem kurze Ausbildungszeiten, Auslandspraktika, Fremdsprachenkenntnisse, Teamfähigkeit. Verlangt werden aber auch Wissenshunger sowie ein grundsätzliches Reflexions-und Lernvermögen. Gleichzeitig wird ein intensiverer Wettbewerb der Hochschulen untereinander eingefordert, und zwar sowohl in Bezug auf die Forschung als auch hinsichtlich der Lehre. Dieser Wettbewerb wird von einigen Unternehmen zusätzlich dadurch stimuliert, dass sie bevorzugt Absolventen privater Hochschulen einstellen oder gar mit eigenen Einrichtungen auf dem Bildungssektor tätig werden. Offensichtlich kränkelt das deutsche Bildungssystem – und dies nicht erst seit wenigen Jahren. Insbesondere die staatlichen Schulen sind in Misskredit geraten: Gewalt und Markenterror auf dem Schulhof, schlecht integrierte Einwandererkinder, weiterbildungsunwillige Lehrer sowie massive Stundenausfälle geben ein schlechtes Bild ab. Wer es sich leisten kann, schickt seine Kinder zur Ausbildung ins Ausland oder auf eine Privatschule. Dementsprechend hat die Zahl der Privatschüler in Deutschland seit 1992 um 50 Prozent zugenommen. Mittlerweile geht bei uns jedes achte Kind nicht mehr auf eine staatliche Schule. Die öffentlichen Schulen diskutieren dafür seit dreißig Jahren über koedukative Erziehung und das dreigliedrige Schulsystem. Dass Probleme und Defizite bestehen, wird den deutschen Bildungspolitikern mindestens einmal im Quartal auch offiziell bestätigt: „Deutschland droht den Anschluss bei der Ausbildung von Hochqualifizierten gegenüber anderen Industrienationen zu verlieren" – ungefähr so fällt jedes Jahr das Gesamturteil aus, wenn die Organisation für wirtschaftliche Zusammenarbeit und Entwicklung (OECD) ihre Studie Bildung auf einen Blick vorstellt. Analog das Fazit, das die OECD in ihrer aktuellen, im März 2007 vorgestellten Erhebung zieht: Insgesamt bilde Deutschland immer noch deutlich zu wenig Abiturienten und Studierende aus. Zwar hat sich nach Angaben der OECD im Zeitraum 2000 bis 2004 hierzulande der Anteil der Studierenden an Universitäten und Fachhochschulen pro Jahrgang von 19,3 auf 20,6 Prozent erhöhen können; der OECD-Durchschnitt ist inzwischen jedoch auf 34,8 Prozent gestiegen. Im Vergleich zu Deutschland weisen nur noch die Tschechische Republik, Österreich und die Türkei eine geringere Absolventenquote auf. Und auch bei den Bildungsinvestitionen fällt Deutschland zurück: Der Anteil aller öffentlichen und privaten Bildungsausgaben am Bruttoinlandsprodukt lag im Jahr 2004 bei 5,3 Prozent und damit klar unter dem OECD-Durchschnitt von 5,9 Prozent. Noch ungünstiger nimmt sich die Relation aus, wenn der Anteil der Bildungsausgaben an den öffentlichen Gesamtausgaben zugrunde gelegt wird – danach stagnieren die Bildungsinvestitionen in Deutschland nämlich bei 9,7 Prozent. Der Durchschnitt der OECD-Staaten beträgt seit Jahren gute 13 Prozent!

Diese Resultate sind für den OECD-Bildungsexperten Andreas Schleicher Anlass genug, immer wieder als Chefmahner aufzutreten: Deutschland werde „den steigenden Bedarf an gut ausgebildeten Fachkräften nicht befriedigen können". Gleichzeitig hebt Schleicher eindringlich den „dramatischen Anstieg des Bedarfs an Spitzenqualifikationen" in allen Industrienationen hervor. Erfolgreiche Länder wie Finnland und Japan hätten für ihr Bildungssystem eine strategische Perspektive entwickelt; „solche Vorstellungen, wo es hingehen soll, kann ich in Deutschland nicht erkennen", sagte Schleicher 2006 der Neuen Osnabrücker Zeitung. In dieselbe Kerbe schlägt auch Ute Erdsiek-Rave, ehemalige Präsidentin der Kultusministerkonferenz, die eine „Qualitätsoffensive" für das deutsche Bildungssystem fordert. Finanziert werden könnte diese ausnahmsweise einmal sympathische Offensive durch das Geld, das Länder und Kommunen in den nächsten Jahren durch den erheblichen Rückgang der Schülerzahlen einsparen – die sogenannte Kinderschwundprämie. Der Staat spart nämlich allein durch die zurückgehenden Geburten viele Milliarden im Jahr. Eine bestandserhaltende Geburtenrate vorausgesetzt, müsste er allein für das Kindergeld 50 Prozent mehr ausgeben als heute. Die Dramatik unserer Ausbildungssituation wird so richtig erst vor dem Hintergrund der Entwicklung in Fernost deutlich – dem Sitz unserer zukünftigen Hauptkonkurrenten. Der asiatische Kontinent verfügt bekanntlich über die Kraft der großen Zahl. Die von den verschiedenen Regierungen forcierten Forschungs- und Bildungsanstrengungen – die chinesischen Forschungsausgaben wachsen seit Jahren um 10 bis 20 Prozent und haben mittlerweile fast die Hälfte des gesamteuropäischen Niveaus erreicht – haben dazu geführt, dass in Fernost die größte Akademikergeneration entstanden ist, die es je auf Erden gab. 2006 verlassen voraussichtlich weitere vier Millionen Chinesen und drei Millionen Inder die Hochschulen. Was kümmern da die statistischen Relativierungen westlicher Politiker, die in schon fast gewohnter Verkennung der Lage darauf hinweisen, dass im Verhältnis zur Gesamtbevölkerung nirgendwo so viele Akademiker ausgebildet werden wie in Europa. Im globalen Kampf um Kunden und Marktanteile zählen keine Prozente, sondern absolute Zahlen. Inzwischen bildet allein China zehnmal mehr Ingenieure aus als Deutschland. Und in den USA wird inzwischen jede vierte Promotionsurkunde in den Natur- und Ingenieurwissenschaften auf einen Chinesen ausgestellt. Aber aufgepasst: Nicht nur China und Indien kommen gewaltig. Das weltweite Arbeitskräftepotential verzeichnet seit Anfang der 1990er-Jahre einen Zuwachs von

200 000 Arbeitskräften täglich. Und ist der logistische Weg nach Fernost auch weit – die EU-Konkurrenz wartet bereits vor unserer Haustür. Gerade in Osteuropa, in Prag, Krakau und Budapest sind durch gezielte Arbeitsplatzverlagerungen westeuropäischer Großunternehmen und die Fremdvergabe betrieblicher Dienstleistungen zahlreiche Boomregionen entstanden. Die Arbeitskräfte dort sind mehrsprachig, fleißig und billig. Dies nutzt zum Beispiel der Lebensmittelkonzern UNILEVER, der seine weltweite Personalverwaltung an den Dienstleister ACCENTURE auslagert und seine europäische Finanzbuchhaltung an IBM. Das Personal wird nun in Bukarest verwaltet, die Buchhaltung in Prag erledigt. In Hamburg gibt es dafür nun knapp hundert Arbeitsplätze weniger. Doch das Personal in Osteuropa übernimmt für seine Auftraggeber immer häufiger auch kreative Aufgaben. In vielen deutschen Unternehmen wird daher zunehmend auch um die Arbeitsplätze im mittleren Qualifikationsbereich gezittert.

Rotstift oder Reform?

In den überregionalen Tageszeitungen finden sich häufig Schlagzeilen, die von einer „Bildungspolitik der leeren Kassen" sprechen. In der Tat scheinen einige Bildungspolitiker die derzeit vorgenommene Umstellung der Diplomstudiengänge auf Bachelor- und Masterstudiengänge für massive Einsparungen und Stellenstreichungen im wissenschaftlichen Bereich nutzen zu wollen. Argumentativ flankiert werden diese Bemühungen durch den demographischen Wandel, der in den nächsten Jahren zu einem drastischen Rückgang der Schüler- und Studentenzahlen führen wird. Besonders vorsichtig ist der Freistaat Thüringen: Er rechnet bis zum Jahr 2013 mit ca. 35 Prozent weniger Studienanfängern und fast 60 Prozent weniger Schulabsolventen mit Hochschulzugangsberechtigung. Dass die Erhöhung der Akademikerquote und neue Studienberechtigte allerdings erklärtes bundespolitisches Ziel sind und die Zulassung weiterer Zugangsgruppen – zum Beispiel Absolventen von Abendschulen oder Berufsakademien – neue Nachfrage nach Studienplätzen hervorbringt, wird dabei gern ignoriert.

Wie ein schlecht geführtes Unternehmen, das auf Auftragsrückgänge und verlorene Marktanteile mit dem Abbau von Personal und Fertigungskapazität reagiert, agieren nun die Bildungsverantwortlichen. In Thüringen sollen zum Beispiel nach einem Positionspapier des Kultusministeriums (vom 6. April 2006) 30 Prozent der Wirtschafts- und 45 Prozent (!) der Informatik-Studienplätze abgebaut werden. Ein wesentliches Ziel sei dabei vor allem die Qualitätssteigerung in den neuen Bachelor-Studiengängen, die unter anderem durch solche hoffnungsstiftenden Wortschöpfungen wie „neuer Optimierungsfond" symbolisiert wird. Zur Qualitätssteigerung soll auch die unter dem Euphemismus „Exzellenz-Cluster" betriebene Zusammenlegung, sprich Streichung diverser Studiengänge beitragen. Eine gutes Management – bei Hochschulen ebenso wie in kommerziellen Unternehmen – zeichnet sich jedoch dadurch aus, dass in der beschriebenen Situation nicht defensiv Ressourcen abgebaut werden, sondern ganz im Gegenteil, dass man an der Angebotsseite ansetzt und sich kreativ fragt, wie die Leistung der betroffenen Organisation verbessert und somit neue Nachfragergruppen gewonnen werden können. Nicht resignative Anpassung an vermeintlich Unabänderliches ist gefordert, sondern der Einsatz von Phantasie. Gute Manager unterscheiden sich von schlechten durch neue Ideen und das Aufbrechen von geistigen Zwangsjacken. „Wer nur Wirklichkeitssinn und keinen Möglichkeitssinn hat, ist geistig behindert", hat der verstorbene SPD-Bildungsexperte Peter Glotz in seinem letzten Buch formuliert. Als Gründungsrektor der (eigentlich uralten) Universität Erfurt hat er gewusst, wovon er sprach. Die Bildungspolitik darf jedenfalls nicht zum Verwalter scheinbar naturgesetzlicher Sachzwänge degenerieren.

Dabei könnte vieles so einfach sein. Eine schlichte Relation gibt einen ersten Fingerzeig: Harvard gibt mehr Geld für seine 17000 Studenten aus als Niedersachsen für seine 180000. Sind qualifizierte Ausbildung und Spitzenforschung also nur eine Frage des Geldes? Mit Sicherheit nicht, und wir wollen auch nicht den Eindruck materiell unersättlicher Steuergeldempfänger erwecken. Natürlich sind in deutschen Bildungseinrichtungen – vor allem in den staatlichen – noch allerhand Effizienzreserven zu heben, natürlich gibt es in den meisten Fachhochschulen und Universitäten zu umständliche und zu langwierige Prozesse. Und einiges liegt grundsätzlich im Argen: Die Naturwissenschaften werden von viel zu wenig Menschen studiert – Chemie und Physik sind, ganz anders als noch zu Vorkriegszeiten, als deutsche Forscher hier massenweise Nobelpreise einfuhren, fast zu Exotenfächern geworden; das weltweite bewunderte Zwei-Säulen-Modell der betrieblichen Berufsausbildung mit seinen zwei Lernorten Betrieb und Schule verliert an Bedeutung; die Zahl wirklich guter Ausbildungsplätze geht zurück, die „Generation Praktikum" ist schon sprichwörtlich. Und die Probleme der Eingliederung der Immigranten in das deutsche Schulsystem sind spätestens nach den deutschlandweit ungläubig bestaunten Vorkommnissen in der Berliner Rütli-Schule für jeden sichtbar geworden. Den Hochschulen sind solche Erfahrungen bislang zum Glück erspart geblieben. Hier geht es ja um „Elite". Dabei ist der Siegeszug der süddeutschen Hochschulen im Elitewettstreit einfach zu erklären: Bayern zum Beispiel überwies 2005 mehr als 1,7 Milliarden Euro an seine Universitäten. Gemessen am Bruttoinlandsprodukt geben Staat und Wirtschaft in Bayern und Baden-Württemberg mittlerweile mehr als doppelt so viel Geld für Forschung und Entwicklung aus wie Nordrhein-Westfalen. Dieser auskömmliche Ressourcenzufluss wird flankiert durch eine gelungene Verzahnung von Wissenschafts- und Wirtschaftsförderpolitik. Analog gründet auch der Erfolg von Harvard & Co weniger im Angebot eines Bachelor- oder Master-Studienmodells, sondern vielmehr in der Bereitschaft, das riesige Stiftungsvermögen konsequent für die immerwährende Verbesserung der alltäglichen Lehr- und Forschungssituation einzusetzen. „Harvard" ist nach der römisch-katholischen Kirche die zweitreichste nicht-staatliche Organisation der Welt; allein das Stiftungsvermögen der Harvard School beläuft sich auf ca. 20 Milliarden US-Dollar. Dessen Einsatz dient nicht der pekuniären Bereicherung der Ausbildungskräfte, sondern den Studenten. Es ist eben ein großer Unterschied, ob ein Lehrstuhlinhaber in der Betriebswirtschaftslehre Sprechzeiten für 400 oder für 100 Studenten einräumen muss; ob ein wissenschaftlicher Mitarbeiter in seiner nachbereitenden Übung seine Zuhörer persönlich kennenlernen und sich ihnen individuell zuwenden kann oder ob er einer mehr oder weniger anonymen Masse gegenübersteht; und auch, ob ein Examenskandidat seine Studienzeit schon dadurch verkürzen kann, dass ihm nicht zugemutet wird, sich in lange Wartelisten einzutragen und möglicherweise über ein Jahr auf seine Diplomarbeit zu warten. Wenn man sich an den PISA-Siegern orientieren will, warum verzichtet man dann nicht einfach auf die ewige Reformiererei und investiert einfach mal auch nur annähernd so viel Geld in das Bildungssystem, wie die PISA-Sieger es tun?

Wo Markt draufsteht, muss auch Markt drin sein!

Wie gezeigt, bildet die Forderung nach mehr Wettbewerb und gezielten Leistungsanreizen einen Grundpfeiler der heutigen Bildungspolitik. Aber bekommen wir durch die Hochschulreformen auch mehr Markt? Wie sieht es im Detail aus? Um das Ergebnis vorwegzunehmen: Jenseits der üblichen Rhetorik wird schnell klar, „dass wir im Hochschulbereich überhaupt nicht auf marktliche Lösungen zusteuern, sondern strikt auf einen zentralistischen Lenkungsansatz". Dieses Urteil lässt sich durch vier Schlaglichter untermauern:

– Das neue Thüringer Hochschulgesetz benutzt bezeichnenderweise nicht mehr den Begriff „Fakultäten" – stattdessen hat man den wunderbar trivialen Begriff der „Verwaltungseinheit" erfunden. Wie in so vielen anderen Bundesländern auch, sollen obendrein bewährte Strukturen der Selbstverwaltung zerschlagen werden – man darf gespannt sein auf das zukünftige Schicksal von Senat, Konzil, Forschungs- und Studienausschüssen. Die Universitäten erfahren in vielen Bundesländern jetzt eine mehr oder weniger straffe Leitung durch den Universitätsgremien beigestellte Hochschulräte. In einigen Bundesländern wird die Universitätsspitze bereits de facto durch die Kultusministerien bestimmt; die internen Kollegien kaltgestellt. Extern eingekauften Wissenschaftsmanagern wird offensichtlich ein besseres Geschäftsverständnis zugetraut. Aktive Mitwirkung der Beteiligten? Interner Wettbewerb um die besten Ideen?

– Durch das zwangsweise Abschaffen der Diplomstudiengänge und die bindende Verpflichtung zur Einrichtung von Bachelor- und Masterstudiengängen können die Universitäten auf dem Bildungsmarkt nicht einmal mehr über das Produkt bestimmen, mit dem sie in Konkurrenz treten wollen. Akkreditierungsagenturen sprechen bei der inhaltlichen Konzipierung der neuen Studiengänge mit; der faktische Entscheidungsspielraum der wissenschaftlichen „Produktmanager" ist stark eingeschränkt. Wettbewerb ohne Wahlmöglichkeit? Kann der Studierende sich nun etwa frei nach seinem Gusto zwischen unterschiedlichen Studienmodellen entscheiden?

– Der viel gerühmte Globalhaushalt entspräche nur dann dem marktüblichen Prinzip dezentraler Koordination, wenn den Bildungseinrichtungen überhaupt Spielräume zur Nutzung ihrer Autonomie zur Verfügung stünden. Vor allem im Rahmen der Föderalismusreform ist höchst ungewiss, über welchen Finanzbedarf die einzelnen Hochschulen zukünftig verfügen können. Wenn die „Gemeinschaftsaufgabe Hochschulbau" dann abgeschafft sein wird, haben Bund und Länder in den vergangenen 35 Jahren gemeinsam rund 60 Milliarden Euro investiert. Die Gegenfinanzierung der Länder für den sich weitgehend zurückziehenden Bund beläuft sich nun auf etwa 700 Mio. Euro im Jahr und ist derzeit rechtlich nicht gesichert. Viele Budgets werden merklich zusammenschrumpfen. Überdies ist der Großteil der Ausgaben inhaltlich bereits mehr oder weniger festgelegt. In der Organisationslehre hieße das: Man schafft ein dem Konkurrenzdruck ausgesetztes Profit-Center, das dann aber weder sein Produkt selbst bestimmen kann noch über ausreichend Finanzmittel zum strategischen Manövrieren verfügt.

– In Anlehnung an das in vielen Betrieben seit den sechziger Jahren betriebene Management by Objectives kommen Ziel- und Leistungsvereinbarungen groß in Mode. Zwischen Politik und Universität sollen dann verbindliche Vorgaben für die Bildungsmaschine festgesetzt werden. Bislang setzt lediglich ein Drittel der deutschen Universitäten Zielvereinbarungen ein, weitere 28 Prozent planen die Einführung. Der Begriff „Vereinbarung" suggeriert jedoch ein gegenseitiges Aushandeln auf Augenhöhe. Erste Erfahrungen mit diesem Instrument in den Hochschulen zeigen jedoch, dass bei dem allseits verbreiteten zentralen Lenkungsdenken aus der Leistungsvereinbarung schnell eine Leistungsvorgabe wird, deren Nichterfüllung mit Ressourcenabzug bestraft wird. Dies ist insbesondere vor dem Hintergrund der Öffnung der Hochschulen für Nicht-Abiturienten bedenklich. Führen schwache Noten in großer Zahl dann zukünftig dazu, dass den neoliberalen Bildungspolitikern weitere Streichoptionen offenstehen? Wer dann weniger Geld oder Mitarbeiter bekommt, hat offensichtlich selbst Schuld.

Dass eher zentrale Lenkung und Zentralverwaltungswirtschaft das Gebot der Stunde sind, wurde bereits vor wenigen Jahren deutlich, als nämlich die damalige Bundesbildungsministerin meinte, den Wettbewerb um wissenschaftliche Qualifikationsabschlüsse dadurch fördern zu können, dass man auf dem Weg zur „Professorenwerdung" schlicht die klassische Habilitation verbietet und alle derart ausgerichteten Nachwuchswissenschaftler in die Juniorprofessur zwingt. Zwar wurde dieser durchsichtige Versuch vom Bundesverfassungsgericht in seinem Urteil vom 27. Juli 2004 gekippt, aber dies vor allem aus formalföderalistischen Gründen – die Bundesländer seien schließlich immer noch für Derartiges zuständig. Wie gespenstisch die Situation in der Wissenschaftspolitik mittlerweile ist, konnte man daraus ersehen, dass die erfolgreich klagenden Bundesländer anschließend die Vorreiter bei der Einführung der Juniorprofessur waren (Niedersachsen, Bayern). Man wollte nicht die Juniorprofessur kippen, sondern nur der Bundesbildungsministerin eine taktische Schlappe zufügen. Anders in Sachsen: Im Entwurf zum neuen Sächsischen Hochschulgesetz werden die Personalkategorien Hochschuldozent, wissenschaftlicher Assistent, Oberassistent und Oberingenieur abgeschafft. Neben der Juniorprofessur wird nun aber die Kategorie des Akademischen Assistenten eingeführt. Damit führen in diesem Bundesland zwei Wege zur Professur: neben der Juniorprofessur auch der traditionelle Weg über eine Habilitation. Das wäre in der Tat ein (wenn auch bescheidener) Wettbewerb. Gegen einen solchen ist ja auch grundsätzlich nichts einzuwenden. Wenn die bildungsstrategischen Wettbewerber gut ausgerüstet werden, mit gleichen Waffen kämpfen und sich an faire Spielregeln halten, dann könnte durchaus eine konstruktive Qualitätsspirale in Gang kommen. Die Folge würde ein Aufbrechen der (noch) homogenen deutschen Hochschullandschaft sein. Dieser Differenzierungsprozess der Fachhochschulen und Universitäten läuft bereits an. Im Interesse der Absolventen und der deutschen Wirtschaft sollte aber achtgegeben werden, dass nicht am Ende einigen wenigen Gewinnern sehr viele Verlierer gegenüberstehen. Insbesondere die Zukunft der Fachhochschulen, denen jetzt die Universitäten mit praxisorientierten Kurz-Abschlüssen als Konkurrenten gegenüberstehen, kann heute kaum jemand seriös abschätzen. Wünschenswert wäre, die Fachhochschulen so aufzurüsten, dass sie ihre Stärken in der Praxisnähe behalten und zugleich in die Lage versetzt werden, zukünftig noch gründlicher und reflektierender auszubilden. Was aber bislang passiert, ist das Gegenteil – die Universitäten werden zusehends auf Fachhochschulniveau getrimmt. Pointiert gesagt: „Auf den Dauerwunsch der Fachhochschulen nach Universitätswerdung reagiert die Hochschulpolitik mit der Fachhochschulwerdung der Universitäten." Ein weiterer Baustein der Reformagenda, die unseren Bildungsoutput erhöhen und noch mehr und noch bessere Hochschulabsolventen hervorbringen soll, ist die gezielte Einführung von Leistungsanreizen für Universitäten, Fakultäten und Professoren. Auch dieses Element muss kritisch hinterfragt werden.

Durch zusätzliche Anreize zusätzliche Qualität?

Vielfach wird beklagt, dass der individuelle Beitrag der Leistungserbringer im Bildungssystem nicht genügend kontrolliert und stimuliert werde. So prüfe zum Beispiel niemand die Leistung von Hochschullehrern, sobald diese erst einmal Beamte seien. Helmut Schmidt schrieb in seinem Buch „Auf der Suche nach einer öffentlichen Moral" (1998), dass die Hochschullehrer als Beamte leistungsfeindlich mit gleicher Besoldung „von Regensburg bis Flensburg" versehen seien. Hier irrt der Meister. Den von ihm eingeforderten Leistungswettbewerb mit stufenden Gehaltsdifferenzen gibt es bereits, genauer: es gab ihn. Nämlich vor Einführung der W-Besoldung im Hochschulbereich. Die Mobilität der Universitätsprofessoren war bei der alten C-Besoldung hoch; wissenschaftliche Exzellenz wurde sehr wohl beachtet und führte zu Rufen an andere Universitäten, was letztlich nicht nur mit besserer Ausstattung, sondern auch mit einer mehr oder minder spürbaren Gehaltsverbesserung honoriert wurde – sei es, dass der Gerufene tatsächlich wechselte, sei es, dass er durch erfolgreiche Bleibeverhandlungen an seiner bisherigen Universität bessergestellt wurde. Erste Erfahrungen mit der neuen W-Besoldung zeigen hingegen zweierlei:
– Auf der Grundlage der von der Bundesregierung selbst vorgelegten Zahlen für einen „durchschnittlich" leistungsfähigen Hochschullehrer in der W-Besoldung errechnet sich gegenüber dem „durchschnittlich" leistungsfähigen Hochschullehrer in der C-Besoldung ein Verlust an Lebenseinkommen in der Größenordnung von 90 000 – 400 000 EUR.
– Die W-Besoldung erweist sich für die Gruppe der aktiven, nach C4 besoldeten Professoren als Mobilitätshemmnis erster Güte. Natürlich hängen sogenannte Berufungsgewinne vom Verhandlungsgeschick des Einzelnen ab – doch machen prinzipiell abgesenkte Gehaltsstufen und die nur noch eingeschränkte Ruhegehaltsfähigkeit (= Pensionsanspruch) der flexiblen Besoldungsbestandteile es vielfach unmöglich, durch den Wechsel an eine andere Universität Gehaltsvorteile zu erlangen. Vielmehr ist es häufig schon als großer Erfolg zu verbuchen, wenn es dem Rufinhaber gelingt, von der W3-Besoldung in den Bereich des C4-Grundgehalts vorzustoßen. In der genannten Hauptgruppe der Lehrstuhlinhaber mit C4-Besoldung ist die Bereitschaft, sich um einen Ruf zu bemühen, jetzt jedenfalls spürbar geringer ausgeprägt.
Will man durch diese faktische Einkommenskürzung etwa mehr Hochtalentierte zu einer Hochschulkarriere verlocken? Rechnet der Staat tatsächlich damit, dass so die besten Kräfte für die wissenschaftliche Forschung gewonnen werden können? Wird – auch im internationalen Vergleich – nicht eher der Provinzialisierung der deutschen Hochschule Vorschub geleistet, da unter diesen Bedingungen immer schwerer international umworbene Wissenschaftler zu holen sind? Leistung lohnt sich wieder? Im Gegenteil: Das neue Besoldungsrecht hält viele talentierte Nachwuchswissenschaftler von einer Bewerbung ab. Gleichzeitig gehen viele Hochschulen mehr und mehr dazu über, reine „Privatdozenten-Listen" zu beschließen, weil unter den geschilderten Bedingungen die Anwerbung eines gestandenen C4-Kollegen realistischerweise als aussichtslos eingeschätzt wird. Und deutsche Spitzenforscher mit Auslandsrufen können unter diesen Bedingungen – jenseits laufender Fernsehkameras – kaum gehalten werden. Immer wieder stößt man als unvoreingenommener Leser auf den Verdacht, dass unter dem Etikett der Modernisierung in erster Linie Einsparungen organisiert werden. Es heißt „Wettbewerb" und ist in Wirklichkeit „Kürzung", es heißt „Autonomie" und ist in Wirklichkeit „Kontrolle".

Substanz statt „Neusprech" – was ist zu tun?

Unsere Analyse des deutschen Bildungssystems hätte dann etwas von einer unnützen Selbstbespiegelung, wenn die Konsequenzen der aktuellen Reformen nicht von so nachhaltiger Wirkung für die Qualität der zukünftigen Erwerbsgenerationen und damit zugleich für die internationale Wettbewerbsfähigkeit Deutschlands wären. Die Politik muss von daher zunächst durch leistungsbezogene Reformen im Schulsektor eine solide Basis für die spätere, hochqualifizierte Elite schaffen. Dieser Begriff ist kein Makel, sondern eine Auszeichnung. Während der langen Zeit unseres ständig wachsenden Wohlstandes haben wir uns „an immer mehr Gleichheit durch Umverteilung gewöhnt und damit zugleich die Fähigkeit verloren, Ungleichheiten auch dort zu ertragen, wo es nicht um soziale Ungerechtigkeit, sondern um das Ergebnis von Wettbewerb geht", schreibt Kurt Biedenkopf. Die ersten Stufen unseres Bildungssystems – insbesondere auch die Vorschulbildung – kommen letztlich allen späteren Arbeitnehmerinnen und Arbeitnehmern zugute. Durch Investitionen in diesem Bereich lässt sich „allemal mehr gewinnen als durch aufgesetzte Elite-Sahnehäubchen für eine notwendigerweise planmäßig immer begrenzt bleibende Nachwuchsspitze". Deutschland wird eben nicht am Hindukusch verteidigt, sondern in der Haupt- und Oberschule. In den Universitäten hat man sich offenkundig daran gewöhnt, das bildungspolitische „Neusprech" für Substanz zu halten und den immer wieder gebetsmühlenartig heruntergeleierten Imperativen der Wissenschaftspolitik demütig zu folgen – allerdings eher resignativ denn aus innerer Einsicht. Die Reformen hier sind letztlich durch eine enge Orientierung am angloamerikanischen Bildungssystem gekennzeichnet, welche im Endeffekt zur Nivellierung nationaler Systemunterschiede und zur Einebnung bewährter, weil kulturell eingebetteter Hochschulkonzepte führt. Selbstanglisierung und Selbstaufgabe sind offenbar das Gebot der Stunde. Parallel dazu drückt das Kapazitätsproblem: Nach Schätzungen der Kultusministerkonferenz wird die Zahl der Studierenden in den kommenden Jahren von heute zwei Millionen auf bis zu 2,9 Millionen steigen. Dies bedeutet nicht nur vermutliche durchschnittliche Mehrkosten von 400 Millionen Euro für die einzelnen Bundesländer, sondern auch eine gravierende Ressourcenbeanspruchung für Forschungs- und Lehrpersonal. Eine Personalaufstockung wäre dringend geboten. Die bildungspolitischen Platzpatronen zielen jedoch in eine andere Richtung, sie wollen die Quadratur des Kreises: mehr Qualität durch weniger Mittel. Ende 2005 lehrten und forschten 37800 Professoren und Professorinnen an deutschen Hochschulen – das waren rund 600 weniger als im Vorjahr. Fokussiert man nur die Universitätsprofessoren, dann ist ihre Gesamtzahl in den letzten zehn Jahren um 1500 zurückgegangen – von 24955 im Jahr 1995 auf 23475 im Jahr 2005. Dies bedeutet mittlerweile eine durchschnittliche Professor-Studenten-Relation von 1:60. Dank steigender Studentenzahlen wird sich diese Betreuungsrelation weiter verschlechtern, auch wenn jetzt neue „Lecturer" für eine begrenzte Zeit die Unterrichtskapazitäten erhöhen sollen. Wenn Bildung in der neoliberalen Logik primär als Kostenfaktor erscheint, dann muss eben auch dieser Posten bestmöglich minimiert werden.

Resümee

Natürlich muss die Finanzierung des öffentlichen Hochschulwesens, die ja schließlich aus knappen Steuermitteln erfolgt, einer haushälterischen Vernunft folgen und sinnvoll organisiert sein.

Aber dieser Sinn ist in einer Gesellschaft, die eben nicht nur aus Arbeitgebern besteht und die zugleich immer hektischer und mehrdeutiger wird, nicht das einzelne Unternehmen mit seinem privatwirtschaftlichen Gewinnstreben, sondern das Allgemeinwohl. Und zu diesem tragen gerade auch die derzeitigen Reformverlierer bei: nämlich die modernen Geistes- und Sozialwissenschaften. Dementsprechend geht es heute um eine Richtungsentscheidung von historischer Tragweite: Soll unser staatliches Bildungswesen ein öffentlich finanziertes und kontrolliertes, geistig freies Gegenmodell zum Markt bleiben oder soll es den Imperativen der angeblich freien Marktkräfte überlassen werden? Wollen wir die Humboldt'sche Volluniversität erhalten oder – neben einer Handvoll universitärer Leuchttürme – ansonsten im Mittelmaß lediglich regional bedeutsamer Ausbildungsschmieden versinken?

Da moderne Technik heute überall auf der Welt zu erschwinglichen Preisen zu haben und das Internet im Bereich der ausführenden Routinetätigkeiten ein großer Gleichmacher ist, kommt es immer stärker auf das Können und Wollen der Mitarbeiter an. Die ursprünglich von Frederick Taylor angeregten Ausbildungsmethoden, die während der beiden Weltkriege vor allem in den USA und in Westeuropa weiter ausgearbeitet wurden und diesen Ländern lange einen Vorsprung einbrachten, sind heute Allgemeingut. So wie die Übertragung dieser Methoden es einstmals rückständigen Ländern wie Japan oder Südkorea in der Vergangenheit ermöglicht hat, die Produktivität ihrer Humanressourcen in kurzer Zeit auf ein höchst akzeptables Niveau anzuheben, so vollzieht sich derselbe Prozess heute in Lettland, Chile oder Vietnam. Nur bei hochqualifizierten Wissensarbeitern verfügen die klassischen Industrieländer heute noch über einen Vorsprung. Allerdings ist dieser primär quantitativ: Die Eliten sind in Singapur letztlich genauso leistungsfähig wie in Schweden – nur eben nicht so zahlreich. Diesen bestandsmäßigen Vorteil bei hochqualifiziertem Personal zu verteidigen, ist auch für Deutschland die einzige Möglichkeit, sich im weltweiten Wettbewerb auf Dauer zu behaupten. Diese Einsicht lässt sich mühelos mit bildungsökonomischen Statistiken belegen. Statt eines fairen Wettbewerbs ziehen staatliche Lenkung und Zentralverwaltung ein: So besteht die vielbeschworene Autonomie der Hochschulen in Zeiten zunehmend leerer Kassen und wachsender externer Einflüsse durch Hochschulräte, Evaluierer und Akkreditierer oft nur noch auf dem Papier. Die gerade erst durchgewinkten neuen Studiengänge werden alle paar Jahre wieder akkreditiert – eine Lizenz zum Gelddrucken für die einen, ein Ärgernis für die anderen. Die Einheit von Forschung und Lehre ist an vielen Hochschulstandorten in Gefahr. Vor diesem Hintergrund wird sowohl die Versorgung der deutschen Wirtschaft mit leistungsfähigen Absolventen als auch die Ausstattung der deutschen Gesellschaft mit kritisch reflektierenden Menschen nachhaltig leiden. „Eine perfekt neoliberale Nützlichkeits-Universität wäre antinützlich", schreibt Ulrich Beck, „wäre sie doch außerstande, den Problemen einer sich selbst gefährdenden Zivilisation gerecht zu werden." Die deutschen Universitäten sind ein weltweit anerkannter Markenartikel und müssen auch wie ein solcher geführt werden. Er braucht eine klare Identität, ein gutes Image und Reputation nach außen sowie ein konstantes Qualitätsniveau. Das Gegenteil geschieht: In Gesprächen mit bereits emeritierten Kollegen wird im Vergleich mit „früheren Zeiten" immer wieder eine systematische Aushöhlung und Banalisierung der deutschen Universitäten beklagt. Viele Wissenschaftspolitiker finden offenbar eine diebische Freude daran, althergebrachte Dignitätssymbole der deutschen Universität abzuschaffen – von der Einmottung des Talars über die Trivialisierung von Promotionsnoten (an der Technischen Universität Berlin zum Beispiel statt „summa cum laude" oder „magna cum laude" jetzt 1, 2, 3) bis zur Umbenennung von Lehrstühlen in bewusst platte Bezeichnungen wie

„Abteilungen" (Niedersachsen) oder „Fachgebiete" (Thüringen) spannt sich hier ein durchgängiger Bogen ständiger Abwertung. Dass in Thüringen die altehrwürdigen Fakultäten demnächst „Verwaltungseinheiten" heißen, spricht ob seiner Sinnlosigkeit Bände. Es wäre schön, wenn Wissenschaftspolitiker mehr von Wissenschaft und weniger von Politik verstünden! Dieselben Personen, die diese Maßnahmen durchsetzen, schauen doch so gerne über den Atlantik und nehmen sich die amerikanischen Spitzenuniversitäten zum Vorbild: an deren Stil und Ausrichtung soll doch das deutsche Hochschulwesen genesen. Na, bitte – Harvard, Berkeley, Stanford tun das genaue Gegenteil: Sie unternehmen alles, was die Reputation ihrer Institution und ihres Personals fördert. Und so sieht man auch gar nicht mehr erstaunt, dass Studenten aus allen Teilen der Welt durchaus bereit sind, horrende Studiengebühren von 15 000 Dollar oder mehr pro Gastsemester zu bezahlen, wenn sie denn nur Qualität und ein wenig Bildungsambiente dafür bekommen. Wen erstaunt da noch der anhaltende Boom privater Internate und anglo-amerikanische Hochschulen? Nein, das alles sind ungute Entwicklungen und falsche Antworten auf die zunehmenden Herausforderungen unserer Zeit. Gesucht wird ein Politiker, der den Mut hat, diesem Spuk ein Ende zu bereiten und das zu tun, was getan werden muss. Wir brauchen: eine gemessen an den hohen Bildungszielen auskömmliche Ressourcenausstattung statt chronische Unterfinanzierung, fairen Wettbewerb der Bildungsträger statt schleichende Gleichmacherei, zeitliche und inhaltliche Fokussierung auf die Leistungsstärksten statt aufwendiges Bemühen um die Leistungsschwächsten. „Exzellenz" ist in erheblichem Maße aber auch von kulturellen Faktoren abhängig, die sich einer schnellen Steuerbarkeit entziehen. Erkenntniszuwachs und Wissenserwerb benötigen ein aufgeschlossenes, bildungshungriges, akademisch freiheitliches Klima und keine vordergründigen „Initiativen", „Optimierungsfonds" und „Kompetenzcluster". Ich bin sicher: Bukarest, Prag und Shanghai sehen unsere derzeitigen Bildungsreformen mit großer Freude.

Gyburg Radke

Koryphäen der Lehre

Die Einheit von Forschung und Lehre in der Antike:
Ein Rückblick mit aktuellem Bezug

Im Zuge der die gegenwärtige Wissenschaftskultur in ihrem Bann haltenden Exzellenzinitiative hat das Bundesministerium für Bildung und Forschung die Suche nach sog. Leuchttürmen der Wissenschaft angeregt. Die besten Köpfe in jedem Fach, die Herausragendes leisten und an ihrem jeweiligen Standort durch ihre Präsenz und ihr Engagement Zentren ihrer Schwerpunkte etablieren, sollen zu Säulen der allgemeinen Exzellenz- und Bildungsoffensive werden. Vormals als Tabus gemiedene Reizworte wie Elite und Exzellenz erleben durch die Ausschüttungen vergleichsweise hoher Fördergelder eine sich mit geschichtlicher Beschleunigung vollziehende Wiedergeburt. Sie werden wieder gesellschaftsfähig und steigen auf in die Riege politisch korrekter Diskussionsthemen. Die wissenschaftspolitischen Statements, die unsere Bundesbildungsministerin im Rahmen der EU-Präsidentschaft veröffentlichte, benennen die Ursache und die Motive dieses Aufbrechens des Elitetabus: Es sind wirtschaftliche Interessen, die den Hype der Forschungsförderung lenken; denn Exzellenz und Innovativität in der Forschung werden als Garanten des ökonomischen Wachstums gefeiert. Mit diesem Adelsprädikat versehen aber wird der Ruf nach Exzellenz in der allgemeinen Öffentlichkeit leicht vermittelbar, denn wer wollte sich der Chance auf noch größeren Wohlstand in den Weg stellen oder sie aus ideologischen Gründen verpassen?

Gleichzeitig mit dieser Suche nach Leuchttürmen der Forschung aber rückt das Problem des Akademikermangels und des Bildungsnotstandes, also der unzureichenden Qualifikation vieler Arbeitskräfte, immer stärker ins Bewusstsein. Angesichts dramatisch gestiegener Studierendenzahlen und im Zuge der Umsetzung der Bologna-Beschlüsse zur Europäisierung der nationalen

Studienorganisation wächst die Kritik an den Defiziten in der universitären Lehre. Dieser soll größeres Gewicht bei der Besetzung von Lehrstühlen und durch die zusätzliche Einrichtung von Didaktikprofessuren oder von sog. Lehrprofessuren zukommen, die sich verstärkt der Ausbildung einer möglichst großen Anzahl an Studierenden widmen und dafür ihre Forschungsarbeit zurückstellen sollen.

„Exzellenz in der Lehre"

Weil sich die Bildungsöffentlichkeit bereits mit den Begriffen Exzellenz und Elite angefreundet hatte, hat der derzeitige Präsident der Kultusministerkonferenz, Jürgen Zöllner, eine Initiative „Exzellenz in der Lehre" gefordert. Angesichts des Mangels an Lehrpersonal an vielen Seminaren und Insituten ist diese Initiative zweifellos zu begrüßen.

Fragen muss man jedoch, ob mit dieser neuen Exzellenzinitiative nun auch Leuchttürme der Lehre gefunden werden sollen und wie das Verhältnis dieser Lehrleuchttürme zu den Forschungsleuchttürmen gedacht wird. Wird der Weg zu einer guten Lehre von den einen, von den anderen der Weg zu exzellenter Forschung gewiesen, und werden diese Wege in unterschiedliche Richtungen führen, sich vielleicht sogar kreuzen oder behindern? Und woher kommt das Licht der Lehrleuchttürme: aus der Lehre oder aus ihren Forschungen? Das sind durchaus keine abstrakten Überlegungen. Denn zumindest gegenwärtig gibt es an unseren Universitäten ausschließlich Professoren, die mit unterschiedlichen Schwerpunkten forschen *und* lehren. Lehrleuchttürme, die nicht auch den Weg zu Innovationen in der Forschung weisen, wären eine neue Spezies, ein neuer Typus des Lehrers, nach dessen Kompetenzgrundlage man fragen muss.

Eine Begriffsgeschichte

Angesichts dieser Aporien mag ein Blick auf die Geschichte des Begriffs des Leuchtturms bzw. der Koryphäe erhellend sein. Von Koryphäen spricht man bereits in der antiken Wissenschaft und Philosophie. Als solche wurden z.B. die großen Lehrmeister der spätantiken Platonischen Schulen in Athen und Alexandria bezeichnet. Sie waren die Köpfe dieser Schulen, die Leiter, die sich selbst auch als Diadochen, als Nachfolger Platons bezeichneten und dessen dialogisch-didaktische Philosophie weiterentwickelten.

Mit diesen *Koryphaioi* hat es etwas Besonderes auf sich, das für unsere gegenwärtige Lehrdiskussion interessant ist. Alle philosophischen Forschungen, die in Athen oder Alexandria entstanden, sind unmittelbar aus dem akademischen Unterricht hervorgegangen. Es waren Vorlesungsmitschriften oder Kommentare, die aus den Erläuterungen entstanden, die die Meister ihren Schülern bei ihrer gemeinsamen Lektüre gaben, und nachträglich aufgeschrieben wurden. Der didaktische Charakter ist in der Form dieser Schriften in allen Varianten noch zu spüren. Die Koryphäen der Forschung, Prophyrios, Jamblich, Syrian, Proklos, Philoponos, Damaskios und viele andere, waren zugleich Koryphäen der Lehre. Sie wurden als Lehrer berühmt.

Gegenstand ihres Unterrichts war die Lektüre aristotelischer und vor allem platonischer Schriften. Der neuplatonische Philosoph Jamblich, ein Enkelschüler des Begründers des Neuplatonismus Plotins, hatte im 3. Jh. n. Chr. eine Auswahl an Dialogen aus dem Corpus der Platonischen Schriften zu einem kanonischen Curriculum geformt, das die gesamte Philosophie in allen ihren Disziplinen vermittelte, und auch bestimmte propädeutische (ethische, logische, mathematische) Studien, die der Platonlektüre vorausgehen sollten, etablierte. In den folgenden Jahrhunderten wuchs aus diesem Konzept ein blühendes Schulwesen, das in dem mittelalterlichen Unterricht der *Artes liberales* und den Artistenfakultäten bis weit in die Neuzeit hinein über 1 000 Jahre lang weiterlebte.

Einheit von Forschung und Lehre

Die Situation ist auf den ersten Blick in keiner Weise vergleichbar mit den gegenwärtigen Problemen der Massenuniversität. Die Platoniker der Antike scheinen in einer Idylle der Eliteausbildung gelebt zu haben, die fern von den Sorgen heutiger Bildungspolitik angesiedelt war und keine Geldsorgen oder das Einbrechen wirtschaftlicher Interessen in ihre Curricula kannte. Die organisatorischen und quantitativen Unterschiede aber dürfen den Blick auf die sachlichen Gemeinsamkeiten nicht versperren. Denn man kann an der unmittelbaren Einheit von Forschung und Lehre in den spätantiken Platonischen Akademien lernen, dass es notwendig ist, darüber nachzudenken, was Forschen und was Lehren eigentlich ist. Forschen meint: etwas zu erkennen versuchen. Nur wer Erkenntnisse sucht, gelangt zu einem bestimmten Wissen von einem Sachverhalt. Lehre aber meint: Vermitteln von Wissen, Anleiten zum Erwerb eines bestimmten Wissens. Kompetenz in der Lehre also kann ihren Grund in nichts anderem haben als in dem kritischen Erwerb und Besitz bestimmter Wissensinhalte. Wenn man eine Sache in all ihren wesentlichen Aspekten erkannt hat und weiß, welche Differenzierungsakte notwendig sind, um die ganze Sache umfassend zu begreifen, dann ist das die erste und unabdingbare Basis dafür, ein Wissen von dieser Sache zu vermitteln.

Die antiken Platoniker haben über diese Bedingung der Möglichkeit des Lehrens und Lernens reflektiert und Konzepte entwickelt, wie aus ihr bestimmte Lehrmethoden gewonnen werden können. Sie haben dabei nicht die Bedeutung von Erfahrung und psychologischer und didaktischer Kompetenz missachtet, aber nachdrücklich betont, dass bloße Erfahrung und bloßes Methodenwissen zwar für das Weiterreichen von Informationen hinreichend sind, nicht aber dafür, um eine aktive Erkenntniskompetenz und den souveränen, kritischen Umgang mit den eigenen Erkenntnisinhalten zu vermitteln. Eine Koryphäe in der Lehre, wenn man darunter die Vermittlung von Wissen und den selbständigen, kritischen Umgang mit diesem Wissen versteht, muss immer zugleich auch ein Leuchtturm der Forschung sein. Denn das Licht, das die kompetente Lehre vermittelt, hat als seine Quelle das Licht, das aus dem Erkennen entsteht.

Selbständigkeit im Denken ist ein wichtiges Stichwort. Sie umschreibt das Programm der in diesem Lehrkonzept verwurzelten spätantiken *Artes liberales*, der Freien Künste, die zur Freiheit des Denkens erziehen sollten. Freiheit bedeutet dabei in der didaktischen Reflexion die Fähigkeit dazu, einen nicht durch partikuläre Interessen und momentane Vorstellungen und Stimmungen eingeschränkten Blick auf seine Erkenntnisgegenstände zu entwickeln und sich selbst Rechenschaft über die Kriterien des eigenen Erkennens und Meinens geben zu können. In diesem Sinne kann nur eine Lehrerpersönlichkeit, die die zu vermittelnden Wissensinhalte selbständig und auf kritische Weise durchdringt, bei den Studierenden den Samen solcher Freiheit einpflanzen und den Funken eines solchen Lichtes der Erkenntnis entzünden. Die antiken Platoniker gebrauchen solche Metaphern in ihren begrifflichen Diskursen gern. Das muss und darf aber den Blick dafür nicht trüben, dass die Erziehung zu einem freien Denken, dessen Freiheit aus seiner inhaltlichen Bestimmtheit entsteht, eine Aufgabe jeder Zeit und in jeder gesellschaftlichen Situation ist.

Das Licht eigener Erkenntnis

Das sind allgemeine methodische Richtlinien. Natürlich kann in der Praxis auf verschiedenen Stufen des Ausbildungsweges der Unterricht auch an Mitarbeiter delegiert werden, natürlich muss auch Basiswissen unterrichtet werden, das nicht unmittelbar das Ergebnis aktueller Forschungen ist. Aber auch diese Grundstufen der Lehre müssen immer angebunden bleiben an Forscher, die aus ihrem wissenden, perspektivenreichen Blick auf die Sache den Aufbau dieser Grundausbildung vorgeben und begleiten, so wie schon in der Spätantike der akademische Unterricht in propädeutische und wissenschaftliche Phasen gegliedert war. Wo diese Propädeutik stattfindet – ob noch an den Schulen oder bereits in der Universität, wie es heute in vielen Fächern erforderlich ist – spielt dabei nicht die entscheidende Rolle. Die deutliche Unterscheidung aber zwischen vorbereitender Vermittlung von Informationen und Techniken einerseits und dem eigentlichen wissenschaftlichen Erkenntnisgewinn andererseits ist auch heute unerlässlich, wenn die Universitäten ihren akademischen Bildungsanspruch erfüllen wollen. Dabei muss die Propädeutik der inhaltlichen Richtlinienkompetenz derer unterstellt werden, die die wissenschaftliche Phase des Unterrichts leiten, damit Wissenserwerb nicht zum Erlernen von Handbuchwissen verkommt. Eine institutionelle Abkoppelung des wissenschaftlichen Unterrichts von der Forschung und eine absolute Verselbständigung der Lehre aber kann nicht im Sinne universitärer Niveau- und Exzellenzsicherung sein. Ein breites Informationsfundament und eine – im oben beschriebenen Sinn des antiken Platonismus konzipierte – akademische Bildung zu Freiheit und innovationsbereiter Selbständigkeit des Denkens gehören untrennbar zusammen.

Auch moderne Leuchttürme an unseren Universitäten benötigen das Licht eigener Erkenntnis, um selbständige Erkenntnisse in den Studierenden anzuregen. Wir brauchen eine neue inhaltliche Diskussion über die Lehre, die nicht von der organisatorischen Strukturmisere des Status Quo und ihren tagespolitisch motivierten und nicht selten kurzlebigen Lösungsstrategien absorbiert wird. Wir brauchen eine Wissensdiskussion, die mit einem historischen Bewusstsein ausgestattet ist und aus der Geschichte des Denkens in Europa zu lernen und zu lehren bereit ist.

Josef H. Reichholf

Macht Forschen glücklich?

Wissenschaft, Endorphine und die Priorität

Glück gehabt zu haben, kann sehr fröhlich stimmen. Doch weitaus tiefer wirkt das Glücksgefühl nach vollbrachter schwerer Eigenleistung. Beide Formen des Glücks unterscheiden sich so sehr, dass uns dies selbstverständlich erscheint. Aber warum können wir dennoch „Glück" empfinden, wenn wir es nur einem günstigen Umstand oder dem bloßen Zufall verdanken? Psychologie wie auch Philosophie tun sich schwer mit dem Phänomen Glück, das in den Empfindungen so real ist wie die Bilder, die uns das Gehirn aus den optischen Signalen des Sehens fertigt. Bilder lassen sich objektiv, also buchstäblich auf ihren Gegenstand, das Objekt, bezogen, darstellen, ansehen und vergleichen. Welche Empfindungen sie bei den verschiedenen Menschen auslösen, wissen wir nicht, aber aus den Reaktionen geht manch Gemeinsames klar genug hervor. Glückszustände liefern keine Bilder, die sich anschauen und bewerten lassen. Dafür aber messbare chemische Signale. Ein ganz wesentliches geht von der körpereigenen Erzeugung Morphium-ähnlicher Stoffe aus, den Endorphinen. Ihr Chemismus ist gut bekannt. Ihre Wirkungsweise auch, wie auch die von anderen, im Körper erzeugten Stoffen mit hormonähnlicher Wirkung. Zu nennen sind hier vor allem die Melatonine und das Ocytoxin, ein Peptidhormon. Sie beeinflussen die Stimmung und vor allem auch die Geburt. Wenn der Volksmund ironisch feststellt, es tut so gut, wenn der Schmerz aufhört, so drückt er die Wirkung ganz treffend aus. Doch solche Stoffe kommen nicht allein beim Menschen, sondern auch bei anderen Säugetieren vor. Regelrecht süchtig werden und sich nach menschlichen Begriffen schwer berauschen können sogar Insekten; Käfer zum Beispiel, wenn sie vergorene, Alkohol enthaltende Pflanzensäfte im Übermaß aufnehmen. Die besondere Bedeutung von Freude und Glück für den Menschen erklärt das nicht. Im Gegenteil: Konrad Lorenz hatte sicherlich ganz zutreffend festgestellt, dass Tiere so herrlich faul sein können. Er war richtig fasziniert von dieser Gegebenheit. Wohl nie würde es unseren nächsten Verwandten, den Schimpansen, zu denen der genetische Unterschied nur etwa 1,2 Prozent beträgt, einfallen, um die Wette zu laufen und am Ziel (auf Schimpansisch) auszurufen: Erster! Ohne besonders angelernt werden zu müssen, machen das Kinder, vor allem Jungen, jedoch mit Begeisterung. Was hat es mit diesem Siegenwollen auf sich? Bei Rangeleien und Kämpfen werden die Kräfteverhältnisse geklärt. Eine Rangordnung kann sich aufbauen – wie bei Schimpansen und vielen anderen Säugetieren auch. In einer Vielzahl von Sportarten jedoch geht es gar nicht darum, den oder die Gegner physisch zu besiegen. Auch eine Rangordnung spielt nicht immer eine Rolle; meistens bleiben die anderen „auf der Strecke", die „unter ferner liefen..." eingestuft werden. In anderen Fällen tragen sie zum Sieg „ihres" Spitzenvertreters bei, wie im Radsport oder im Fußball, wenn die Verteidiger eigentlich das Spiel entschieden haben, aber das (Stürmer-)Tor letztlich zählt. Gewiss, es geht heutzutage häufig um viel Geld, das die Anstrengungen allemal lohnt. Aber die Millionen und Abermillionen Jogger erhalten nichts außer dem guten Gefühl, etwas geleistet zu haben. Verursacher sind die Endorphine. Bevor sie ihre Euphorie auslösen, bedarf es der heftigen Anstrengung. Je mehr, desto besser. Ein höchst merkwürdiges Belohnungssystem, dessen Wurzeln in einem wohl sehr wichtigen, einem überlebenswichtigen Zusammenhang stehen müssen. Um diesen tieferen Gründen nachzuspüren, ist es nötig, tiefer in die Vergangenheit des Menschen, in seine evolutionäre Geschichte, zurückzugehen.

Als biologische Gattung weisen die Menschen, auch die ausgestorbenen Arten der Gattung Homo, einige Besonderheiten auf, die sie sehr stark und klar von den nächstverwandten Primaten unterscheiden. Eine davon, unsere aufrechte, zweibeinige Fortbewegungsweise, ist von der Fossilgeschichte recht gut dokumentiert. Die biologische Menschwerdung ließ uns zu Läufern werden; zu so guten Läufern, dass gut trainierte Menschen im Dauerlauf besser als jedes andere Säugetier abschneiden. Der Rekord liegt bei 600 km am Stück. Das schafft kein Rennpferd, auch kein Hund. Selbst die auch in unserer Zeit noch von vielen Menschen bewältigte Marathondistanz überfordert ausgezeichnete Läufer der Tierwelt. Anhaltenden Lauf, aber auch schnellen Sprint, der auf Schrittlängen bezogen fast der Leistung eines Geparden gleichkommt, schafft der Mensch dank des besten Kühlsystems, das in der Welt der Säugetiere zu finden ist. Unsere nackte Haut ermöglicht ein so effizientes Schwitzen, dass die im Spurt wie im Dauerlauf (oder bei schwerer körperlicher Arbeit) zustande kommenden Wärmeüberschüsse schnell genug aus dem Körper abgeführt werden können. Ein „nackter Affe" zu sein, wie vor Jahrzehnten Desmond Morris den Menschen in seinem Erfolgsbuch bezeichnete, stellt keinen Mangel dar, sondern neben dem Gehirn in seiner besonderen Entwicklung die menschlichste der menschlichen Eigenheiten. Arnold Gehlen bezeichnete den Menschen zu Unrecht als Mängelwesen, weil Homo sapiens dies in keiner Hinsicht ist, weder in körperlicher, noch was seine angeborenen Verhaltensweisen betrifft, die als non-verbales Kommunikationssystem zum Beispiel ohne weiteres auch von anderen Säugetieren, jedenfalls von allen Menschen verstanden werden. Doch neben Zweibeinigkeit und Nacktheit gibt es noch eine Eigenschaft, die unabhängig von Gehirn und Denken den Menschen biologisch kennzeichnet. Es ist dies die schwere Geburt. Bei dieser muss ein an sich zu groß geratener Kopf durch eine unpassende Geburtsöffnung, die als starrer Knochenring ausgebildet ist, hindurch. Dass die Leistung einer schweren Geburt mit Glücksgefühlen belohnt wird, liegt ganz auf der Linie evolutionärer Ursprünge. Der tiefere Grund reicht weit zurück in die Evolution des Menschen. Unsere fernen Vorfahren gewannen die entscheidenden

Vorteile durch eine Steigerung der Fortpflanzungsleistung (Zahl der überlebenden Kinder pro Frau) auf das Doppelte, verglichen mit Schimpansen oder Gorillas. Aller Wahrscheinlichkeit nach gelang dies durch den Wechsel in der Ernährung von wenig proteinhaltiger Pflanzenkost zum Fleisch von Großtieren. In schnellem Lauf musste es „gewonnen" werden und wer die Ersten am frisch toten Großtier waren, entschied sich in der Konkurrenz (sic!) mit den anderen Gruppen, die auch zum Fleisch liefen. Nicht die physisch Stärksten, die in der sozialen Rangordnung dominieren, bringen auf diese Weise am meisten Fleisch im besten Zustand, sondern die Schnellsten, die Erste werden. In der Evolution muss es so recht frühzeitig schon zu einem Wechsel vom „Recht des Stärkeren" zum „Vorrecht des Ersten", zur Priorität, gekommen sein. Sie setzte sich durch, trieb den evolutionären Fortschritt voran – und wurde belohnt mit Endorphinen. Eifersüchtigst wacht gerade auch die wissenschaftliche Gemeinschaft darauf, dass das Prioritätsrecht gewahrt bleibt. Die Erstentdeckung ist entscheidend für den Ruhm, und nicht das, was später vielleicht einmal, wenn überhaupt, daraus gemacht wird. Das macht glücklich; messbar am Ausstoß von Endorphinen.

Ulrich Johannes Schneider

Der Mehrwert des Wissens

Merkur und andere enzyklopädische Götter

Bereits in der Antike hatte Merkur einen durchaus ambivalenten Status. Höhere Kompetenzen für Sprache und Dichtkunst besaß er und ebenso praktische Fertigkeiten beim Handel und beim Diebstahl. Der römische Merkur (griechisch: Hermes) war wendig, flatterhaft und überall anzutreffen. Die wenigen Kleidungsstücke, die seinen nackten Leib umgaben und verzierten – der wehende Mantel, die beflügelten Sandalen und der ebenfalls mit Flügeln ausgestattete Helm –, ließen ihn immer wie im Aufbruch begriffen erscheinen, eine göttliche Gestalt des Auftauchens und Verschwindens, der unvermuteten Begegnung. Merkur war den Griechen, notierte Lessing einmal mit viel Sympathie, „auch der Gott der Wege und des Zufalls". Gauner und Wegelagerer flehten ihn an, Kaufleute und Händler rechneten auf ihn. Und wenn es nur die Übersetzung war, die man vom vielfältig Sprachbegabten erhoffte: Er wurde gebraucht – ein Mann des Wechsels in allen (auch praktischen) Bedeutungen des Wortes.

Als man im späten 17. Jahrhundert begann, Handelslexika herauszugeben, fing für Merkur eine neue Karriere an. So flatterte sein Mantel über dem *Dictionnaire de Commerce* von Savary. Der Caduceus-Stab mit den beiden sich darum windenden Schlangen (als Symbole des Friedens, der ausgleichenden Ambivalenz oder auch der Wechselseitigkeit) dirigiert das Konzert der im Lexikon arrangierten Informationen, welche die Welt der Waren und des Handels beschrieben und in einer schon damals globalen Perspektive alle Wirtschaftszentren erfassten, komplett mit Markttagen, Währungen, Börsenregeln und Hinweisen auf die lokalen Sitten (Abb. 1). Beinahe wäre Merkur in diesen Büchern als Handelsgott professionalisiert worden und hätte nur diese eine Funktion als Beruf erhalten. So sah man das jedenfalls im frühen 18. Jahrhundert: Weil ihn bereits die olympischen Götter „zu einem Patron der Kaufleute und Diebe machten; daher auch

Abb. 1: *Frontispiz aus Jacques Savary des Bruslons: Dictionnaire Universel de Commerce, Paris 1750 [1. Auflage 1723].* Bildnachweis: Universitätsbibliothek Leipzig.

Abb. 2: Benjamin Hederich: Reales Schullexikon, Leipzig: Gleditsch 1731. Bildnachweis: Herzog August Bibliothek Wolfenbüttel.

noch die Kaufleute von ihm *Mercartores* und die Kaufmannschafft *Mercartura*, sollen genennet werden", liest man in einem verbreiteten „Reallexikon" des 18. Jahrhunderts, gleichlautend in den Auflagen von 1727, 1741 und 1762.

Wäre es dabei geblieben, hätte das eine Einschränkung seiner Qualitäten bedeutet, zu denen, laut derselben Lexika, auch noch die Erfindung der Buchstaben und der musikalischen Instrumente Pfeife und Leier gehörte. Wir lesen überdies, dass Merkur gelegentlich politische Ämter innegehabt haben soll, wie 1731 ein Schullexikon berichtete: „Er wird aber historice für einen König über Spanien, Franckreich und Italien gehalten [...]. Weil er von einem unruhigen Humeur gewesen, sollen ihn seine Brüder von seinen Ländern vertrieben haben, da er denn letztlich in Egypten gestorben, so aber alles noch erstbesser zu beweisen stehen wird, ehe man es zu glauben hat." (Abb. 2)

Freilich erwähnt dasselbe Lexikon auch, Merkur solle „viele Künste entweder erfunden oder doch perfectioniret haben, daher er auch für einen Vorsteher derselben verehret worden", und es leuchtet ein, dass er als reiner

Handelsgott nur wenig ausgelastet gewesen wäre. In der Tat taucht sein Bild auch im Zusammenhang allgemeinbildender Lexika auf, wo Merkur in der ganzen Ambivalenz seiner Fähigkeiten ernstgenommen werden kann. Das bereits angeführte Reallexikon, erstmals 1712 erschienen, hat unter seinen ca. 20 000 Artikeln nicht nur den auszugsweise zitierten Text über Merkur, sondern feiert die Figur auf dem Frontispiz. Merkur war damit von den spezialisierten Handelslexika zu den allgemeinen Lexika aufgestiegen, und man könnte sogar vermuten, dass er als Lexikongott im deutschen 18. Jahrhundert eine Spitzenstellung bekleiden würde. Nur leider muss er sich seine herausragende Position teilen, und wir sind heute aufgefordert, nicht dem einen Gott der Lexikonmacher nachzudenken, sondern mehreren. Im besagten Frontispiz trifft Merkur auf Minerva und eine andere, noch stärker beflügelte Figur. Was für eine Begegnung! (Abb. 3)

Abb. 3: Verleger warben im 17. und 18. Jahrhundert für ihre Bücher mit ausführlich gestalteten Textseiten und auch mit Frontispizen, d. h. Kupferstichen vor dem Titel. Manchmal findet man ein Autorporträt, manchmal den Versuch, das Thema des Buches zu illustrieren. Schwierig war dies bei neuartigen Bucharten wie dem Reallexikon, das erstmals 1712 in Leipzig erschien. Was führt die Figuren auf diesem Bild zusammen? Bildnachweis: Herzog August Bibliothek Wolfenbüttel.

Allein zu dritt

Merkur sitzt rechts im Bild und ist im Schreiben begriffen – lässig, wenn man so will, aber vielleicht auch leicht verärgert über eine so profane Beschäftigung. Er notiert den Titel des Lexikons auf eine Tafel: „Natur-, Kunst- und Handlungslexikon". Dieses Produkt aus dem Hause Gleditsch (einer bekannten Leipziger Lexikonwerkstatt des 18. Jahrhunderts) hat freilich einen viel längeren Titel, der einen großen sachlichen Umfang von Kenntnissen anpreist:

„Curieuses und Reales | Natur-Kunst-Berg-Gewerck-| und | HANDLUNGS-|LEXICON, | Darinnen nicht nur | Die in der Physic, Medicin, Botanic, Chymie, | Anatomie, Chirurgie und Apothecker-Kunst, wie auch | in der Mathematic, Astronomie, Mechanic, Bürgerlichen und Kriegs-|Baukunst, Schifffahrten, etc. Ferner bey den galanten und Ritterlichen | Exercitien; bey Bergwercken, Jägerey, Fischerey, Gärtnerey; wie auch in der | Kauffmannschafft, bey Buchhalten und in Wechsel-Sachen, bey Künstlern und Handwerckern | gebräuchliche Termini technici oder Kunst-Wörter, nach Alphabetischer Ordnung | ausführlich beschrieben werden; | Sondern auch alle in Handel und Wandel, ingleichen | in Jure und vor Gerichten vorfallende, und aus allerhand Sprachen | genommene, unentbehrliche Wörter, den Gelehrten und Ungelehrten zu | sonderbahren Nutzen gründlich und deutlich erkläret, auch an vielen | Orten nützliche Realien mit eingemischet seyn."

Die Ehre, einer so großen Zahl an Wissensarten vorzusitzen, muss Merkur nun im Vordergrund mit Minerva teilen. Die einfache Steigerung seiner in den Handelslexika begonnenen Funktion scheint ihm verwehrt, jedenfalls hat der (unbekannte) Stecher (oder vielleicht der Verleger selbst) dem Merkur die Minerva und eine über beiden schwebende Figur beigegeben. Die Patronin der Wissenschaften und die eher unbestimmte, vielleicht mit der Fruchtbarkeitsgöttin Demeter (griechisch: Ceres) verwandte schwebende Frauengestalt: In welcher Beziehung stehen beide zu Merkur?

Ganz vordergründig beherrscht Minerva die Szene, denn sie ist im irrealen Raum des Frontispizes prominent plaziert und symbolisiert ganz einfach das Wissen. Sie hebt die Arme, als ob sie sagen wollte: „So groß ist mein Reich der Kenntnisse!" Sie ist mit allen Insignien ihrer griechischen Definition ausgestattet, gerüstet inklusive Helm, zusätzlich geschützt durch den Schild samt Haupt der Medusa und bewehrt mit dem Speer. Das Bild einer selbstsicheren Frau. Jeder Leser wusste Bescheid: Aha, Minerva (griechisch: Pallas Athene)! Die Pose der Figur spiegelt ihre Bedeutung, sie scheint ihre eigene Wichtigkeit zu verkörpern. Merkur sitzt anders, nicht so selbstverliebt, denn sein Blick schweift ab und verrät: Er wird es nicht lange in dieser Pose aushalten. Auch er zeigt alle Insignien seiner griechisch-mythologischen Identität, scheint aber zugleich nicht völlig in das Bild gebannt, sondern wie auf dem Sprung.

Wie die dritte, engelsgleich über ihnen schwebende Figur mit einem Füllhorn voller herabpurzelnder bzw. verstreuter Früchte, sind auch Minerva und Merkur merkwürdig unverbunden; es lebt gleichsam jede Figur für sich. Sagen wir es kurz: Die Komposition des Stiches ist ebenso unvollkommen wie die Zeichnung der Figuren selbst – der verfettete Botengott, Minervas Stupsnase oder der konturlose Busen der schwebenden Göttin – und kunsthistorisch gewiss kaum erheblich. Die Figuren sind wegen ihrer ungefähr einschlägigen Bedeutung für das allgemeine Wissen mit Wiedererkennungswert gestochen: Demeter (wenn sie es denn ist) für das Naturwissen, Minerva für das akademische Wissen und Merkur für das Handelswissen. Wenn man die Fachfrau für Natur und Landwirtschaft ausblendet (mehr war nie Demeters Aufgabe), erstaunt insbesondere die Verbindung von Merkur und Minerva als zwei enzyklopädischen Göttern mit jeweils multidisziplinärer Kompetenz.

Götterbegegnung unter den Bedingungen des Buchdrucks

Interessanterweise haben sich Minerva und Merkur in der Frühen Neuzeit kaum je auf Bildern getroffen, jedenfalls nicht so intim wie im Stich des unbekannten Lexikon-Künstlers vom Anfang des 18. Jahrhunderts. In Vincenzo Cartaris Götterkatalog aus dem 16. Jahrhundert kamen sie vor (Abb. 4), in einer der vielen Ausgaben auch zusammen, weil sie der Mythologie nach Halbgeschwister sind. Bei vielen Abbildungen aber muss man aufpassen, dass man die Kriegsgöttin Bellona nicht mit der Wissenspatronin verwechselt. (Das Bildarchiv von Martin Warnke im Warburghaus Hamburg hat unter mehr als hundert Merkur-Bildnissen nur zwei, auf denen er mit Minerva zu sehen ist, wenn man eine Bellona abzieht, die irrtümlich mitgezählt wurde.) Etwas später als im *Reallexikon* tauchen Merkur und Minerva gemeinsam etwa in Kupfertafeln auf, die in Zedlers *Universal-Lexicon* jeweils zu Beginn des Alphabets integriert sind. Allerdings sind die Gottheiten dort in szenisch belebte Staffagen eingebunden und von allerlei nicht-mythologischem Personal umgeben (Abb. 5). Das Frontispiz des *Reallexikon* also zeigt ein bislang unbekanntes Datum der Göttergeschichte, und man mag sich fragen, welche Idee die beiden Protagonisten zusammengezwungen hat.

Wenn man nicht der Biederkeit der dargestellten Figuren erliegt, deren wenig idealisierte Gesichter den

Abb. 4: Vincenzo Cartari: Imagines deorum, Lyon 1581, S. 209, 240. Bildnachweis: Herzog August Bibliothek Wolfenbüttel.

Abb. 5: Im *Universal-Lexicon* (1732–1754) des Leipziger Verlegers Johann Heinrich Zedler finden sich Merkur und Minerva ebenfalls in Szene gesetzt; sie versinnbildlichen hier zusammen mit allem anderen, was im Raum sichtbar ist, die Fülle der im Lexikon angebotenen Kenntnisse. Bildnachweis: Herzog August Bibliothek Wolfenbüttel.

Genrebildern des 18. Jahrhunderts entstammen und kaum zu den antiken Kostümen passen, sondern sich vielmehr der in den Bildinhalt investierten Bildung zuwendet, kommt einem unweigerlich die Idee der Arbeitsteilung in den Sinn. Die funktionale Verbindung der Figuren auf dem Frontispiz als Symbolisierung verschiedener Wissensarten wäre überdies durch andere zeitgenössische Beispiele beglaubigt. So gibt es im *Konversationslexikon* desselben Verlegers Gleditsch auf dem Frontispiz eine die Geographie vorstellende Frauenfigur, welche das (auf den Globus gelegte) Lexikon schreibt, während Kronos als Gott der Zeit und des Vergehens (mit Sense dargestellt) sie von oben her über den Gang der Weltgeschichte belehrt. Oder man denke an die vielen Darstellungen der vier Kontinente in Form von vier weiblichen Figuren, die sich oft genug auf Frontispizen befinden: Auch hier addieren sich die Figuren in ihrer Bedeutung und symbolisieren ein aufgeteiltes und wieder zusammensetzbares Wissen.

Unter den Bedingungen des Buchdrucks und der im 18. Jahrhundert sich ausbildenden Lesegesellschaft erscheint es durchaus denkbar, dass mit der bildlichen Verkuppelung von Minerva, Merkur und (einer Göttin wie) Demeter ein Mehrwert des Wissens verkaufsfördernd angezeigt werden sollte. Ob aber damit Merkurs Anwesenheit zureichend erklärt wäre? Anders als Minerva oder Demeter ist er mehr als ein Repräsentant von Wissensarten, nämlich ein Vertreter von Wissenseffekten: Er symbolisiert keineswegs nur Informationen über den Handel, sondern auch den Handel mit Informationen. Als Götterbote werden ihm nicht allein Erfindungen zugeschrieben (also Initiationsakte von Wissenschaften), sondern vor allem Tauschgeschäfte bis hin zum Diebstahl (also Operationen intensiver und intimer Kommunikation). Diese insgesamt eher flüchtigen Tätigkeiten in der sachlichen Nähe zum Journalismus kommen in den weiblichen Symbolpartnern nicht zum Ausdruck. Sie stehen für bestimmte Kenntnisse. Merkur ist dagegen ein Mann der Methode, Wissen zu erweitern, und daher kein Mann für diese Damen. Man wird von ihm kaum erwarten können, dass ihn eine verbindliche Leidenschaft packen könnte wie im Fall der *Philologia*, die er im Mittelalter geheiratet haben soll.

Trost über die Flüchtigkeit des Wissens

Der erste Hinweis darauf, dass die Arbeitsteilung in Sachen Wissen nicht den wahren Sinn der Anwesenheit Merkurs enthüllt, liegt in der Natur des Wissens selbst, das nämlich im 18. Jahrhundert arbeitsteilig gar nicht mehr begreifbar ist. In allen Bereichen musste das, was die Leser ins Lexikon wünschten, aus schnell sich ändernden Verhältnissen abgezogen und umgeformt werden und war kaum mehr endgültig festzuhalten. Der technische und wissenschaftliche Fortschritt war nicht minder rasch als der historische und politische Wandel. Das berührte auch die Medien der Kommunikation – Zeitungen und Zeitschriften – und führte zwingend zur Parallelbeschleunigung der auf diese Medien bezogenen und davon abhängigen Such- und Findemaschinen wie den *Konversations-* und den *Reallexika*.

So könnte man dem Frontispiz auch eine Beschwörungsfunktion zubilligen, eine kompensatorische Darstellung von figürlich ruhiggestellten Wissensbereichen angesichts einer aktualistisch verlangten Information über den jeweils neuesten Stand der Dinge. Wissen war, das erfuhr man im frühen 18. Jahrhundert auf vielfache Weise, prekär und schwer zu festigen, weswegen Minerva ganz gewiss – und vielleicht auch Merkur – zum Schutz des Lexikons angerufen wurde. Götter des Wissens sollen die zentrifugalen Kräfte bändigen, welche jede Redaktion provisorisch machen und die Wissenshorizonte auseinandertreiben. Im frühen 18. Jahrhundert war die Arbeit der Wissensreproduzenten kein Geschäft mehr, wozu es hauptsächlich gelehrten Fleißes und pedantischer Ausdauer bedurfte. Vielmehr musste man der Flüchtigkeit Herr werden, welche die Sachen selbst in ihre nächste Veränderung trieb.

Gegen die Unruhe unter den Artikeln, gegen deren Tendenz, sofort wieder auseinanderzulaufen und sich nicht in den künstlichen Nexus einer alphabetischen Anordnung zwingen und zwängen zu lassen, stehen die enzyklopädischen Götter als Zeugen und Garanten einer geschlossenen Wissenswelt. Sie schützen die Neugier des Lesers vor der Enttäuschung und sagen ihm schon durch ihre bloße Anwesenheit, dass hier einer ewigen Aufgabe nachgegangen wird. Die ins Bild zitierten Götter fungieren als Bürgen verlässlichen Tuns. Sie trösten darüber hinweg, dass das, was zu lesen steht, ein Zwischenprodukt intellektueller Arbeit ist, dass es nach diesem Lexikon unweigerlich neue, andere Lexika geben wird, dass die Kürze der Texte nicht das Ende der Kenntnis bedeutet, sondern einen Startplatz fürs Lernen, einen Ausgangspunkt für geistige Bildung.

Das Frontispiz ist also so etwas wie eine Votivtafel, ein Gebet um Einheit im Wissen, eine Versicherung durchgängig gleichartiger Verständlichkeit. Minerva und Merkur stehen nicht, so könnte man vermuten, als bloßes Bildungszitat unmotiviert im Vorfeld der lexikographischen Arbeit herum – wie sie es in beliebigen gelehrten Werken hätten tun können und dann nur ornamental zitiert wären –, sondern sie stellen ein Versprechen dar: das Versprechen sowohl der friedlichen Koexistenz verschiedener Wissensarten wie das Versprechen, dass man Wissen zwar nicht immer und fest und dauerhaft hat, es sich allerdings durchaus zusammenstellen lässt. Zum Beispiel in Form eines Lexikons.

Merkurs Tugend im Zeitalter der Neugierde

Man kann die Anwesenheit Merkurs in der frühen Lexikographie des 18. Jahrhunderts andererseits auch ausdrücklich – und nicht nur kompensatorisch – als Indikator einer enzyklopädischen Absicht, eines Willens zum alphabetischen Wissen, einer spirituellen Motivation für ein hartes journalistisches Geschäft lesen. Wenn der Fachmann fürs Flüchtige und Weitgereiste in den Dienst der modernen Büchermacherei gestellt wird, welche Aufgabe hat er? Liegt ein genauer oder nur ein ungefährer Sinn in seiner Anwesenheit? Kein Mars symbolisiert als Gott der Kriegskunst den Bereich der Technik, kein Neptun der Schiffsbaukunst kündigt entsprechende Artikel an. Auch Arzneikunst, Pharmazie, viele andere Techniken und Künste bleiben ohne symbolische Vertreter. Minerva hätte im übrigen ganz alleine die Aufgabe der Universalkompetenz übernehmen können, denn umfasst Kunst und Wissenschaft nicht alles, was in so einem Lexikon Platz haben kann? Also bleibt die Frage: Was treibt Merkur in den drucktechnischen Bereich der allgemeinbildenden Enzyklopädien?

So wenig wohl ein großer Kunstwille hinter der Ausführung des Frontispizes zum *Reallexikon* steht, so wenig ist ein Autorwille auszumachen, auch weil das Werk mehrere Väter hat. Gewiss war der Verleger die treibende Kraft, denn der angeheuerte Autor Balthasar Sinold von Schütz, der die Artikel schrieb, war ein arbeitsloser pietistischer Schriftsteller und hat die Arbeit sicher als Nebenberuf betrieben. Dass der Schulmann Johann Hübner aus Hamburg ein programmatisches Vorwort beisteuerte, macht ihn im Zusammenhang mit der Produktion dieses Lexikons nicht wirklich urheberrechtlich relevant, denn auch er war wohl nur vom Verleger eingekauft und sollte mit seinem Namen den Absatz fördern. Bis heute haben solche Lexika, ob sie nun auf den Bereich des politisch-historischen Wissens zielen und Namen von Personen, Orten und Ländern als Lemmata einsetzen wie im *Konversationslexikon*, oder ob sie den ganzen Bereich des Natur- und Technikwissens repräsentieren wie im *Reallexikon*, keinen Bedarf an Originalität, vielmehr brauchten sie verläßliche Informationen, eine Redaktion des bekannten Wissens.

Hier liegt das eigentliche Aufgabenfeld von Merkur, dem Boten, dem Dieb, dem Übersetzer. Er ist der eigentliche Gott der Enzyklopädisten, die im 18. Jahrhundert ihre ersten großen Erfolge hatten. Das Frontispiz des Reallexikons, auf dem er erscheint, musste immer wieder neu gestochen werden, weil der buchhändlerische Erfolg und die sich wandelnde Wissenslage alle paar Jahre eine Neuauflage nötig machten. Der Leipziger Verleger Gleditsch hat als einer der ersten die Neugier seiner Zeitgenossen konsequent bedient und Lexika in großer Zahl produziert. Merkur hätte statt der Titelstichwörter auf späteren Ausgaben sinnfällig auch die Gewinne des Verlegers notieren können. Oder er hätte die Listen all derjenigen Lexika erstellen können, die für dieses eine ausgeschlachtet wurden: In Zeiten technisch beschleunigter Informationsvermittlung wird geistiges Eigentum von Enthusiasten der Wissenssteigerung gelegentlich für eine hinderliche Sache gehalten. Das war im zeitschriftenverrückten 18. Jahrhundert nicht anders als im internetbesessenen 21. Jahrhundert.

Während Minerva für das disziplinierte, in Disziplinen eingeteilte Wissen steht, das vielleicht anfangs der vornehmliche Gegenstand eines Reallexikons war, steht Merkur für all diejenigen Wissensbearbeitungsprozesse, die der Distribution, Kommunikation und Transformation des Wissens dienen. Merkur präsidierte in ähnlicher Funktion schon 1695 der Zeitungsgeschichte, die Caspar von Stieler schrieb. Und wenn unsere Kenntnis des in Büchern überlieferten Bildbestandes heute nur etwas größer wäre, könnte man sicher eine kleine Genealogie der Präsenz Merkurs in anderen informationsverarbeitenden Druckwerken nachzeichnen. Leider nur sind die gegenwärtigen Kenntnisse textlastig und entstammen einer Zeit, als man die programmatischen Bilder aufgab; schon im 19. Jahrhundert findet man solche Stiche kaum mehr. Vielleicht wäre sonst Merkur als Nachrichtengott und Redaktionsschutzengel heute vertrauter. So ging er von hinnen, als auch Minerva ging, weil Frontispize überhaupt aus den Lexika verschwanden.

So wurde im 18. Jahrhundert nur selten und kaum nachdrücklich genug sichtbar, dass Merkur das Wissen als Praxis hätte behüten und bestimmen können, nicht als Verwaltung eines Kenntnisbestands wie Minerva. Merkur wäre dem Zeitalter der Neugierde, als das uns das 18. Jahrhundert in vielen Texten entgegentritt, die angemessenere Götterfigur gewesen. Die damalige curiositas definierte Lessing so: „Man denke sich einen Menschen von unbegrenzter Neugierde", der „durch alle Felder der Gelehrsamkeit herumschweifen, alles anstaunen, alles erkennen" will. Lessings Lob des Merkur findet sich in der Vorrede zu einer von ihm unter dem Titel „Hermäa" geplanten Schriftenreihe, die nie realisiert wurde – wenn man nicht Lessings Zeitschrift *Zur Geschichte und Literatur* als seine späte Ausführung der frühen Idee betrachten will. Merkur (Hermes) als Schutzgott des enzyklopädischen Verarbeitungsprozesses – diese Lessingsche Traumfigur taugte allgemein als Pate geschickt reproduzierter Kenntnisse, wie sie Lexika und Enzyklopädien vom 18. Jahrhundert bis heute vermitteln: ein Gott für das vorübergehend Gültige.

Richard Schröder

Über das Gewissen

Zuerst wollen Sie sicher von mir wissen, *was denn das Gewissen ist*. Mit dieser Frage bringen Sie heute fast jeden Philosophen in Verlegenheit. Die Philosophie interessiert sich offenkundig nicht mehr für das Gewissen. Die letzte Konzeption, die sich mit dem Gewissen ausführlich beschäftigt hat, war Heideggers frühes Werk „Sein und Zeit" (1927).

Bereits 1842 hat der Theologe Richard Rothe gefordert, das Wort Gewissen seiner Vieldeutigkeit und Widersprüchlichkeit wegen aus wissenschaftlichen Abhandlungen über die Ethik zu entfernen.

Warum es keinen zeitgenössischen philosophischen Diskurs über das Gewissen gibt, das hat mehrere Gründe. In der Ethik ist der *utilitaristische Ansatz* sehr verbreitet, d.h. das entscheidende Kriterium sind die Handlungsfolgen. Auf den Nutzen kommt es an, was ja nicht grundsätzlich verkehrt ist. Den muss man berechnen. Rechnen kann man auch auf dem Marktplatz, dazu braucht man kein Gewissen.

Manche sagen: eine Ethik, die sich am Gewissen orientiert, orientiert sich am Individuum. Gefordert sei aber Sozialethik.

Schließlich wirkt die Kritik am Gewissensverständnis der Aufklärung und des Idealismus nach. Damals hatte man das Gewissen als göttliche Stimme in uns, oder als das „Bewusstsein unserer höheren Natur und absoluten Freiheit" (Fichte) verherrlicht.

Dagegen hat Schopenhauer erklärt, das Gewissen sei ein fünftel Menschenfurcht, ein fünftel Aberglaube, ein fünftel Vorurteil, ein fünftel Eitelkeit, ein fünftel Gewohnheit.

Und Sigmund Freud hat das Gewissen als Internalisierung der elterlichen Autorität gedeutet im Zusammenhang mit dem Krankheitsbild des Melancholikers, der sich in Schüben exzessiver Selbstbeobachtung und der Beobachtung anderer ausgesetzt fühlt und darunter leidet. Gewissen also als Krankheit.

Andere betonen, dass Normen und Werte doch gesellschaftlich bedingt, also relativ seien und es demnach gar keinen verbindlichen Maßstab für das Gewissen geben könne. Manche gehen einen Schritt weiter: Normen und das Gewissen sind Fremdbestimmungen, von denen man sich emanzipieren müsse. Wahre Freiheit beweise sich im Tabubruch. Inzwischen aber wird es mit den spektakulären Tabubrüchen schwierig, denn Tabus gehören zu den vom Aussterben bedrohten Arten.

Gegen diese verschiedenen Strategien, das Gewissen wegzudiskutieren oder zu relativieren, steht aber unsere Alltagssprache. Der Vorwurf, jemand habe gewissenlos gehandelt oder er habe kein Gewissen, trifft immer noch schwer. Wir rätseln dabei nicht, was denn das „Gewissen" ist, sondern sind über solche Vorwürfe empört.

Es gibt weitere Diskurse, in denen das Gewissen unproblematisch vorausgesetzt wird.

Der Abgeordnete ist nur seinem Gewissen verpflichtet, heißt es Art. 38 GG. Die Freiheit des Gewissens ist eines der Grundrechte, und zwar ohne Gesetzesvorbehalt: Art. 4 GG.

Jährlich zum 20. Juli ist vom Aufstand des Gewissens die Rede und von der Macht des Gewissens.

Schließlich interessieren sich Entwicklungspsychologie und Pädagogik für die Herausbildung des Gewissens in der Entwicklung der Kinder und Jugendlichen. Piaget und Kohlberg sind hier die wichtigsten Autoren. Sie sprechen allerdings nicht von Gewissen, sondern von moralischem Bewusstsein oder vom moralischen Urteil.

Wir stehen also vor dem merkwürdigen Sachverhalt, dass einerseits die Frage „Was ist das Gewissen?" gar nicht oder höchst kritisch beantwortet wird, andererseits aber in bestimmten Situationen ganz selbstverständlich vorausgesetzt wird: jeder Mensch hat ein Gewissen – oder sollte es haben.

Wir haben es mit einer theoretischen, nicht mit einer praktischen Verunsicherung hinsichtlich des Gewissens zu tun. Wir haben erhebliche Orientierungs- oder Verständigungsprobleme auf diesem Feld. Man kann aber nicht behaupten, dass der Orientierungswillen selbst verschwindet, als würde sich die Gewissenlosigkeit rasant ausbreiten oder die Sensibilität für Unrecht, Gemeinheiten und unfaires Verhalten schwinden.

Zuerst möchte ich jenen Kritikern des Gewissens einiges entgegnen.

1. Die Orientierung am Gewissen ergebe eine individualistische Engführung, es komme aber auf Sozialethik an. Richtig ist: Gewissen hat *immer nur das Individuum*, und zwar für sein eigenes Tun, wie auch Verantwortung immer nur das Individuum wahrnehmen kann. „Die Gesellschaft" hat weder ein Gewissen, noch kann sie Verantwortung tragen. Allein Individuen können Verantwortung übernehmen, für sich, für andere und auch für gesellschaftliche Belange. Sozialethik wird auch ausschließlich von Individuen betrieben.

2. Die These von der *gesellschaftlichen Bedingtheit* des Gewissens und der Normen ist entweder *trivial*. Menschen werden geprägt von der Umgebung, in der sie aufwachsen. Sie lernen spielend die Sprache, in der sie angesprochen werden und ebenso die Verhaltensmuster ihrer Umgebung. Das ist immer so. Ein Vorbild prägt stärker als ein Wort.

Oder die These ist *falsch*. Das reife Gewissen prüft nämlich auch gesellschaftliche Üblichkeiten und Konventionen, auch das, was es zunächst selbstverständlich übernommen hat, auf ihre Berechtigung. Auch diese Fähigkeit wird mehr oder weniger gut gelernt. Wer dergleichen gar nicht tut, den nennen wir einen Opportunisten, der allzu angepasst sei. Auch in einer Gesellschaft mit hohem Konformitätsdruck, wie totalitäre, treten Menschen auf, die widersprechen und Missstände geißeln. Andere widersprechen nicht offen, verweigern aber die innere Zustimmung. Totalitären Machthabern ist das gar nicht recht. So wird es kein Zufall sein, dass im offiziellen philosophischen Wörterbuch der DDR ein Artikel zum Stichwort „Gewissen" fehlt.

3. Zu Sigmund Freud: Es gibt allerdings auch eine Pathologie des Gewissens, eine womöglich krankhafte, jedenfalls lähmende Skrupulosität des Gewissens, die ein freies, umsichtiges Handeln blockiert. Von diesen Gefahren wussten christliche Seelsorger schon immer. Das war geradezu eine Mönchskrankheit. Auch Luther hat davon viel gewusst. Ihn hat nicht der Unterschied zwischen dem guten und schlechten Gewissen zuerst interessiert, sondern der zwischen dem verzagten und dem getrösteten oder freien Gewissen.

So viel zu den Kritikern.

Nun zu unserer Frage: Was ist das Gewissen? Ich beantworte sie in zwei Schritten, einem geschichtlichen Rückblick (I). Danach will ich den Unterschied zwischen Gewissensfragen und Ermessensfragen erläutern (II).

I
Zur Geschichte des Gewissens

Auch „das Gewissen" hat eine Geschichte. Das muss ich erläutern. Was allen (erwachsenen) Menschen gemeinsam ist, ist sicher die Erfahrung des intersubjektiven Streits um das angemessene Verhalten und wohl auch die Erfahrung des innersubjektiven Streits, den wir Gewissenskonflikt nennen, und zwar sowohl in Entscheidungssituationen, also vorausschauend, als auch rückblickend das eigene Verhalten beurteilend. In diesem Sinne könnte man grob sagen, alle Menschen haben ein Gewissen oder eine Ahnung davon. Aber offenbar kann das sehr verschieden interpretiert und erlebt werden. Beides hängt unauflösbar zusammen. Es gibt in dem Feld, in dem wir uns hier bewegen, nur interpretierte Selbsterfahrung, selbstinterpretiert und fremdinterpretiert.

Wir können die menschliche Leber als Beobachter anatomisch beschreiben und von dieser Beschreibung die der Funktion der Leber unterscheiden. Die erste Beschreibung bleibt – in Grenzen – unberührt von Revisionen der zweiten, etwa im Sinne eines Erkenntnisfortschritts. Bei dem, was wir Gewissen nennen, ist eine solche Unterscheidung zweier Beschreibungsebenen nicht möglich. Die Geschichte des Gewissensverständnisses ist zugleich die Geschichte des Gewissens.

a) Die altorientalischen Sprachen und das Alte Testament haben kein Wort, das mit „Gewissen" übersetzt wird. Das Wort „Herz" kommt ihm nahe.

Aus dem frühen Griechentum kennen wir noch ganz andere Interpretationen dessen, was wir heute Gewissen nennen. Orest, der im Vollzug der Blutrache seine Mutter umbringt, wird von den Erynien gehetzt, den Rachegöttinnen. Und Bruno Snell hat sehr schön gezeigt, wie die homerischen Helden das, was wir uns selbst zuschreiben, als Wirkung der Götter interpretieren. „Zeus gab ihm Mut ins Gemüt (thymos)". Wir sagen: er fasste Mut.

b) Aber auch bei den beiden Anfängern der europäischen Tradition philosophischer Ethik, nämlich Platon und Aristoteles, kommt das spätere (erst hellenistische) Wort für Gewissen, syneidesis, kein einziges Mal vor. Trotzdem ist die Nikomachische Ethik der Grundtext der Tradition philosophischer Ethik geworden. Was ist denn dann die Instanz, die über gut und böse, schädlich und nützlich entscheidet? Aristoteles gibt dazu eine dreifache Antwort. 1. Gut ist, was alle oder die meisten oder die Fachleute loben. Werner Jaeger hat deshalb von der „Öffentlichkeit des Gewissens bei den Griechen" gesprochen. 2. Wir haben uns in unserem Leben ständig zu entscheiden. Dies nennt Aristoteles prohairesis, Wahl, lat. liberum arbitrium. Diese Wahl wird verstanden wie Herakles am Scheideweg, nämlich zwischen offen zutage liegenden Möglichkeiten wählen. Und 3. kennt Aristoteles ein besonderes intellektuelles Vermögen, das er phronesis nennt. Man übersetzt meist notdürftig mit Klugheit. Gemeint ist der Sinn das Menschendienliche in concreto.

Die griechischen Philosophen haben keine Theorie des Gewissens ausgebildet. Syneidesis ist nie ein philosophischer Fachterminus geworden. Aber der umgangssprachliche Sinn von syneidesis führt auf das Grundphänomen von Gewissen. Syneidos ist *der Mitwisser*, zunächst im strafrechtlichen Zusammenhang: Der Mitwisser eines Verbrechens. Syneidesis, Gewissen, ist nun das besondere Mitwissen *in mir*. Ich bin im Gewissen der Mitwisser meines Tuns, oder: Ich bin mir meines Tuns und seinen Folgen *bewusst*. Man kann syneidesis/conscientia deshalb oft mit Bewusstsein, Selbstbewusstsein oder Selbstverständnis übersetzen, oder eben auch mit „moralische Bewusstsein". Wir Menschen sind keine Automaten, die nach Programm handeln, sondern wir begleiten beurteilend unser Handeln. Wer das nicht kann, wie der Triebtäter oder der Süchtige, ist insofern nicht handlungsfähig in vollem Sinn des Wortes.

Sowohl in der Stoa als auch bei Paulus wird das Gewissen deshalb als *innerer Gerichtshof* beschrieben, in dem sich die Gedanken einander anklagen und verteidigen (Röm 2,14ff).

c) Erst das Mittelalter hat einen Gewissensbegriff und eine *Theorie des Gewissens* ausgebildet, genauer einen zweifachen Gewissensbegriff, terminologisch unterschieden in synderesis und syneidesis.

Synderesis, das Urgewissen, ist das Wissen von den Grundprinzipien der praktischen Vernunft, des Naturrechts, das zugleich Gottesrecht ist. Sie sind eingeboren.

Dieses Wissen des Guten wird, zumal bei den Franziskanern, verstanden als ein vom Sündenfall unbeschädigter göttlicher Funke in der menschlichen Seele. Es gilt als irrtumsfrei. Zu diesen Prinzipien gehört etwa der Imperativ: tu das Gute und meide das Böse oder: handle naturgemäß. Das Wort synderesis geht übrigens auf einen Lesefehler zurück.

Syneidesis, das Situationsgewissen, ist verstanden als Anwendung des Prinzipienwissens auf die bestimmte Handlung. Das Gewissen bezeugt, was wir getan haben, und beurteilt, ob, was wir getan haben, richtig getan war. Und es beurteilt, was wir tun sollen. Das vollzieht sich als ein Schluss, syllogismus practicus. Dieses Situationsgewissen kann irren.

Kritische Einwände richten sich vor allem gegen die synderesis, das Urgewissen als untrügliches Normenbewusstsein. Gerade dieses Moment im mittelalterlichen Gewissensverständnis hat aber in der Aufklärung Schule gemacht und die problematische Interpretation des Gewissens als „göttliche Stimme in uns" befördert.

Das hätten viele gern, dass ihre ethischen Überzeugungen das Maß aller Dinge sind. Oder, dass ihr Gewissen nicht nur ein Gerichtshof ist, in dem über gut und böse verhandelt wird, sondern ein unfehlbares Gesetzbuch, in dem über gut und böse bereits entschieden ist. Dies genau charakterisiert aber den Fanatiker oder Fundamentalisten.

An diesem mittelalterlichen Gewissensverständnis müssen wir den Anspruch auf die definitive materiale Wissbarkeit des Guten kritisieren. Sie hat schließlich die Inquisition legitimiert.

Dagegen hatten die Alten Recht, wenn sie den unaufhebbaren Bezug des Gewissens auf die Unterscheidung von gut und böse betont haben. Auch wenn es hier keine Gewissheiten von der Art mathematischer Beweise gibt, so ist es doch keineswegs aussichtslos, das Gute und Menschendienliche jeweils zu suchen und zu bestimmen. Es ist auf diesem Feld auch keineswegs alles kulturrelativ.

Spaemann hat einmal darauf verwiesen, dass der Geizige und der Neidische in keiner Gesellschaft gelobt werden, der treubrüchige Freund auch nicht. Und wer die sexuelle Freizügigkeit in unserer Gesellschaft als Freiheitsgewinn lobt, sollte doch nicht die Augen davor verschließen, mit wie viel zwischenmenschlichen Verletzungen und Enttäuschungen sie bezahlt wird.

Wenn wir das Gewissen jenseits von gut und böse zu bestimmen suchen, kommen wir zu absurden Folgerungen. Dann ergibt sich nämlich als einziges Kriterium: „sich selbst treu bleiben" oder „seinen Überzeugungen konsequent folgen", egal welchen. Aber wir werfen Hitler doch nicht mangelnde Konsequenz vor, sondern mörderische Konsequenz. Er hat die Judenvernichtung und den totalen Krieg und vieles Absurde mehr allzu konsequent betrieben. Wir loben heute diejenigen, die dieser Konsequenz nicht gefolgt sind, die Fünfe haben gerade sein lassen. Das Lob der formalen Konsequenz führt auf höchst gefährliche Abwege. Die rücksichtslose Konsequenz ohne ein menschliches Rühren ist selbst gewissenlos, wenn sie dem Falschen folgt, ohne sich irre machen zu lassen von dem, was offenkundig dagegen spricht. Da ist der innere Gerichtshof abgeschafft zugunsten der Diktatur der Ideologie. In der Befolgung verwerflicher Grundsätze kann Schlamperei human sein.

Statt des Lobs der Konsequenz auf Biegen und Brechen sollten wir lieber die Inkonsequenz loben, in der jemand von verkehrten Konsequenzen Abstand nimmt und sich zum Besseren *bekehrt*.

Nun könnte es manchen irritieren, dass sich gerade ein Theologe dagegen ausspricht, das Gewissen als göttliche Stimme zu verstehen. Ich beziehe mich dabei auf Luther. Er hat einmal gesagt, wir sollen Menschen sein und nicht Götter, das ist die Summa. Das Gewissen als irrtumsfreie göttliche Stimme ins uns, das ist Gott spielen. Ich möchte Luthers bekannte Worte vor dem Reichstag zu Worms wörtlich zitieren:

„Wenn ich nicht durch das Zeugnis der Heiligen Schrift oder durch klare Vernunftgründe überzeugt und überwunden werde, so bleibe ich überwunden durch die von mir angeführten Schriftstellen und mein Gewissen bleibt im Worte Gottes gefangen und ich kann und will nicht widerrufen, da es beschwerlich, ungut und gefährlich ist, gegen das Gewissen zu handeln. Gott helfe mir, Amen."

Daran ist erstens bemerkenswert, dass Luther keineswegs sein Gewissen für irrtumsfrei erklärt, sondern zwei Instanzen nennt, die ihn zur Selbstkorrektur veranlassen würden, die Bibel und klare Vernunftgründe. Zweitens spricht er hier nicht vom freien Gewissen, sondern „mein Gewissen bleibt in Gottes Wort gefangen". Er kann nicht widerrufen, sagt er. Nicht können scheint doch eher der Unfreiheit als der Freiheit zuzuordnen zu sein. Andererseits ist dieses Bekenntnis „ich kann nicht anders" in dieser Situation mutig, geradezu todesmutig. Zivilcourage würden wir das heute nennen.

Das „gefangene Gewissen" ist offenbar nicht Normenquelle. Luther hat die synderesis abgelehnt.

Für Luthers Gewissensverständnis eignet sich deshalb die Metapher von der Stimme des Gewissens schlecht. Passender könnte man vom Ohr des Gewissens sprechen. Denn das Gewissen meint hier das Personsein des Menschen. Und der Mensch steht unter Ansprüchen, dem des Gesetzes und dem des Evangeliums.

Der Mensch ist entweder das angefochtene Gewissen, von Angst und Friedlosigkeit geplagt, denen es in trotziger Selbstbehauptung zu entgehen sucht, oder das befreite Gewissen. „Sooft Gottes Wort verkündet wird, schafft es fröhliche, weite, sichere Gewissen in Gott ... Sooft Menschenwort verkündet wird, macht es das Gewissen traurig, eng, ängstlich."

Luther hat sich in diesem Zusammenhang sehr anstößige Sätze erlaubt: Liebe und tu was du willst (Augustin), oder: Sündige kräftig, glaube kräftig. Beides wendet sich gegen ein in der Kasuistik verfangenes Gewissen (casus conscientiae). Gott ist hier nicht zuerst moralische Instanz, sondern derjenige, der uns unverdient rechtfertigt und zur Sachlichkeit befreit, weil unsere Werke uns nicht mehr rechtfertigen müssen.

Luther unterscheidet zwischen Person und Werke. Das Gewissen bezieht sich auf unser Tun, nicht auf unser Sein. Unser Tun ist uns aufgegeben, unser Sein steht in Gottes Hand. Wir tun deshalb gut daran, nicht vom Tun aufs Sein der Person zu schließen. Wenn dieses unser Bezogensein auf Gott ausgeblendet wird, besteht immer die Gefahr, Menschen völlig mit ihren Taten zu identifizieren. Das hat einschneidende Folgen für das Verständnis der Menschenwürde. Sie wird nämlich dann zu etwas, das wir durch unser Tun verwirken können. Dann kann sie, wie die bürgerlichen Rechte, aberkannt werden. Testfrage: kam Hitler Menschenwürde zu?

Die europäische Gewissenskultur der „Verantwortung vor Gott und den Menschen" ist ein christliches Erbe. Die beiden antichristlichen Diktaturen in Deutschland haben sie ersetzt durch den „unbedingten Gehorsam" gegenüber dem Führer und durch die „Ergebenheit" gegenüber der Partei. Ich bin auch deshalb für meine christliche Erziehung dankbar, weil sie mich gelehrt hat: „Man muss Gott mehr gehorchen als den Menschen" (Apostelgeschichte 5,29).

II
Gewissensfragen und Ermessensfragen

Statt der Frage Was ist das Gewissen? möchte ich abschließend fragen: Was ist eine Gewissensfrage? Darauf kann es nicht nur eine Antwort geben, weil es einen erheblichen Unterschied macht, ob sich die Frage im forum internum oder im forum externum stellt.

Unter den vielen Fragen, die wir täglich zu entscheiden haben, lassen sich zwei Sorten mindestens unterscheiden. Die einen nenne ich *Ermessensfragen*. Wir wägen das Für und Wider ab und entscheiden dann. Nehme ich das Auto oder die Bahn? Wir mussten nicht unbedingt so entscheiden, wie wir entschieden haben. Wenn es um gewichtigere Fragen geht, etwa Investitionsentscheidungen mit viel Geld und großer Wirkung, ist Gewissenhaftigkeit gefordert, mehr aber haben sie mit Gewissen nicht zu tun. Die meisten politischen Fragen sind Ermessensfragen, für die das utilitaristische Kalkül angemessen ist. Ein oder zwei Prozent Mehrwertsteuererhöhung sind keine Gewissensfrage. Abgeordnete, die sich in solchen Fragen aufs Gewissen berufen, meinen wohl in Wahrheit den Wahlkreis, in dem ihnen eine Entscheidung übel genommen wird.

Die andere Sorte nenne ich *Gewissensfragen* oder Bekenntnisfragen. Bei ihnen geht es um ein Entweder-Oder, aber außerdem entscheide ich zugleich mit, wer ich bin oder sein will. Sie kommen nicht alle Tage vor und manchmal merken wir erst hinterher, dass wir mit einer solchen Frage zu tun hatten und – falsch entschieden haben. Das sind die Situationen, an die wir uns hinterher nicht gern erinnern. Es fällt dann schwer, früh in den Spiegel zu schauen, d.h. mein eigener Mitwisser zu sein.

Im forum internum haben Gewissensfragen die Form „Kann ich das verantworten?" Ich kann solche Fragen auch – hoffentlich – mit Vertrauten besprechen, auch im seelsorgerischen Gespräch, dessen Vertraulichkeit sogar rechtlich geschützt ist. Trotzdem bleibt die Frage dabei im forum internum, da über die Mitwisserschaft des Gesprächspartners hinaus andere (noch) nicht betroffen sind. Gewissensfragen können aber nicht aufs forum internum beschränkt werden, denn das würde heißen: denken darfst du, was du willst, aber handeln musst du immer nach Vorschrift oder Befehl.

Im forum externum lautet die Frage anders, weil da die anderen fragen: müssen wir seine Entscheidung, die sich dann natürlich erkennbar gemacht haben muss in Worten und Werken, also Handlungen, als Gewissensentscheidung hinnehmen? Die Frage wird nur gestellt, wenn eine Handlung als störend empfunden wird, störend für andere, also auf der Ebene Bürger-Bürger, auch auf der Ebene Bürger-Staat. Aber auch innerhalb einer Kirche oder Weltanschauungsgemeinschaft kann die Frage auftreten, ob eine irgendwie für die anderen oder die Institution lästige Berufung auf das Gewissen hingenommen werden soll.

Im forum internum ist dem Betreffenden klar, dass er sich mit einer Gewissensfrage plagt. Anders im forum externum. Von außen ist nicht unmittelbar evident und jedenfalls schwer oder gar nicht entscheidbar, ob die Behauptung, das sei für ihn eine Gewissensfrage, stimmt. Innerhalb einer Überzeugungsgemeinschaft ist das leicht zu entscheiden, weil hier der Konsens größer ist. Unter den Bedingungen der Religions- und Weltanschauungsfreiheit, die jede denkbare Religion und Weltanschauung zu schützen beansprucht, ist die Berufung auf die Gewissensfreiheit schwer oder gar nicht überprüfbar, weil wir niemandem ins Herz sehen können. Die Berufung auf die Gewissensfreiheit erfolgt aber immer nur dann, wenn jemand für sich eine Ausnahme verlangt, also im Konfliktfall. Deshalb muss die Besorgnis ernst genommen werden, eine exzessive Berufung auf die Gewissensfreiheit könnte, wenn ihr nach Art. 4 regelmäßig, ohne Überprüfung, ob eine Gewissensfrage vorlag, stattgegeben wird, das Rechtssystem selbst gefährden, da es ja den Grundsatz der Gleichheit vor dem Recht aushebelt, und selbstverständlich immer nur, wenn es um Lästiges, nämlich Pflichten geht. Denn niemand beruft sich auf die Gewissensfreiheit, um zu begründen, dass er seine Steuern ordentlich zahlt, obwohl dem eine Gewissensfrage zugrunde liegen konnte, als er die glänzende Gelegenheit zu unentdeckbaren Steuerhinterziehungen bewusst ausschlug: so etwas tue ich nicht.

Dass für jemanden etwas eine Gewissensfrage ist, kann man von außen nicht sicher erkennen. Mit diesen Fragen sind die Gerichte und auch das Verfassungsgericht befasst, wenn es zu Konflikten kommt, bei denen sich eine Seite auf die Gewissensfreiheit beruft. Unvermeidlich muss die Rechtswissenschaft definieren, was in diesen Zusammenhängen unter Gewissen verstanden werden soll. Ich zitiere eine solche Definition:

„Das Gewissen ist eine moralische Haltung oder innere Instanz, die die personale Identität eines Menschen mitkonstituiert und ihm subjektiv bindend vorschreibt, in einer bestimmten Situation Handlungen als gut oder gerecht zu tun bzw. als böse oder ungerecht zu lassen" (Pieroth/Schlink).

Ob eine Gewissensfrage vorliegt, ist von außen zwar unergründbar, es gibt aber Indizien, wie den Ernst und die Tiefe der Überzeugung (Rupp), was allerdings alles auch vorgespielt, ja sogar antrainiert werden kann.

Deshalb versuchen die Gerichte zunächst, eine „gewissensschonende Alternative" zu finden und fordern auch den Kläger, der sich auf die Gewissensfreiheit beruft, entsprechende Vorschläge zu machen. Wer aus Gewissensgründen jeden Eid ablehnt, kann auch ohne Eidesformel erklären, „ich sage im Folgenden die Wahrheit." Eine Biologiestudentin, die sich aus Gewissensgründen weigerte, tote Tiere zu präparieren wurde aufgefordert, zu erklären, wie sie eine analoge Studienleistung erbringen will.

Gibt es Schranken der Gewissensfreiheit? Das muss bejaht werden, weil die Berufung aufs Gewissen sonst zum uneingeschränkten Verweigerungsrecht werden könnte. Diese Schranken sind im Besonderen:

– die Rechte dritter: niemand kann für andere Gewissen haben wollen oder mit Berufung auf sein Gewissen anderen Nachteile aufbürden;
– das Gemeinwohl,
– die verfassungsmäßige Ordnung.

Ich nenne Beispiele für nicht anerkannte Berufungen aufs Gewissen:

– mit Berufung aufs Gewissen einen Vertrag folgenlos kündigen (Abo einer nunmehr inhaltlich abgelehnten Zeitschrift: er braucht sie nicht zu lesen und muss deshalb die Kündigungsfrist einhalten);
– situationsbedingte Wehrdienstverweigerung (d.h. nur bei bestimmten Kriegen, gegen bestimmte Gegner: dies widerspreche dem Begriff des Gewissens);
– Totalverweigerer, die auch den Zivildienst aus Gewissensgründen ablehnen
– Militärsteuerverweigerung (das sei zwar eine Gewissensentscheidung, aber die Steuererhebung als solche verletze sein Gewissen nicht und dem Bürger stehe nicht die Entscheidung über die Steuerverwendung zu, das sei das Recht der Volksvertreter, des Parlaments);
– Einbehalt eines Teils des Krankenkassenbeitrags, weil die Krankenkasse Abtreibungen finanziert;
– Atomstromverweigerung (der Kläger könne den entsprechenden Anteil Strom sparen);
– Verweigerung des Impfzwangs (die sei im Einzelfall hinnehmbar, nicht aber, wenn das viele fordern und dadurch die Gefahr der Ausbreitung dieser Krankheit besteht und nicht im Falle einer Epidemie);
– Jemand verweigert Antibiotica für sein Kind. Der Arzt verschreibt sie, aber der Vater verabreicht sie nicht. Hier hätte der Vater dem Arzt anzeigen müssen, dass er dagegen ist, dann hätte jemand anderes dem Kind die Antibiotica verabreicht;

Man sieht, dass sehr viele Berufungen auf das Grundrecht der Gewissensfreiheit windig sind und für den Zuschauer wenig zu tun haben mit einem nachvollziehbaren Gewissenskonflikt.

Nun soll das alles nicht heißen, dass die Justiz das letzte Wort darüber hat, was eine Gewissensfrage sein kann. Wir haben hier von Problemen einer Justiz gesprochen, die die Gewissensfreiheit als Grundrecht anerkennt. Wir reden hier von der gewissensfreundlichsten Staatsform.

Unter einer rechtsstaatswidrigen Diktatur sind Gewissensfragen viel härter. Wer in der DDR aus Gewissensgründen die Mitgliedschaft in den Organisationen der programmatisch atheistischen SED verweigerte, zu denen auch die Kinder- und Jugendorganisationen gehörten, konnte sich an kein Verfassungsgericht wenden, sondern hatte die persönlichen Benachteiligungen zu tragen.

Aber auch in einem Rechtsstaat kommt die Situation vor, dass jemand im konkreten Fall gegen die Rechtsordnung aus Gewissensgründen verstößt. Der Fall Daschner war von der Art jenes Beamten, der einem Kindesentführer Folter angedroht hat, um das Leben des Kindes zu retten. Das Gericht hat ihn bestraft, aber milde. Und das war richtig so. Es gibt eben die Fälle, in denen das moralische und das rechtliche Urteil nicht zur Deckung gebracht werden können. Wer in einem solchen Grenzfall aus Gewissensgründen die Rechtsordnung verletzt, kann nicht mit Straffreiheit rechnen, aber auf unser Verständnis.

Dass eine allein am Nutzen orientierte Ethik defizitär ist, lässt sich auch ganz gut mit der Unterscheidung von Gewissensfragen und Ermessensfragen prüfen. Dazu ein Beispiel, das Smart benutzt hat. Zwei Schiffbrüchige hat es auf eine einsame Insel verschlagen. Einer wird todkrank und stirbt. Der andere hatte ihm zuvor versprochen, bei seiner Rettung seinen letzten Willen zu vollziehen. Er vermacht sein Vermögen einem Reitclub. Der andere wird gerettet, fälscht aber das Testament. Das Vermögen geht an ein Altersheim. Zweifellos bringt das den größten gesamtgesellschaftlichen Nutzen. Die Sache kann nicht rauskommen, da es keine weiteren Zeugen gibt. Er kann also nicht als schlechtes Vorbild Schaden anrichten. Bleibt also nur noch die Frage, ob er etwa sich selbst schadet, wenn ihm das Fälschen zur Gewohnheit wird. Wenn er ein starker Charakter ist, ist das nicht zu befürchten.

Man merkt, was an der Argumentation schief ist. Die Frage, ob ein Reitclub oder ein Altersheim förderungswürdiger ist, wird zu Recht utilitaristisch behandelt. Man kann sie schlecht zur Gewissensfrage erklären. Aber ebenso wenig kann man die Frage eines bewusst und ohne Not gebrochenen Versprechens nach dem Kriterium des gesamtgesellschaftlichen Nutzens beantworten. Das ist eine Gewissensfrage. Und wer sagt, so etwas kann ich nicht tun, ist deshalb kein schwacher Charakter – im Gegenteil. Im Übrigen könnte man außerdem noch über den gesamtgesellschaftlichen Nutzen der Vertragstreue nachdenken. Außerdem lehrt uns das Beispiel, dass solche Fragen nicht angemessen behandelt werden können ohne die Frage der Zuständigkeiten aufzuwerfen. Der Überlebende war Testamentsvollstrecker, nicht Testator. Es stand ihm nicht zu, den letzten Willen eines anderen heimlich zu ändern. Die utilitaristische Fragestellung nach dem gesamtgesellschaftlichen Nutzen verleitet zur Allzuständigkeit. Der Anspruch auf Allzuständigkeit aber charakterisiert den Tyrannen. Gewissen kann es nur geben unter der klaren Unterscheidung dessen, was meine Angelegenheit ist und was nicht.

Man kann nun die Strategie verfolgen, *alle Bekenntnisfragen zu Ermessensfragen abzumildern*, etwa nach dem Muster „einmal ist keinmal" oder „das macht doch jeder" oder „ist doch alles bloß Ansichtssache". Wer schließlich gar keine Bekenntnisfragen mehr kennen will, sondern immer auch anders kann, wir könnten auch sagen: wem gar nichts heilig ist, wer also gar keine Tabus kennt, der wird für seine Mitmenschen unheimlich, weil niemand weiß, woran er mit ihm ist. Das ist die Weigerung, überhaupt ein Gewissen haben zu wollen.

Es gibt aber auch die umgekehrte Strategie, *Ermessensfragen zu Bekenntnis- oder Gewissensfragen zu stilisieren*. Das ist die Strategie des Fanatismus, der jeden Kompromiss verweigert, weil es angeblich immer ums Ganze geht. Das vereinfacht die Orientierung, weil man bloß dafür oder dagegen sein muss, während es einige Mühe kostet, und auch angreifbar macht, das Für und Wider einigermaßen gerecht abzuwägen. Auch wenn sich solcher Fanatismus aufs Gewissen beruft, bleibt er doch, was er ist: eine subtile Tyrannei, „mein Wille geschehe – und deiner nicht und frag nicht, warum".

Das hat wohl niemand so scharf gesehen wie Hegel. In seiner Rechtsphilosophie sagt er einerseits: die Idee des Gewissens, nämlich persönlich das Gute anzuerkennen, ist „ein Heiligtum, welches anzutasten Frevel wäre". Ich interpretiere: wo nur auf Befehl gehandelt wird, sei es nun der Befehl einer blind hingenommenen Tradition oder der Befehl einer angeblich wissenschaftlichen Weltanschauung, da gibt es keine Freiheit und kein wahrhaft menschliches Handeln. Oder mit Luther: es ist beschwerlich, ungut und gefährlich, gegen das Gewissen zu handeln. Aber, fährt Hegel fort, das „Gewissen ist dem Urteil unterworfen, ob es wahrhaft ist oder nicht, und seine Berufung nur auf sein Selbst ist unmittelbar dem entgegengesetzt, was es sein will, die Regel einer vernünftigen, an und für sich gültigen Handlungsweise". Und deshalb kann er sagen: „Das Gewissen ist als formelle Subjektivität schlechthin dies, auf dem Sprunge zu sein, ins Böse umzuschlagen". Hegel dachte dabei z.B. an Robespierre, der im Namen der Tugend die Köpfe rollen ließ. Wir können ebenso an die Inquisition denken oder an Stalins Schauprozesse, aber auch an islamische Fanatiker.

Als letzten Punkt gehe ich noch einmal auf die Gewissensfreiheit des Abgeordneten ein. „Die Abgeordneten sind an Aufträge und Weisung nicht gebunden und nur ihrem Gewissen unterworfen" (Art. 38 GG).

Sehr oft wird kritisiert, gegen diesen Satz werde durch die Fraktionsdisziplin verstoßen. Was durch diese Wendung: „an Aufträge und Weisung nicht gebunden", ausgeschlossen werden soll, ist das imperative Mandat beziehungsweise der Mandatsentzug. Die Wähler können nicht sagen: „Wenn du nicht unsere Aufträge durchführst, entziehen wir dir das Mandat", auch die Parteien nicht – und selbstverständlich auch nicht die Regierung. Denn der Abgeordnete ist zuerst Abgeordneter des ganzen Volkes, nicht eines Wahlkreises oder einer Partei.

Zwar unterliegt der Abgeordnete für sein Abstimmungsverhalten keiner formellen Begründungspflicht. Das heißt aber nicht, dass er willkürlich entscheiden darf oder grundsätzlich geheim. Als Volksvertreter muss er seine Gründe und seine Entscheidung sichtbar machen. *Rechtlich* kann er entscheiden wie er will, *moralisch* muss er „nach bestem Wissen und Gewissen" entscheiden. Kontrollieren kann er das aber nur selber.

Nun ist das Parlament kein unverbindlicher Diskutierclub, sondern der Gesetzgeber. Es kann nur durch Mehrheitsentscheidung tätig werden. Ein Parlament, das permanent keine Mehrheitsentscheidung zustande bringt, muss aufgelöst werden. Denn es gibt auch ein Menschenrecht auf eine handlungsfähige Regierung und eine handlungsfähige Volksvertretung. Deshalb ist es legitim, wenn in einer Fraktion sehr deutlich zurückgefragt wird, wenn jemand die Zustimmung zu einem gemeinsamen Vorhaben verweigert und das Parlament in die Gefahr des Patts, der Entscheidungsunfähigkeit bringt. Allein gegen alle, das bringt Bewunderung ein. Diese Bewunderung übersieht leicht den Schaden, den solche Robin-Hood-Romantik anrichten kann.

Eher selten sind die anstehenden Fragen tatsächlich Gewissens- oder Bekenntnisfragen. Derart ist etwa die Frage des Schwangerschaftsabbruchs oder der Todesstrafe. Die meisten gesetzgeberischen Fragen sind aber Ermessensfragen: Ein Prozent Mehrwertsteuererhöhung oder nicht? Null Promille am Steuer oder nicht? Wer hier eine andere Entscheidung trifft als die Fraktion, dürfte wohl eher an Probleme mit dem Wahlkreis als an Gewissensprobleme denken. Er befürchtet Ärger für unpopuläre Entscheidungen. Unzweifelhaft gibt es berechtigte, sogar dringend notwendige unpopuläre Entscheidungen. Vor denen drücken sich manche Abgeordnete gern. Wer aber, wenn nicht sie, soll vor Ort erklären, warum diese unpopuläre Entscheidung nötig ist?

Lassen Sie mich zum Schluss fünf Thesen formulieren:

1. Gewissensentscheidungen, d.h. Entscheidungen, in denen ich mit Berufung auf mein Gewissen gegen das Übliche entscheide, sind nichts Alltägliches. Insofern ist die allzu häufige Berufung auf das Gewissen selbst schon ein Indiz für Missbrauch.

2. Gegen die generelle Relativierung von Verbindlichkeitserfahrungen bedarf es der Ermunterung, die eigenen Erfahrungen ernster zu nehmen. „Gesellschaftlich bedingt und geschichtlich entstanden" ist immer richtig, sagt aber gar nichts. Sondern daneben muss gefragt werden, ob das gesellschaftlich Bedingte und geschichtlich Entstandene in diesem Fall weiter gelten soll und für uns verbindlich sein soll oder nicht.

3. Was wir Gewissenlosigkeit nennen, beruht oft auf Wahrnehmungs- und Erfahrungsdefiziten, wie übrigens auch der moralische Rigorismus.

4. Ansprüche kommen nicht primär aus dem Gewissen als einem menschlichen Innen, sondern von außen auf uns zu. Hans Jonas hat einmal gesagt, der elementarste Gegenstand von Verantwortung sei das hilflose Kind. Und Georg Picht sagt: Verantwortung konstituiert das Subjekt und nicht das Subjekt die Verantwortung.

5. Die Berufung auf das Gewissen enthebt nicht der Pflicht, vor einem Wohlmeinenden die Gründe der Gewissensentscheidung darzulegen.

Dieter Thomä

Glück, Freiheit, Wohlstand

Widersprüche der Moderne

Dass der Mensch nach Glück strebt, ist eine Einsicht, die sich, allen Wechselfällen zum Trotz, von Aristoteles bis in unsere Tage gehalten hat. Das Streben der Wissenschaftler, Aufschluss über dieses Glück zu gewinnen, war nicht von gleicher Standhaftigkeit geprägt. Interessanterweise fällt der Niedergang des Glücks als eines theoretischen Gegenstands zeitlich mit dessen Siegeszug als praktischem Ziel zusammen. Während in der Unabhängigkeitserklärung der USA 1776 das Recht auf den pursuit of happiness ausgerufen wurde, begann die akademische Welt das Glück ins Abseits zu schieben, indem sie zwei andere Begriffe nach vorne schob: Freiheit und Wohlstand.

Was die Freiheit betrifft, so setzte Immanuel Kant in seinen von 1775 an gehaltenen Ethik-Vorlesungen den Ton, an den sich bis heute viele halten: Wichtig ist demnach zuallererst, dass die Menschen über die Art ihrer Lebensführung selbst entscheiden; das Glück taucht erst in zweiter Linie auf – und zwar entweder, bei Kant, als Störfaktor (weil es nämlich aufgrund seines sinnlichen Beigeschmacks der Entfaltung der Autonomie in die Quere kommt) oder, bei John Stuart Mill, als Nebenprodukt (weil man automatisch glücklich wird, wenn man tun kann, was man will).

Was den Wohlstand betrifft, so besiegelte Adam Smith mit seinem 1776 erschienenen „Wealth of Nations" die Transformation traditioneller Wohlfahrtsvorstellungen in ein ökonomisches Modell. Die ‚Wohlfahrt' bezieht sich nach dieser Lesart nicht auf ein kunstvoll geordnetes Gemeinwesen, sondern zuallererst auf materielle Ressourcen, die in Geld umgemünzt werden können. Das Geld ist, wie Schopenhauer nicht ohne Tücke sagte, die Glückseligkeit „in abstracto"; es verwandelt sich ganz nach Wunsch in Güter, den Stoff, aus dem das Glück gemacht ist. Auch der Wohlstand drückt das Glück ins zweite Glied. Es wird als abhängige Variable definiert, die direkt von Gütern abgeleitet ist; was sich dieser Korrelation allenfalls entzieht, erscheint als romantisches Relikt, das quer zu den Realitäten des Lebens liegt.

Natürlich verlaufen geschichtliche Entwicklungen nicht schematisch, weshalb dem Glück auch in den Geistes- und Sozialwissenschaften einige Sonderwege vergönnt waren. (So wetterte etwa Max Scheler 1922 gegen den „Verrat der Freude".) Doch an der Diagnose, dass es in den letzten zweihundert Jahren in den Hintergrund gerückt ist, ist nicht viel zu deuten. Der Niedergang der Theorien vom Glück hatte auch methodische Gründe. Man war getragen von der Sorge, dass nichts ‚Vernünftiges' über das Glück zu sagen sei, und fasste es deshalb nur mit spitzen Fingern an.

Letztlich ging mit der Verlagerung vom Glück auf die Freiheit einerseits, den Wohlstand andererseits die Karriere von zwei akademischen Disziplinen einher: nämlich der politischen Theorie oder allgemein der Sozialtheorie sowie der Ökonomie. Man ersetzte das eudämonistische Grübeln durch die normative Bestimmung von Freiheitsrechten oder durch quantitative Untersuchungen zur Ressourcenallokation.

Die Zeiten haben sich geändert – und mit ihnen der Status des Glücks. Die Strategien der Ausgrenzung oder indirekten Ableitung des Glücks haben nicht die erwünschte Wirkung erbracht. Vielmehr ergeben sich bei der Bestimmung der Freiheit und des Wohlstands erhebliche Probleme – und zwar gerade dann, wenn das Glück nicht offensiv einbezogen wird.

Freiheit ist mehr als bloße Wahl- oder Willkürfreiheit. Wenn Sie jetzt dies und fünf Minuten später das glatte Gegenteil tun, mögen Sie sich damit brüsten, dabei jeweils Ihre individuelle Entscheidungsfreiheit auszuspielen; alle anderen werden an Ihrem Geisteszustand zweifeln, sofern Sie nicht gute Gründe nachreichen. Diese Gründe führen auf Prioritäten, die sich bewährt haben, oder Überzeugungen, die Ihnen am Herzen liegen. Wenn man jenseits spröder Auskünfte zu äußeren Handlungsspielräumen etwas Qualifiziertes über die Freiheit sagen will, gelangt man unweigerlich auf das Feld gemeinschaftlich geteilter Wertschätzungen und der Charakterbildung, also auch in den Bereich des guten Lebens oder des Glücks. Dass sich die politische Theorie und die Philosophie in den letzten Jahren von dieser Einsicht haben leiten lassen, zeigt sich an den aktuellen Debatten zur Theorie der Person, zum Status von Gefühlen und zum Stellenwert von Gemeinschaft und Gemeinsinn.

Ähnlich ergeht es den Ökonomen mit ihren Untersuchungen zum Wohlstand. In den letzten rund dreißig Jahren haben sie langsam, aber sicher die Demontage der alten Idee, mehr Güter führten zu mehr Glück, eingeleitet. Diese Demontage hängt teilweise mit dem zusammen, was die psychologische Wende der Ökonomie genannt worden ist, teilweise auch mit den Analysen zum menschlichen Lebensstandard, die vor allem von dem Nobelpreisträger Amartya Sen vorangetrieben worden sind. Zu beobachten ist eine tiefe Krise des utilitaristischen Paradigmas der Nutzenmaximierung, von dem der englische Philosoph Bernard Williams schon 1973 arg optimistisch angenommen hat, dass von ihm bald „nichts mehr zu hören sein" werde. Jenseits des Wohlstands kommt das ins Spiel, was mit dem guten alten Wort ‚Wohlleben' oder eben Glück zu bezeichnen ist. So nähern sich die Ökonomen sogar der alten Einsicht Michel de Montaignes an, wonach es darauf ankomme, „keinen Mangel an all den Dingen zu haben, deren man bedarf, und auch keinen Mangel an dieser großen Kunst, sich seiner Lage in glücklicher Zufriedenheit zu erfreuen".

Allerorten ist derzeit vom Glück die Rede: Die Ratgeber spielen sich auf, die Gehirnforscher mischen sich ein, die Statistiker machen Furore mit Umfragen zum „glücklichsten Land der Welt". Dahinter steckt keine Selbstbespiegelung von Überflussgesellschaften, sondern eine veritable Verunsicherung, von der die Menschen in der Moderne ergriffen worden sind. In der Tat ist das Glück hinter Freiheit und Wohlstand weggerutscht, und dies lässt sich nicht mit einem Handstreich rückgängig machen. Der Habitus, der sich etabliert hat, ist nur in kleinen Schritten zu verändern.

Fatal am alten Junktim von Wohlstand und Glück ist insbesondere die Fixierung auf den Konsum, welcher unter den verbreiteten Glücksquellen die unzuverlässigste ist. Die Konsumgewohnheiten zumal von Kindern und Jugendlichen, wie sie den Ergebnissen der empirischen Sozialwissenschaften zu entnehmen sind, ergeben ein trostloses Bild. Auch das Wort von der „worklife balance", dessen Aussterben man noch sehnsüchtiger erwarten darf als das des Utilitarismus, ist in dieser Hinsicht höchst verräterisch. De facto lautet dessen Botschaft, dass die Arbeit auf die eine Waagschale zu werfen sei, das Leben – also auch das glückliche Leben – auf die andere. Dies ist genau das falsche Signal sowohl für diejenigen, die keine Arbeit haben, wie auch für diejenigen, die im Arbeitsprozess stehen und dabei angeblich um ihr Leben gebracht werden. Das Leben wird in ein Exil geschickt, das Freizeit heißt.

Zur Kunst, sich seiner Lage zu erfreuen, gehört die Anerkennung der alten philosophischen Einsicht, dass das Glück an das Erfülltsein im eigenen Tun geknüpft ist. Nietzsche hat hier mit seinem Ausspruch „Trachte ich denn nach Glücke? Ich trachte nach meinem Werke!" einige Verwirrung gestiftet. Mit dem Werk meinte er, genau genommen, das Am-Werk-sein, und dies setzte er dem fadenscheinigen Glück der Bedürfnisbefriedigung entgegen. An anderer Stelle duldete er aber das Glück durchaus – als Krönung des Tätigseins. Darauf kann die moderne Theorie des Glücks aufbauen.

Dieter Schwab

Ausgeträumt

Die gegenwärtige Rechtssetzung verändert die Familie. Am auffälligsten wird das in der schwindenden Bedeutung der Ehe. Der Familienbegriff, der bis in die zweite Hälfte des 20. Jahrhunderts hinein herrschend war, bezog sich ganz selbstverständlich auf die eheliche Familie. Die Ehe war die einzig legale Paargemeinschaft, seitdem das ehelose Zusammenleben von Mann und Frau unter Strafe gestellt und das Konkubinat als Rechtseinrichtung abgeschafft war. Das bedingte die weitgehende Rechtlosigkeit des nichtehelichen Kindes, das sich außerhalb der Familie seines Vaters befand, nach manchen Ordnungen sogar außerhalb der Familie der Mutter.

Der Kontrast mit der heutigen Rechtslage kann kaum übertrieben werden. Das ehelose Zusammenleben von Mann und Frau ist zu einer allseits üblichen und akzeptierten Erscheinung geworden. Noch ist das faktische Zusammenleben als solches nicht Rechtseinrichtung nach dem Vorbild des römischen Konkubinats. Doch wie ausländische Gesetzgebungen zeigen, sind wir davon nicht weit entfernt.

Der eigentliche Sprung vom ehelosen Zusammenleben zur Familie geschieht im heutigen Recht durch das Kind. Seit die Verfassungen der Gesetzgebung den Auftrag erteilt haben, für die unehelichen Kinder gleiche Bedingungen für ihre leibliche und seelische Entwicklung und ihre Stellung in der Gesellschaft zu schaffen wie für die ehelichen (Artikel 6 Absatz 5 des Grundgesetzes), ist die Rechtslage der Nichtehelichen stetig verbessert worden.

Die entscheidende Zäsur für das Zivilrecht bildet die Reform des Kindschaftsrechts von 1998. Eheliche und nichteheliche Kinder sind seitdem familienrechtlich bis auf wenige Ausnahmen gleichgestellt. Vor allem können nun auch die Eltern eines Kindes, die nicht miteinander verheiratet sind, das Sorgerecht gemeinsam ausüben. Damit ist die Form der nichtehelichen Familie, die es faktisch schon seit langem gegeben hat, nun auch im Recht angelegt. Zwar bleibt, wo keine Ehe geschlossen ist, das Paarverhältnis unter den Eltern rechtlich unbestimmt. Doch liegt es nahe, die noch fehlenden Verbindungslinien hinzuzufügen. Gemeinsame rechtliche Verantwortung für ein Kind ist schwerlich im rechtsfreien Raum angesiedelt.

Nach einer geflügelten Formel bilden Familie „alle, die sich sorgend um ein Kind gruppieren". Somit steht nicht mehr die Ehe im Zentrum der Familie, selbst der Rang der Ehe ist zweifelhaft geworden. Die Ehe – verstanden als Institut des staatlichen Rechts – ist nach wie vor die rechtlich verfasste Paarbeziehung von Mann und Frau, in der die gegenseitige Solidarität nicht nur faktisch gelebt wird, solange es gefällt, sondern rechtlich eingefordert werden kann, auch noch nach ihrer Auflösung. Diese rechtliche Solidarität war dem Staat bisher etwas wert – wie lange noch, erscheint allerdings fraglich, wie die Diskussion über das Ehegattensplitting im Steuerrecht lehrt. Das Eherecht wird durch den verengten Blick auf die Kinder fortlaufend relativiert, und man kann in Abwandlung eines berühmten Buchtitels fragen: Wird das Kindschaftsrecht dem Eherecht sein Tod sein?

Ein Beispiel aus dem Gesetzentwurf der Bundesregierung zur Änderung des Unterhaltsrechts vom 15. Juni 2006 mag den Trend verdeutlichen. Die Mutter, die ihr nichteheliches Kind betreut, hat gegen dessen Vater einen Anspruch auf Unterhalt, in der Regel, bis das Kind das dritte Lebensjahr vollendet hat, länger nur, wenn die Versagung von Unterhalt im konkreten Fall „grob unbillig" beziehungsweise nach den Reformplänen schlicht „unbillig" wäre. Dieser Anspruch rangiert nach geltendem Recht hinter dem Unterhaltsanspruch der jetzigen oder geschiedenen Ehefrau des betreffenden Mannes. Die Gesetzespläne sehen nun eine Umkehrung der Rangverhältnisse vor. Nach dem Unterhalt des Kindes selbst, das stets an erster Stelle steht, soll den Vorrang derjenige Elternteil haben, der gerade wegen aktueller Kindesbetreuung unterhaltsberechtigt ist. Hätte ein verheirateter Mann ein Kind mit seiner Freundin, so hätte deren Unterhaltsanspruch künftig den Vorrang vor dem der Ehefrau, deren Kinder vielleicht schon größer sind und nicht mehr unbedingt der beruflichen Abstinenz ihrer Mutter bedürfen. Selbst wenn die Ehe von langer Dauer wäre, könnte die Ehefrau nur den Gleichrang mit ihrer Rivalin erlangen. Das mit dem Jawort gegebene Solidaritätsversprechen („in guten und in bösen Tagen") würde so in seiner Tragweite stark zurückgenommen.

Dem Staat scheint es heute hauptsächlich darum zu gehen, dass überhaupt Kinder geboren werden. Daher schwingt bei den genannten Plänen vielleicht die Hoffnung mit, dass der aus der Ehe wegstrebende Mann sich leichter zu neuer Nachkommenschaft entschließt, wenn er ökonomisch nicht durch Altlasten gehemmt ist. Nur könnte sich bei den Frauen die gegenteilige Tendenz einstellen, wenn es sich herumgesprochen hat, dass die Risiken des Scheiterns einer Ehe – gerade mit Kindern – hauptsächlich bei ihnen verbleiben.

Eine weitere Veränderung erfährt die Familie durch staatliche Rechtssetzung auch insofern, als sie zunehmend zum Gegenstand staatlicher Einmischung wird und so an Autonomie verliert. Für diese Entwicklung gibt es eine Reihe von Anlässen und Gründen.

Die stärksten Auswirkungen hat die Erleichterung der Ehescheidung aufgrund des Zerrüttungsprinzips hervorgebracht. Seit 1977 wird jede Ehe geschieden, wenn auch nur ein Ehegatte es will. Das Wohl gemeinsamer Kinder steht dem praktisch nicht entgegen, obwohl das Gesetz eine Kinderschutzklausel vorsieht (Paragraph 1568 BGB). Die Gerichte praktizieren sie nicht. Sind sich die Eltern bei der Scheidung über die Lebensverhältnisse der Kinder nicht einig oder werden die Verhältnisse für das Kind untragbar, muss der Staat im Kindesinteresse intervenieren. Die Familie gibt in diesem Fall ihre Autonomie selbst auf.

Die staatliche Einmischung betrifft aber nicht nur die Fälle, in denen Eltern sich trennen. Vielmehr geriert sich Staat mittlerweile auch außerhalb eines möglichen Elternstreits als Inhaber eines überlegenen Wissens vom Kindeswohl. Daher wird das Eltern-Kind-Verhältnis fortlaufend verrechtlicht.

Seit der Reform des elterlichen Sorgerechts im Jahr 1979 ist die Linie aufgegeben, dass die Eltern – von der Schule abgesehen – die Erziehung der Kinder selbstverantwortlich bestimmen und der Staat nur eine Kontrolle zur Abwehr von Kindesgefährdungen ausübt. So proklamiert Paragraph 1626 Absatz 2 BGB die partnerschaftliche, auf Konsens gegründete Erziehung als Pflicht der Eltern: „Bei der Pflege und Erziehung berücksichtigen die Eltern die wachsende Fähigkeit und das wachsende Bedürfnis des Kindes zu selbständigem verantwortungsbewusstem Handeln. Sie besprechen mit dem Kind, soweit es nach dessen Entwicklungsstand angezeigt ist, Fragen der elterlichen Sorge und streben Einvernehmen an."

Mit dem Begriff „Kindeswohl" hat die Gesetzgebung ein weites Eingangstor für staatliche Einmischung errichtet. Das Kindeswohl dient nicht nur als Kontrastbegriff zu eigennütziger oder kindesgefährdender Wahrnehmung der Elternrechte, sondern wird positiv mit bestimmten normativen Vorstellungen angefüllt und den Eltern als Richtmaß ihres Handelns präsentiert. So gehört nach Paragraph 1626 Absatz 3 BGB zum Wohl des Kindes der Umgang mit anderen Personen, zu denen das Kind „Bindungen besitzt", wenn ihre Aufrechterhaltung für seine Entwicklung förderlich ist.

Diese zunächst ohne konkrete Sanktion formulierte Aussage ist im Zuge der Gesetzgebung in förmliche Umgangsrechte dritter Personen ausgebaut worden, für Großeltern und Geschwister, darüber hinaus aber zugunsten aller „engen Bezugspersonen des Kindes, wenn diese für das Kind tatsächliche Verantwortung tragen oder getragen haben" (Paragraph 1685 Absatz 2). Das Gesetz nennt diesen Sachverhalt „sozial-familiäre Beziehung" – auch das also ist Familie und in der Regel anzunehmen, wenn die betreffende Person mit dem Kind längere Zeit in häuslicher Gemeinschaft zusammengelebt hat. Zur Familie gehört also auch der ehemalige Liebhaber der Mutter, der mit ihr eine gewisse Weile Tisch und Bett geteilt hat. Wohlgemerkt: Es handelt sich um förmliche Umgangsrechte, die auch gegen den Willen der sorgeberechtigten Eltern (also auch der genannten Mutter) durchgesetzt werden können. Der Staat leitet die Kompetenz dazu aus dem Kindeswohl her, über das er die Definitionsmacht beansprucht und das er unter Bezug auf wechselnde psychologische Theorien mit wechselnden Inhalten füllt. Die Schwelle zu positiven staatlichen Vorgaben für die familiäre Erziehung ist in jedem Fall eindeutig überschritten.

Es ist nicht zu übersehen, dass die staatliche Rechtssetzung den Familienbegriff in unterschiedlichen Zusammenhängen und für unterschiedliche Zwecke zunehmend ausweitet. Familie ist nicht einmal nur dann gegeben, wenn Erwachsene sich sorgend um ein Kind gruppieren. Familiengerichte sind mittlerweile für Sachverhalte zuständig, die dem Familienrecht bisher fremd waren, darunter die Rechtsverhältnisse zwischen den Partnern einer gleichgeschlechtlichen eingetragenen Lebenspartnerschaft. Auch im materiellen Recht dürften sie als „Familienrecht" firmieren. Seit das Bundesverfassungsgericht die sozial-familiäre Beziehung mit einer Entscheidung vom 9. April 2003 unter den Schutz der Verfassung gestellt hat, ist der Familienbegriff für vieles offen. Wenn die Übernahme von faktischer Verantwortung für einen anderen ein sozial-familiäres Band knüpft und das bloße häusliche Zusammenleben in der Regel als eine solche Übernahme von Verantwortung gedeutet wird, dann ist fast alles private Leben Familie, außer dem zunehmend favorisierten Single-Dasein, das höchstens analog zur Ich-AG als „Ich-Familie" in einen familiären Zusammenhang gebracht werden könnte.

Wie sich die Einstellung von Staat und Politik gegenüber der Familie geändert hat und weiterhin ändern wird, zeigt sich auch an der Favorisierung der Doppelverdienerehe durch die aktuelle Gesetzgebung.

Die Orientierung des Familienbegriffs am Kind weist darauf hin, was der Staat von der Familie in erster Linie erwartet und was die Familie derzeit offenbar nicht zureichend liefert, nämlich Nachwuchs. Insofern unterscheidet sich der demokratische soziale Rechtsstaat offenkundig wenig von Staaten anderer politischer Kultur. Ging es früher um eine genügende Zahl von Arbeitskräften und Soldaten, so richtet sich heute das Interesse auf die zureichende Quantität von Beiträgen in die gesetzlichen Rentenkassen. Allseits wird die niedrige Geburtenrate beklagt, die finanziellen Anstrengungen, die der Staat zur Behebung dieses Zustandes unter dem Stichwort „Familienlastenausgleich" unternimmt, wurden besonders seit den Entscheidungen des Bundesverfassungsgerichts vom November 1998 wesentlich gesteigert.

Doch scheint mit dem Wunsch nach Belebung des generativen Verhaltens nicht die Vorstellung verbunden zu sein, dass möglichst viele Kinder auch eine persönliche Erziehung in den Familien erhalten sollen. Jedenfalls ist der Gesetzgeber, nun auch nach den neuesten Steuergesetzen aus dem Jahre 2006, auffällig bestrebt, diejenigen Familien zu benachteiligen, in denen nur ein Elternteil erwerbstätig ist und der andere sich Kindern und Haushalt widmet.

Das neue Elterngeld etwa will wie sein Vorgänger, das bis zu zwei Jahren gezahlte Erziehungsgeld, dem Umstand Rechnung tragen, dass ein Kind in der ersten Zeit nach der Geburt einer besonders intensiven und zeitaufwendigen Zuwendung bedarf, die mit einer vollen Erwerbstätigkeit beider Eltern nicht vereinbar ist. Im Kontext mit der Gewährung einer Elternzeit soll einem Elternteil die partielle berufliche Abstinenz zugunsten des Kindes für gewisse Zeit erleichtert werden.

Das Elterngeld verkürzt indes die Dauer der Gewährung von zwei Jahren auf ein Jahr (zuzüglich zweier möglicher „Vätermonate"), während die Höhe der Leistungen differiert: Diejenigen, die vordem gut verdient haben, bekommen viel (in der Regel 67 Prozent des zuletzt erzielten Einkommens), für diejenigen, die nichts verdient haben, zum Beispiel für die Mutter, die bereits Kinder hat und sich anstelle eines Erwerbs der Familie widmet, bleibt nur der Minimalsatz von 300 Euro im Monat. Die Verkürzung des Elterngelds auf ein Jahr spiegelt die Vorstellung wider, dass Erziehung und Pflege eines Kindes mit recht bescheidenem Zeitaufwand zu erledigen sind. Im übrigen setzt der Staat auf den Ausbau der Fremdbetreuung – Vorverlegung des Eintrittsalters in die Kindergärten, Erweiterung der Öffnungszeiten, steuerliche Begünstigung des Einsatzes von Hausangestellten und anderes mehr.

Die Begründung des Bundesregierung zum Elterngeldgesetz gibt der Minimierung elterlicher Zuwendung erstaunlich klaren Ausdruck: „Das Elterngeld" – so heißt es da – „trägt dazu bei, dass sie (die Eltern) in diesem Zeitraum selbst für ihr Kind sorgen können" – in anderen Zeiträumen ist das offenkundig nicht der Fall und nicht notwendig. Für die Begegnung zwischen Kindern und Eltern bleibt dann maximal ein zeitlicher Rest, der frühe Abend bis zum Zubettgehen der Kinder, an dem alles stattfinden soll, was das Familienleben und Erziehung ausmacht, einschließlich der Organisation des Haushalts und der Hilfen für die Schule, welche längst die elterliche Mitarbeit zu erheischen pflegt.

Auch andere Gesetze und Gesetzesprojekte möchten die Verweildauer der Eltern und insbesondere der Mütter in den Familien zugunsten des Erwerbslebens begrenzen. Man fragt sich, woher der Gesetzgeber die Erfahrung nimmt, dass Pflege und Erziehung von Kindern und die damit verbundene Organisation eines Mehrpersonenhaushalts mit relativ wenig Zeitaufwand zu erledigen sind, so als ob die nicht-erwerbstätigen Mütter allesamt ein faules Leben führten. Doch entspricht das einem Dogma des politischen Zeitgeistes, der eine Person nur dann als vollwertig betrachtet, wenn sie ganztätig dem außerhäuslichen Erwerb nachgeht und damit voll in die Rentenkassen einzahlt.

Diesem Postulat müssen sich die Kinder offenbar unterordnen. Ganz unzweideutig heißt es im Koalitionsvertrag von CDU/CSU und SPD: „Kinder dürfen nicht länger ein Hindernis für Beruf und Karriere sein." Wäre, wenn man schon die Kinderlosigkeit beklagt, nicht umgekehrt zu sagen: Beruf und Karriere dürfen nicht länger ein Hindernis für die Geburt und Erziehung von Kindern sein?

Um Missverständnissen vorzubeugen: Die Formel „Vereinbarkeit von Familie und Beruf" steht für ein gesellschaftliches Anliegen ersten Ranges. Viele Paare können sich finanziell eine Familie mit Kindern von einem einzigen Erwerbseinkommen gar nicht leisten. Doch wird die Formel schal und unwahrhaftig, wenn sie suggeriert, dass die Zuwendung zu den Kindern keiner Zeit, keiner Anstrengung, keiner ständigen Einsatzbereitschaft und keiner bedeutenden Einschränkung der Eltern auf anderen Lebensfeldern bedürfe.

Der Sozialstaat ist verpflichtet, Personen, die ein menschenwürdiges Dasein nicht aus eigenen Mitteln fristen können, wirtschaftlich zu unterstützen. In dieser Aufgabe konkurriert der Staat mit der Familie, die gleichfalls vom Gedanken der gegenseitigen Solidarität geprägt ist. Eine zentrale Frage ist daher, welches Maß an Hilfe der Staat von der Familie erwartet, bevor er selbst seine Fürsorge bietet.

Der weithin geltende Grundsatz der Subsidiarität öffentlicher Leistungen befrachtet die Familie mit nicht geringen Anforderungen. Es ist begreiflich, dass in Zeiten erschöpfter öffentlicher Haushalte und defizitärer Rentenkassen eine Neigung spürbar ist, die genannte Grenze zu Lasten der Familie zu verschieben. Auffällig ist bei all dem, dass sich die jüngste Sozialgesetzgebung bei der Zuweisung von solidarischen Einstandspflichten unter Privatpersonen mehr und mehr von den Vorgaben des Familienrechts ablöst. Anders ausgedrückt: Das Sozialrecht kreiert einen eigenen Familienbegriff, der allerdings nicht offen verwendet wird, sondern sich hinter Ausdrücken wie „Bedarfsgemeinschaft" und „Verantwortungsgemeinschaft" verbirgt.

In einer Bedarfsgemeinschaft werden alle „Bedarfe" und alle Einkommen der Mitglieder zusammengefasst. Zur Bedarfsgemeinschaft gehört jedwede Person, die mit erwerbsfähigen Hilfsbedürftigen „in einem gemeinsamen Haushalt so zusammenlebt, dass nach verständiger Würdigung der wechselseitige Wille anzunehmen ist, Verantwortung füreinander zu tragen und füreinander einzustehen" (Paragraph 7 Absatz 3 Nr. 3c SGB II). Mit der Verantwortung greift der Gesetzgeber auf einen Begriff zurück, den er auch im Eherecht verwendet: Ehegatten tragen füreinander Verantwortung, bestimmt Paragraph 1353 Absatz 1 BGB. Doch offenkundig ist die Ehe dazu nicht nötig, auch nicht die Verwandtschaft.

So kommt es, dass ehelos Zusammenlebende im Sozialrecht unter dem Gesichtspunkt gegenseitig getragener Verantwortung wie Ehegatten behandelt werden und dass auch das Einkommen von Stiefeltern den Stiefkindern zugerechnet wird, obwohl in den betreffenden Beziehungen keine Unterhaltsansprüche bestehen. Man kann die Konstruktion der Bedarfsgemeinschaft jenseits familienrechtlicher Beziehungen mit den besonderen Zwecken staatlicher Sozialleistungen begründen. Doch bildet die Rechtsordnung eine Einheit. Es ist widersprüchlich, sozialrechtlich „Verantwortungen" zuzuteilen, die familienrechtlich irrelevant sind, zumal wenn gleichzeitig im Familienrecht, wie gezeigt, die faktische Verantwortung als Grundlage von familiären oder sozialfamiliären Beziehungen beliebiger Art eingesetzt wird.

Genau besehen lebt in der Bedarfsgemeinschaft das Familienbild der Vergangenheit wieder auf. Aus ihrem neumodischen Gewand lugt der alte „pater familias" hervor. In der Bedarfsgemeinschaft gibt es zwei Sorten von Menschen, die „erwerbsfähigen Hilfsbedürftigen" und diejenigen, die mit diesen erwerbsfähigen Hilfsbedürftigen „in einer Bedarfsgemeinschaft leben", also Primärpersonen und Sekundärpersonen. Die Sprache will Wahrheit, und so unterläuft es dem Gesetzgeber, dass er seit neuestem auch von dem erwerbsfähigen Hilfsbedürftigen in der Einzahl spricht, mit dem die anderen zusammenleben. Es gibt also eine Art Häuptling der Bedarfsgemeinschaft, und man kann sich vorstellen, wer das ist. Aus der Praxis der sozialen Dienste wird glaubhaft versichert, dass die Kostenträger in der Regel den Mann als Haushaltsvorstand definieren und die Transferleistungen automatisch dem Mann zuweisen.

Der Traum des 19. Jahrhunderts von der Familie als der Gegenspielerin des Staates, als Bereich einer weithin staatsfreien, von der Sitte geprägten Zone, als Puffer zwischen Individuum und Staat ist ausgeträumt. Der heutige Staat berücksichtigt und fördert auch vielfach familiäre Beziehungen, betrachtet sie aber eher als persönliche Merkmale des einzelnen, mit denen er – im doppelten Sinne des Wortes – rechnet und die er seinen Zwecksetzungen unterwirft. Der Staat beansprucht die Definitionsmacht über die Familie, will sagen: Er bestimmt, was in welcher Hinsicht und mit welchen Rechtswirkungen als „familiäre" oder „sozial-familiäre" Beziehung anerkannt wird und was nicht. Die Verfassungsgarantie der Familie setzt dem offenbar nur wenig Widerstand entgegen.

Autonomie ergibt sich heute nicht als Immunität der Familie gegenüber dem Staat, sondern als Effekt der Persönlichkeitsrechte jedes einzelnen. Autonom bleibt vor allem die Entscheidung, Kinder haben zu wollen oder nicht. Sobald Kinder geboren sind oder sobald man öffentliche Mittel in Anspruch nimmt, kann von Autonomie der Familie kaum mehr die Rede sein.

Es geht nicht darum, früheren Zuständen und Vorstellungen nachzutrauern. Es geht um eine nüchterne Analyse, die vielleicht helfen kann, die politische Sprache zu verstehen. Diese spielt in sehr konkreter Absicht den positiven Assoziationen, die der Familienbegriff hervorruft. Und dann heißt möglicherweise „Stärkung der familiären Eigenverantwortung" im Klartext: „Ihr bekommt kein Geld mehr." Förderung der „familiären Solidarität" könnte meinen: „Wir nehmen Regress auf euer Vermögen." Stärkung der „familiären Kompetenz" könnte bedeuten: „Wir mischen uns in die Erziehung ein." Und hinter der Formel „Vereinbarkeit von Familie und Beruf" könnte die Drohung stehen: Wehe denen, die sich noch selbst ihren Kindern widmen!

Die Autoren

Abbott, Andrew ist Gustavus F. and Ann M. Swift Distinguished Service Professor. Er lehrt Soziologie an der University of Chicago und unterrichtet am College der Universität.

Broß, Siegfried, Dr. jur., Honorar-Professor, Universität Freiburg, seit 1998 Richter am Bundesverfassungsgericht, Vorsitzender des Präsidiums der Deutschen Sektion der Internationalen Juristen-Kommission.

Di Fabio, Udo, Dr. jur., Univ.-Professor, Öffentliches Recht, Universität Bonn, Richter am Bundesverfassungsgericht.

Feldman, Gerald D., Professor (em.) für Geschichte an der University of California/Berkeley, von 1994 bis 2006 Direktor des Centers for German and European Studies in Berkeley (am 31. Oktober 2007 verstorben). Er war Mitglied zahlreicher historischer Kommissionen wie der zur Geschichte der Deutschen Bank und der Dresdner Bank.

Geisler, Linus, Dr. med., Professor, Chefarzt (Internist) und Direktor am St. Barbara-Hospital in Gladbeck (Pensionierung 1999), Sachverständiger der Enquete-Kommission „Ethik und Recht der modernen Medizin" des Deutschen Bundestages.

Görner, Rüdiger, Dr. phil., Univ.-Professor, Neuere Deutsche Literatur, Queen Mary College der University of London. Er ist dort Gründungsdirektor des Centre for Anglo-German Cultural Relations.

Grampp, Sven, M.A., forscht und lehrt am Institut für Theater- und Medienwissenschaft der Universität Erlangen-Nürnberg.

Henrich, Dieter, Dr. phil., Dr. h.c. mult., ordentlicher Professor (em.) für Philosophie an der Universität München, erhielt 2006 den „Deutschen Sprachpreis" der Henning-Kaufmann-Stiftung im Stifterverband.

Isensee, Josef, Dr. jur., Dr. jur. h.c., Professor (em.) für Öffentliches Recht an der Rechts- und Staatswissenschaftlichen Fakultät der Rheinischen Friedrich-Wilhelms-Universität Bonn, seit 1986 ordentliches Mitglied der Nordrhein-Westfälischen Akademie der Wissenschaften zu Düsseldorf.

Liessmann, Konrad Paul, Dr. phil., Univ.-Professor, Philosophie, Universität Wien, Essayist, Literaturkritiker und Kulturpublizist, seit 1996 wissenschaftlicher Leiter des „Philosophicum Lech" und Herausgeber der gleichnamigen Buchreihe im Zsolnay Verlag.

v. Lucius, Wulf D., Dr. rer. pol., wissenschaftlicher Verleger in Stuttgart und Inhaber des Lucius & Lucius Verlages.

Lübbe, Hermann, Dr. phil., Univ.-Professor (em.), Philosophie und Politische Theorie, Universität Zürich.

von der Oelsnitz, Dietrich, Dr. rer. pol., Univ.-Professor, Leiter des Fachgebiets Unternehmensführung an der Technischen Universität Ilmenau.

Radke, Gyburg, Dr. phil., Univ.-Professorin, Klassische Philologie mit Schwerpunkt Gräzistik, Freie Universität Berlin, erhielt im Jahr 2006 den Gottfried Wilhelm Leibniz-Preis der DFG.

Reichholf, Josef H., Dr. rer. nat., Professor, leitet die Wirbeltierabteilung der Zoologischen Staatssammlung in München und lehrt an der Technischen Universität München, Träger des Sigmund-Freud-Preises für wissenschaftliche Prosa 2007.

Schneider, Ulrich Johannes, Dr. phil. habil., außerplanmäßiger Professor für Philosophie am Institut für Kulturwissenschaften der Universität Leipzig, Direktor der Universitätsbibliothek Leipzig.

Schröder, Richard, Dr. h.c., Dr. theol., Univ.-Professor, Lehrstuhl für Philosophie in Verbindung mit Systematischer Theologie, Humboldt-Universität zu Berlin, Mitglied der Berlin-Brandenburgischen Akademie der Wissenschaften, seit 1993 Verfassungsrichter im Land Brandenburg.

Schwab, Dieter, Dr. jur., Dr. jur. h.c., Univ.-Professor (em.), Bürgerliches Recht und Deutsche Rechtsgeschichte der Universität Regensburg.

Thomä, Dieter, Dr. phil., ordentlicher Professor für Philosophie an der Universität St. Gallen.

Quellennachweis

Abbott, Andrew: „*Willkommen an der Universität Chicago*"
„Welcome to the University of Chicago" wurde als Ansprache für die Erstsemester der Universität im Jahr 2002 gehalten (The Aims of Education Address (for the class of 2006) September 26, 2002) und als Beilage der Ausgabe 8/2007 von Forschung & Lehre veröffentlicht (kann bei der Redaktion angefordert werden). Die Rede erscheint hier erstmals in deutscher Übersetzung.

Broß, Siegfried: „*Privatisierung öffentlicher Aufgaben – Gefahr für das Gemeinwohl?*"
Aus: UNIVERSITAS, Ausgabe 10/2007, Seite 995 - 1009.

Di Fabio, Udo: „*Was ist konservativ?*"
Aus: Frankfurter Allgemeine Zeitung, 26. Juli 2007.

Feldman, Gerald D.: „*Amerika – unser Vorbild? Vom Verstehen und Missverstehen zweier Wissenschaftskulturen*"
Aus: Wirtschaft & Wissenschaft, Zeitschrift des Stifterverbandes für die Deutsche Wissenschaft 1/2007, Seite 56 - 67. Den hier publizierten Vortrag hielt Gerald D. Feldman anlässlich der Jahresversammlung des Landeskuratoriums Berlin/Brandenburg im Oktober 2006.

Geisler, Linus S.: „*Drohendes Glück. Was die Medizin jenseits der Therapie verspricht*"
Aus: UNIVERSITAS, Ausgabe Januar 2007, Seite 5 - 19.

Görner, Rüdiger: „*To google or to think – this ist the question. Über die gefesselte Phantasie in Wissenschaft und Universität*"
Erweiterte Fassung eines am 25./26. Oktober 2007 auf dem Österreichischen Wissenschaftstag gehaltenen Vortrages.

Grampp, Sven: „*Der Mittagsdämon zu Besuch im Vorabendprogramm. Langweilen als Kulturtechnik*"
Aus: aviso: Zeitschrift für Wissenschaft und Kunst in Bayern 2/2007, Seite 13 - 16.

Henrich, Dieter: „*Die Philosophie in der Sprache*"
Aus: Wirtschaft & Wissenschaft, Zeitschrift des Stifterverbandes für die Deutsche Wissenschaft 1/2007, Seite 68 - 79. Der hier publizierte Artikel ist eine leicht gekürzte Fassung von Dieter Henrichs Festvortrag anlässlich der Preisverleihung am 22. September 2006 im Weimarer Wittumspalais. Die vollständige Fassung der Dankesrede wird in der Jahrbuch-Reihe der Henning-Kaufmann-Stiftung im Stifterverband für die Deutsche Wissenschaft veröffentlicht.

Isensee, Josef: „*Zweckverband oder Wertegemeinschaft*"
Aus: Frankfurter Allgemeine Zeitung, 15. Januar 2007.

Liessmann, Konrad Paul: „*Der Wert des Menschen. An den Grenzen des Humanen*"
Aus: UNIVERSITAS, Ausgabe Dezember 2006, Seite 1263 - 1274.

v. Lucius, Wulf D.: „*Strukturwandel im wissenschaftlichen Verlag. Eine Analyse aus Verlegersicht*"
Aus: Erweiterte Fassung des in Forschung & Lehre, Ausgabe 3/2007, Seite 156 - 158, erschienenen Beitrages.

Lübbe, Hermann: „*Gleichheit macht frei*"
Aus: Frankfurter Allgemeine Zeitung, 13. Februar 2007.

von der Oelsnitz, Dietrich: „*Wollen wir so den ‚War for Talents' gewinnen? Zum Staatsversagen in der Bildungspolitik*"
Aus: UNIVERSITAS, Ausgabe Juni 2007, Seite 583 - 599.

Radke, Gyburg: „*Koryphäen der Lehre. Die Einheit von Forschung und Lehre in der Antike: Ein Rückblick mit aktuellem Bezug*"
Aus: Forschung & Lehre, 5/2007, Seite 266 - 268.

Reichholf, Josef H.: „*Macht Forschen glücklich? Wissenschaft, Endorphine und die Priorität*"
Aus: Forschung & Lehre 9/2007, Seite 524 - 525.

Schneider, Ulrich Johannes: „*Der Mehrwert des Wissens. Merkur und andere enzyklopädische Götter*"
Aus: Zeitschrift für Ideengeschichte, Seite 89 - 100.

Schröder, Richard: „*Über das Gewissen*"
Rede zum „Politischen Aschermittwoch" der Hauptabteilung Politik und Beratung am 21. Februar 2007, Akademie der Konrad-Adenauer-Stiftung in Berlin.

Schwab, Dieter: „*Ausgeträumt*"
Aus: Frankfurter Allgemeine Zeitung, 23. November 2006.

Thomä, Dieter: „*Glück, Freiheit, Wohlstand. Widersprüche der Moderne*"
Aus: Forschung & Lehre, 9/2007, Seite 516 - 517.

Bei Fragen zur Produktsicherheit wenden Sie sich bitte an:
If you have any questions regarding product safety,
please contact:

Walter de Gruyter GmbH
Genthiner Straße 13
10785 Berlin
productsafety@degruyterbrill.com